Ealing Course in
Spanish

Part 1

Ealing Course in Spanish
Book (1 vol. edition, or 2 vol. paperback edition)
Tapes
Filmstrips

in the same series
Ealing Course in German
Book
Tapes
Filmstrips

Ealing Course in
Spanish
Part 1 (Units 1-18)

produced under the direction of
Philip Locke
Ealing Technical College

with a grant from the
Nuffield Foundation

Longman

Longman Group Limited
London

Associated companies, branches and representatives
throughout the world

First published 1967
First paperback edition 1970
New impression (with corrections) 1974
Reprinted 1976
ISBN 0 582 36441 8

Made and printed by offset in Great Britain
by William Clowes & Sons, Limited
London, Beccles and Colchester

Research team

M. A. L. Sculthorp   supervisor
Director of Language Centre University of Kent

Philip Locke	research fellow
Diana Keay	research tutor
Jesús López	assistant
Pilar Martínez	assistant
José Ríos	assistant
Ramiro Sánchez	assistant
Carmen Sevillano	assistant
Xavier F. Lacunza	consultant
Don Wharram	technical adviser

Visuals

Bailey Pettengell Design

Tape recordings

Pablo Soto

Miguel Soto

Alberto Soto

María G. Manyano

Carmen Sevillano

José Manuel López

Francisco Ariza

Pilar Rubio

Jacinta Castillejo

Elements of the course

Book (Parts 1 and 2 available in one volume, or separately in a two-volume paperback
  edition)

Set of 13 × 5″ (Twin-track) tapes (dialogues, etc.)
Set of 7 × 5″ (twin-track) tapes (drill + pronunciation tape)
Set of 22 filmstrips

Acknowledgements

The experiment that led to the production of this course would never have been possible had it not been for a generous financial grant awarded by the Nuffield Foundation on the recommendation of Dr L. Farrer-Brown, and for the flexibility of organization allowed by the local education authority, then Middlesex Education Committee, and the Principal of Ealing Technical College, Dr O. G. Pickard. For that opportunity, all connected with the production of this course are much indebted.

Pilot versions of this course were pre-tested by the colleges and members of the business firms mentioned below. Every teacher and student who took part completed questionnaires stating their reactions, opinions and suggestions. Those who studied at Ealing discussed it personally and at length with the research team. We are extremely grateful for the valuable and practical observations made in this way and we wish to record our sincere thanks to those members of the following colleges and organizations who have helped us:

Blackburn College of Technology
Constantine College of Technology
Ealing Technical College
Exeter Technical College
Huddersfield College of Technology
Kingston College of Technology
Leeds College of Commerce
South Devon Technical College
Thurrock Technical College
Monkwearmouth College of Further Education

Astor, Boisselier & Lawrence Ltd
The British Council
British European Airways
British Insulated Callenders Cables
Broom & Wade Ltd
Central Office of Information
Cerebos (Overseas) Ltd
J & E Coates, Paton & Baldwins Ltd
Communications Systems International
Glaxo International Limited
Gowllands Ltd
Imperial Chemical Industries Ltd
John Laing Construction Ltd
Petters Ltd
Schweppes (Home) Ltd
Standard Telephones & Cables Ltd
Unilever Brothers Ltd
George Wimpey & Co Ltd

Note to the corrected impression

The majority of the original team are now dispersed, but we are grateful to several members and users of the Course who have carried out detailed work on the revision, in particular Philip Locke, José Ríos, Ramiro Sánchez, Carmen Sevillano and Roberto Veciana.

Diana Keay
Ealing Technical College
1973

Contents

vii

Contents

Foreword

Work on the preparation of this introductory course in Spanish began in 1962. In that year a report was published by the Federation of British Industries on 'Foreign Languages in Industry'. The working party which produced that report had come to the conclusion that the traditional evening classes were proving increasingly inadequate for the language requirements of industry and that commercial and technical colleges should be encouraged to extend the provision of intensive *ad hoc* courses, using modern techniques. Such courses were thought to be particularly needed in Spanish and German.

Modern techniques of language training, making, as they do, appropriate use of language laboratories, require suitable teaching materials. There is still a regrettable lack of such materials. This introductory course prepared by the Ealing Technical College is a contribution to meeting the need.

It was natural that Ealing Technical College should begin work on this course in September 1962. At that time it had the only language laboratory in operation in the whole of Britain. In 1967, when there are at least 500 language laboratories in use in schools and colleges, it is easy to forget how recent and rapid has been the development of the language laboratory in this country. The college received a grant from the Nuffield Foundation and was thus enabled to appoint a research fellow and a research tutor in Spanish and in German, and they have been engaged in producing and testing material for intensive courses in these languages that meet the needs of businessmen.

A large number of students have taken these intensive courses not only at Ealing, but also in other colleges which have co-operated in trying out the material. It is reported that these students, besides contributing valuably as 'guinea-pigs' to the final form of the course material, have succeeded in attaining the desired standard of knowledge of proficiency in the language in a way and at a speed not previously possible.

The preparation of language teaching courses calls for much skill and experience and cannot be a rushed job. It is with pleasure that I see the result of the work at the Ealing Technical College made more widely available. I hope it will prove a valued contribution towards the objective, which is still far from being reached, when industry and commerce realize fully their language requirements, and the national facilities for meeting those requirements are adequate.

Leslie Farrer-Brown

Introduction

This course is an attempt to answer the needs of busy adults who have no previous knowledge of Spanish and whose circumstances are such that they seriously wish to acquire as much as they can in a short time. This practical need, the necessity to understand accurately almost everything that they hear and later read, and to express themselves well enough to conduct their social and general business affairs in the language, has been our prime consideration throughout and has determined the form which has been given to the course. Such a need cannot be satisfied by desultory study or in an over-short period, however well programmed the material and however intensive the method. For the objective described above, we have found that even apt and serious learners require 200–250 hours. The course is designed mainly for persons whose business is something other than language and who may, in fact, have no particular gift for learning one. During the pre-testing period, it was found that most of those who had done any previous language learning had done it through an analytical study of grammar, word lists, uncontextualized exercises and passages for reading and translation – that is, much theory and little living practice. As a different approach is used in this course, certain explanations and recommendations have been included which experience has shown to be useful for the student.

In the course of preparing the material, detailed opinions and reactions were received from the students and teachers who pre-tested it, and the present text is, in fact, the fourth version. It has been found suitable for the gifted, the good, the average and the slightly below average adult learner. It cannot be recommended for that smaller group of persons who find great difficulty in learning any foreign language. For these, a much slower, simpler course is needed, less ambitious in its aims and more restricted in scope. It would seem to the authors that language is not learned linearly, but rather cyclically, cumulatively, by transformation and recombination, and they have felt that it is not possible to advance far enough or fast enough by breaking it down into a series of minimal steps programmed into a standard course suitable to everybody – one may look forward in the future perhaps to more sophisticated programmed material based on branching techniques and adaptive machines. People vary tremendously in their rate and manner of learning languages, and it seems highly unlikely that success on all fronts can be claimed for any one method yet devised, so this course depends on the writer's pedagogic experience in presenting themes of adult interest at a rate of structural progression that is fairly optimistic.

Although the course is used most effectively with a language laboratory, it can be used (and has, in fact, been so used) in a variety of teaching situations ranging from four hours a week spread over two years, to the intensive full-time course of six hours a day lasting from eight to ten weeks. It has been used with groups of twenty-five students and little laboratory time, and it has been used for self-instruction with only one-sixth of the time spent with the teacher. In all circumstances, however, *what is central to the method is intensive and extensive practice by the learner*, if possible in a laboratory or with a tape recorder, if not, with an individual person, teacher or native speaker, who understands what is required. (The above refers to the whole course i.e. Parts 1 and 2 together.)

The subject matter is concrete and though not equally applicable to everybody, yet sufficiently generalized, it is hoped, to appeal to persons of widely varying interests. It has already been used by businessmen of various kinds, secretaries, engineers, apprentices, students, administrators, hotel receptionists, air hostesses and ground staff, television scriptwriters, ecclesiastics and private individuals with interests abroad.

We believe that the best results are obtained through the use of a fully integrated course, designed for a special purpose and set at a specific level of difficulty. Nevertheless, this course is comprehensive and flexible enough for the teacher to adapt it to his own circumstances. No course writer should attempt to suit all tastes, nor expect his material to be free of short-comings and defects. The authors hope, however, that their efforts will prove of practical help to adult business persons, for whom the course was designed.

M. A. L. Sculthorp

Plan and method

The course consists of thirty-six units presented in twelve groups of three. In each group, the first two units are for intensive and the third for extensive practice. Each intensive unit consists of a presentation dialogue with questionnaire, an expansion oral exercise based on an illustration, a set of twelve structure drills and three conversation exercises. The vocabulary and structures introduced are those considered essential for communication and except for some of the conversation vocabulary they are expected to constitute the learner's active repertoire. The extensive units contain two listening passages, two conversation exercises, a reading passage and a grammar summary of the three units. The words and structures used comprise a recombination of those already studied, a foretaste of some of those to be learned intensively in later units and a certain number of other less basic words which are required by the context. All of these are intended for recognition only, not for active use. The order of introduction of some of the structures is in certain respects unorthodox, but this is due to the special aims of the course. For example, even simple social communication requires the use of object pronouns and the present subjunctive verb forms, and these have therefore been taught early on. In the selection of structural patterns and their distribution between intensive and extensive units we have been guided by the frequency and range figures given in Keniston's *Spanish Syntax List*, though this work, based on a sample of written rather than spoken Spanish, could not be taken as an authoritative basis for choice. In the absence of such an authority the authors have had to proceed empirically and to trust their own experience. The choice of vocabulary was likewise empirical but checked constantly against the following works: *Standard List of Spanish Words and Idioms* by Prof. C. Keniston, *Word Frequency Dictionary* by Helen S. Eaton, *Frequency Dictionary of Spanish Words* by A. Juilland and E. Chang-Rodriguez and the *Vocabulario Usual, Común y Fundamental* of V. García Hoz. In this way, we hope we have avoided serious omissions and have, where possible, replaced low-frequency words by more common ones. Except for some of the conversation exercises, the reading passage and the grammar synopsis, all the material of the course is recorded on tape and can be practised without a teacher necessarily being present. Each exercise must be presented by the teacher and checked after practice.

The idea of separating intensive from extensive study arose from the experience which was obtained in daily use of the language laboratory. The recording of speech offers the possibility not only of giving the student intensive individual practice but also of exposing him to spoken language to an extent that is impossible without recordings. And this purely quantitative improvement seems to bring about a change in the quality of the learning. Learning on the extensive plane seems to create almost a new dimension in foreign language work.

One of the first results of regular use of a language laboratory was seen to be a rapid gathering of skill in aural comprehension. Since most adult learners need to understand a great deal more than they are required to say, and since expression is possible only after much assimilation, it was decided to introduce a special listening exercise into each unit. Later it was realized that reading and grammar control are also functions of extensive learning, and so the idea was arrived at of separate units for intensive and extensive practice. Clearly the two types of study complement and fertilize each other and in this course the two kinds of units will be found to be broadly integrated and related to each other in subject matter, texts and structure. One other result of learning specifically on the recognition plane is the satisfaction the student feels when he sees that though his expression may be slow and limited, his understanding is rapid and comprehensive.

The complex relationship between intensive and extensive learning has not to our knowledge been closely investigated as yet. The authors, therefore, had no body of theory at their disposal on which to base their programming. Their method of procedure has been intuitive and empirical, the result of class observation, not of controlled research experiments.

The following suggestions are made for using the various parts of each unit in class and in the laboratory. They are not, however, prescriptive and teachers will find many other ways of dealing with them.

Intensive units

The *Presentation Dialogue,* which is in every case a conversation between two persons (Spanish and English), serves to present contextually the new words and language patterns to be taught in the unit. Formal analysis of the patterns comes later, in the extensive unit, *after* practice. The dialogue is recorded three times, once without pauses, once with pauses for repetition of everything and once with pauses for the student to play the rôle of the English person speaking in Spanish.

The following procedure is suggested:

1 The student listens in class to the first recording while looking at the filmstrip (or at the drawings in the book if no filmstrip is available). The tape should be played several times and the teacher will clarify the development of the situation, avoiding translation as much as possible. The filmstrip and the drawings will be found to aid comprehension but they cannot convey structural meanings unequivocally or fully. The dialogue may be presented as a whole or in sections according to the ability of the group. This first step is aimed at securing recognition of meaning.

2 The student listens to the second recording, while continuing to look at the filmstrip or the drawings, and repeats each phrase in the pause left on the tape. The teacher will correct the student's pronunciation.

3 The student listens to the third recording and, after hearing each utterance of the Spaniard, will speak for the Englishman in the pause left on the tape. On the second and third recordings a 'pip' has been inserted to indicate change of filmstrip frame or drawing.

4 After these three steps have been practised several times in the classroom, students may be asked to practise the dialogue in pairs while the teacher circulates. To ensure continuity, one student of each pair may consult the text and the other speak from memory, the two then changing rôles.

5 The student will next practise the recordings by himself in the language laboratory.

6 Finally, on a later occasion, the class may re-enact the dialogue from memory, varying it and adding to it if they wish.

In the course of this practice, teachers will vary in their use of the printed text. While experience does not point to an ideal formula, it is probably advisable to ensure that the dialogue is heard before it is read. The sight of print always has a deleterious effect on pronunciation and weakens mental attention to the sound. Furthermore, the image of language as a series of separated written words instead of as a continuous stream of sound may slow up the student's perception and production of speech. On the other hand, a recent experiment at Aberystwyth points to the beneficial effect of reading on the perception and recall of speech in certain cases. Whatever the truth may be, all the adult learners taught by the present method have needed to be taught to listen, and at times even forced to do so. Though a judicious amount of reading may, in the case of an alphabetic language, help a person to identify more easily what he hears, the auditory and oral experience remains the essential one for most students of languages. The length of the time-lag between listening and reading may vary, but a time-lag there must surely be.

The **Questionnaire** is included for the purpose of repractising the structural and lexical contents of the dialogue by the method of question and answer. Occasionally a small number of new words may be introduced here or a paradigm completed with forms that did not appear in the dialogue. The procedure recommended is simply for the teacher to present and go through the Questionnaire in the classroom, and for student practice to take place in the language laboratory. In Units 16-22, the Questionnaires have been replaced by cumulative oral dictation followed by written dictation. This exercise is designed to stretch the student's auditory span at the stage when complex sentences with subordinate clauses are beginning to enter.

The oral **Expansion** exercise consists of a paragraph describing a drawing and is intended to expand the structures introduced in the dialogue. As before, the exercise is best presented in the classroom and practised intensively in the laboratory. In class, the students should work first from the drawing and only afterwards look at the text. In the laboratory they should practise entirely by ear, looking at the drawings but not at the text. (To facilitate this, the drawings have been placed whenever possible on a page not facing the text.) A certain amount of new vocabulary is introduced in this exercise. Its subject matter is related broadly to that of the dialogue, as are also the conversation exercises. The unit is thus built round a centre of interest.

The Structure Drills are intended to systematize and generalize forms that have so far in the unit been learnt only as meaningful particularities. They should be presented in the classroom solely to ensure that students are aware of the mechanism of each drill – that is, the structural relationship between the patterned stimulus and the response. The practice is essentially language laboratory work. No new vocabulary is introduced since the student's mind should be on pattern, not on lexical novelties. A very few easily recognized words such as 'error, flamenco, taxi, televisión, decisión, coñac, Rusia, departamento' are, however, met for the first time in the drills. The laboratory practice must be done thoroughly and the student must be asked to correct his errors immediately they are made. The repetition of a mistake only engraves it on the mind. It is not enough for a student to realize his mistake. He must practise the correct form several times. For this reason we recommend two runs through of the correct drill. This may be considered 'grammar grind' of a new kind, but it is difficult to see how language can be internalized and made habitual without some amount of artificial drilling. It is realized that this is a debatable field of teaching method, and that the danger of over-generalization is a serious objection to structure drills. The authors are aware of this and hope that 'safer' methods may be devised in the future.

In the **Conversation** section, three kinds of exercise are offered: situation, discussion and prepared talk, and the teacher may select which he prefers. Of the *situational exercises*, a few are presented as half-scripted dialogues in which the students' task is to supply the unscripted half. These exercises have, therefore, been recorded and pauses have been left on the tape for suitable student utterances. The book gives clues for suitable responses and the exercise must be rehearsed before being practised in the language laboratory. No 'correct' response has been recorded since there could be several equally valid ones. This laboratory exercise can be thought of as an extension, or consolidation of semi-free creative work done in the classroom, and as such it explores the no-man's-land that still lies between 'free' work and pre-organized laboratory drills – a field of language practice which may well be a fruitful one for the investigator. The rest of the situational conversations are designed to be played out in class; they require a certain resourcefulness on the part of the teacher and a willingness on the part of the student to play a rôle. For the *discussion*, topics have been suggested and broken down into talking points, with some suitable vocabulary included. It has been found that teachers welcome guidance, but like freedom to develop class conversation in their own way according to the interests and ability of each group. It is suggested that after presentation of the theme, students can profitably be allowed to discuss in pairs or small groups, while the teacher circulates and advises. The *Prepared Talk* has been included as a possible home task, to be delivered later in class.

Conversation exercises, albeit very simple and strictly controlled ones, have been included from the first unit onwards, because the authors felt very strongly the adult's need to say something of his own. They consider it important not only for reasons of motivation, not only because the expression of original thought is after all the whole aim of language, but also for the pedagogical reason that language heard and used in a personal context, language in which our opinions and possibly our emotions are involved, acts as a catalyst in the learning process. Without this use of language for natural purposes, the mere reproduction of fixed texts, the mere structural manipulation of pre-organized language, however perfectly programmed, remains a barren thing. And it is here that the language laboratory is of little use and the teacher comes into his own. All the drill and programmed learning in the world is purposeless if it does not lead to proper communication, and to achieve even a modest degree of skill in communication requires a great amount of practice.

Extensive units

The two **Listening Passages** of each extensive unit are intended to accustom the student to sustained speech uttered at normal speed. In them he is being trained to listen fast. The first text is conversational in style, and the second, though sometimes conversational, more formal and expositional in nature. The student is not expected to understand everything. Seventy-five per cent comprehension is good at this stage. What is important, especially for the businessman, is that he should understand the essential facts. A number of unknown words and certain new structures are introduced and the student is expected to make intelligent guesses at the meaning, through logical deduction and analogy. He will always have to do this abroad, for it will be a long time before he understands everything that is said to him. A recommended procedure is: listen twice – answer as much as possible of the questionnaire – listen again – add further answers to the questionnaire – study the printed text (without listening) – listen again – complete the questionnaire. Where no questionnaire has been given, owing to the nature of the text, the student should listen several times until he reaches his maximum comprehension (this is normally reached after four or five listenings). Parts not properly caught should be played over a number of times until they are.

The **Conversation** exercises are of a situational and discursive kind similar to those in the intensive units. Some are recorded as before. In three of the later units, the situational dialogue has been replaced by a simple two-way interpreting exercise.

The **Reading Passages** are for silent reading. They show the more complex style of written language, denser in content than the more diffuse, less formal style of human speech. It is suggested that the students should be asked to read the text silently and at speed in a limited number of minutes and then to state generally what they have understood. Next they may be asked to read it carefully and answer the teacher's questions on it, paragraph by paragraph. It is not intended that the teacher should 'exploit' the text in detail, but merely to ascertain that the student has understood it, by asking information questions on it. Finally, students may be asked to read the text again at speed, in order to develop fluency of extensive reading akin to their fluency in extensive listening.

The *Grammar* section is the last of all. It is intended to be taught inductively in class, with students explaining the grammar in answer to the teacher's questions on the frames. For this reason, all explanations and rules have been omitted. If the inductive method is followed, the teacher will avoid giving *a priori* rules, but rather lead the student to generalize from the particularities contained in the frames. He will not go beyond the scope of each frame, but instead leave the student to synthesize the forms of the language as he comes to them. Adult students are sometimes voracious for knowledge about a language, though the degree of generalization and systematization they can take varies greatly from one to another. Whatever treatment the teacher decides to give this part of the unit, it is important to remember that the function of grammatical knowledge is to organize and control. It has little to do with the assimilation of language and can never be a substitute for practice. It is with these ideas in mind that we have given the grammar the form and the place it has in the course.

The subject matter

If the subject matter of a course is not reasonably interesting and within the learner's experience of life, he will not make the effort that is required to learn a language. This is possibly the course writers' most difficult task. The authors do not claim to have succeeded but they have striven to provide each exercise with an acceptable content in order to give the student the feeling that he is using the language for a purpose, that he is talking about something sensible and not just mouthing sentences or manipulating language for language's sake. The needs of adult travellers and businessmen constitute the general framework and the texts are as straightforward as possible. Only genuine, present-day Spanish is used and the learner will find himself using what he has learnt immediately he steps on Spanish soil.

Vocabulary

It was decided early on in the project that to limit the vocabulary to a short list of high frequency words would not serve the purposes of the learners we had in mind, that is to say of persons who needed to communicate with Spaniards on a wide variety of topics of everyday conversation. This cannot be done with a baggage of five hundred to a thousand words learnt in fifty to a hundred hours. The results obtained in limited periods are indeed interesting, but they must not be wrongly described, exaggerated or over-estimated. For present purposes, a socially acceptable use of Spanish was not considered possible with less than all of the basic grammar, an active vocabulary of at least 2,000 words and an additional recognition vocabulary of 1,300. This is approximately the size of the vocabularies which are included in the intensive and extensive units, and which have been introduced in controlled amounts in each unit and exercise. There are in addition a large number of cognates in Spanish and English which will be easily recognized by the student when met. With the addition of these, it has been found in end-of-course tests that students have enough vocabulary to keep their end up confidently and steadily in a wide range of practical situations and discussions all day and every day without undue fatigue. Certainly, once the student is in the foreign country, ease of communication, if not speed, comes very soon.

Pronunciation

A simple guide to the pronunciation of Spanish is given at the beginning of the course, before the first unit, in order to acquaint the student with its general characteristics and with the main points which will require special practice. A good pronunciation is only acquired by constant effort over a period of weeks. It does not come automatically to those who have a good ear. In fact, students' pronunciation frequently deteriorates if it is allowed to do so.

Spelling

A brief outline of spelling rules is also included at the beginning, since these are fairly straight-forward in the case of Spanish. No written exercises are included since the aim of the course is to develop only the ability to speak and understand. The units contain, however, abundant opportunities for written work, should a teacher wish to set it.

To the student

The course you are about to begin is designed specifically to use the facilities provided by the tape-recorder and the language laboratory. All the exercises except those of free conversation and reading have been recorded and can be practised individually by you as well as presented, studied and revised in the classroom with the teacher. The proportion of time devoted to classwork and the language laboratory (or of home practice with a tape-recorder) may vary, but whatever it is, some guidance on the method to be followed will be useful.

First, it is important to realize that using language is a highly organized activity. You cannot use a language without adhering to its systems of sound, form, structure and meaning. You do this quite successfully with English, but your adherence to its systems is unconscious. You have acquired an automatic control over them by forming the right habits. Learning a foreign language then can be described as the formation of a new set of language habits under conditions of controlled, intensive practice. It is easy to build a set of habits from scratch as a child learns its native tongue. It is much more difficult to do it alongside an already acquired set, as the adult learner of a foreign language does, because the old set will keep interfering with the new. It is therefore absolutely essential to nullify the effect of the old system by referring to English as little as possible. For this reason you should do your utmost to avoid working through English. Its effect will be crippling if you do not. At best it is a crutch, and crutches are for cripples. Avoid, then, translating everything you hear from Spanish into English and everything you want to say from English into Spanish.

The course aims primarily at teaching you to understand and speak Spanish, rather than to read and write it. The first thing we wish to recommend, therefore, is that you should *learn to listen* without looking at the text. You will be using the printed text for study purposes, but if you do not also practise without it, your progress in understanding and speaking will be much slower. Learning to do this, learning to trust one's ears and resist the temptation to see 'how it is written', will almost certainly require an effort on your part, but it is essential to your progress. Remember that the tape is your servant not your master. It will repeat anything for you as often as required, and if this facility is used to the full, ease of understanding is bound to follow. If you do not make yourself independent of the book the language will take much longer to learn.

A second recommendation is to *give yourself time*. Accept the fact that you can only learn in your own way and at your own pace. Do not bother to compare your progress with that of other students. Although an effort is constantly required, you must also allow time to do its work. Learning a language is not, in the first instance, the result of intellectual striving; it is something that happens to you slowly and imperceptibly while you practise. Do not rush at it. Do not try to bite off too much at a time. It is the digestion that matters.

Thirdly, *get to know your own learning characteristics* and practise accordingly. Practise especially what you find difficult and do not try to find an easy but false substitute, such as reading when you cannot hear, or studying grammar if you are not fluent, or speaking fast if you are not sure of the right forms.

Fourthly, *take time off for revision*. You will find that, at times, fatigue and confusion will set in. This is normal in an intensive course. When it happens, relax and revise. Language is complex and the new words and language forms tend to pile up. Blockages are inevitable, especially if a student is very keen and inclined to take in too much too quickly. Do not become impatient or depressed on these occasions. Be patient and revert to earlier work that you know.

Fifthly, *be self-critical.* In the language laboratory, use the tape purposefully, listening carefully for your mistakes and correcting them. Do not be carried along aimlessly from one exercise to another. Mere exposure to language will not teach you. It is what you do with the language that counts. When you make a mistake, do not be satisfied with realizing that you have made it; practise the correct form. If mistakes are not corrected, they will be learned. All the more so in a language laboratory.

Lastly, concentrate on *use* rather than *knowledge.* It is possible to learn a lot *about* a language in a few hours. Much of the grammar and several hundred words can be studied in a week or two. But neither of these things constitutes language. It is the use of words and structural forms in *living language* that is required and it is this that takes time if one wishes to handle the language for purposes beyond that of getting through the Customs and booking in at an hotel. So concentrate on use. There is no substitute for practice, no short cut.

To recapitulate:
Learn to listen.
Give yourself time.
Practise your difficulties.
Take time off for revision.
Be self-critical.
Concentrate on use.

By the end of the course you can expect to have acquired the ability to understand a great deal of what Spaniards say in normal social and business conversation, as well as the ability to sustain conversation yourself, even though slowly and with some mistakes, over a wide range of subjects, for quite long periods of time without undue fatigue.

The recordings have been made by Spaniards speaking at normal speed. Difficulty in understanding does not lie in speed, but in the length and complexity of the sentence. In the early units the sentences are simple and short, later they are longer and more complex, but at all times they are related to what the student is studying. Thus he is trained to understand Spanish at normal speed. On the other hand he is not expected to use it himself with the same fluency. Fluent understanding is attainable fairly soon, fluent expression takes much longer to achieve. If, however, this method is followed, the pipe-line of communication will have been laid and the rest is bound to follow.

Pronunciation

Read the following explanations and practise, with the recordings, each group of examples as you come to it. The letters in brackets are phonetic symbols of the International Phonetic Association. Each one represents one sound, always the same.

1 Spanish uses only five vowel sounds: (i) (e) (a) (o) (u). English uses twelve, as in *bead*, *bid*, *bed*, *bad*, *bard*, *body*, *board*, *book*, *boot*, *bud*, *bird*, and the last vowel sound of *cupboard*. Spanish vowels are generally shorter than English ones and are not sustained as are the English vowels of *bead*, *bard*, *board*, *boot* and *bird*. Furthermore, they are clearer and more precise and not weakened as in English when not stressed. When practising Spanish (e) and (o) be careful to make them single vowel sounds, not the diphthongs (ei) and (ou) as in *gay* and *go*.

(i) cine, día, difícil, pipa, vino, aquí
(e) Pepe, Teresa, Pérez, bien, este
(a) casa, gracias, Pablo, está, secretaria
(o) poco, como, hermoso, cómodo, hotel
(u) puro, mucho, gusto, estudio, salud

2 Spanish vowels are not weakened as English vowels are, when unstressed. For example, the word *board* changes its pronunciation in the word *cupboard*. The words *for* and *table* lose vowel strength and quality when they become unstressed syllables in the word *comfortable*. In Spanish they are not weakened in pronunciation: *confortable*. In the word *Barcelona*, the Englishman weakens the syllables *ce* and *na* (BARceLOna). The Spaniard pronounces all the syllables with full vowel quality (Bar-ce-lo-na). In the following words the vowel shown at the beginning of each line is unstressed but clearly pronounced:

(i) director, iglesia, mirar, inglés, rápido
(e) tarde, parque, calle, Barcelona, fuerte
(a) esta, cosa, señora, buena, caramba
(o) pero, bueno, Paco, Pablo, hermoso
(u) usted, estupendo, cónsul, Andalucía, mujer

3 This particular difference between English and Spanish is most noticeable in words which are the same, or very similar in the two languages:

American	– americano	caramel	– caramelo
Italian	– italiano	telephone	– teléfono
interest	– interés	student	– estudiante
chocolate	– chocolate	comfortable	– confortable
animal	– animal	natural	– natural

4 It is also noticeable in the pronunciation of names:

Liverpool	– Liverpool	Barcelona	– Barcelona
Bristol	– Bristol	Robert	– Roberto
Paris	– París	Richard	– Ricardo
Madrid	– Madrid	Margaret	– Margarita
Seville	– Sevilla	Teresa	– Teresa

5 As a result of the greater uniformity of strength of the various vowels in a Spanish word, as compared with English which pronounces clearly only those vowels which are stressed and

swallows all the others, the two languages have a different rhythm. Spanish has syllable rhythm and to an English ear sounds like a machine-gun. English has stress rhythm and to a Spanish ear sounds like a series of telegrams being read (with many words left out). However strange this 'syllable rhythm' may seem to your ear, it must be imitated, if you want to speak with a reasonable Spanish accent. To speak Spanish with English stress rhythm sounds as comic as English spoken with Spanish syllable rhythm. This feature is more important in the acquisition of a good accent than the individual vowel or consonant sounds themselves.

Good mórning	– Buenos días.
How áre you ?	– ¿Cómo está Vd. ?
Sit dówn, please.	– Siéntese Vd., por favor.
Thánk you.	– Muchas gracias.
Pléased to méet you.	– Encantado de conocerle.

The impression that Spaniards speak faster than English people is false. It is merely that one hears more individual syllables in Spanish. A Spanish sentence of, say, twenty syllables (all relatively equal in strength and length) obviously takes longer to pronounce than twenty syllables in English, of which only ten, say, are stressed and therefore pronounced clearly, and the other ten swallowed. It is not *speed* that you must strive for in Spanish, but *syllable* rhythm.

Diphthongs

6   When one of the vowels (e), (a), (o) is combined with either (i) or (u) the stress always falls on the former. (e), (a), (o) are therefore known as strong vowels and (i) and (u) weak vowels. Combinations of a strong vowel and a weak vowel are considered as single syllables and are called diphthongs. The two possible combinations of the weak vowels (iu) and (ui) are also diphthongs, and the stress falls on the second vowel of the two. There are thus 14 diphthongs in Spanish:

(ei)	reina, seis, veinte, rey, ley
(eu)	neutro, neutral, deuda, Eusebio, Europa
(ai)	baile, traiga, caigo, hay, Uruguay
(au)	causa, Paula, aunque, autocar, Austria
(oi)	hoy, voy, soy, estoy, oiga
(ou)	*Found only between words:* uno‿u otro, tengo‿un piso
(ie)	fiesta, tiene, cierto, sierra, viejo
(ia)	Alemania, familia, estudiante, gracias, secretaria
(io)	Antonio, rubio, idioma, ministerio, precioso
(iu)	ciudad, viuda, Miura
(ui)	cuidado, Luisa, lingüista, Suiza, Ruiz
(ue)	bueno, escuela, puerta, Manuel, fuerte
(ua)	suave, guapa, cuando, agua, lengua
(uo)	cuota, su hora, su hotel

7   When (i) or (u) come first in a diphthong (as in the last eight lines of examples given above), they tend to be pronounced as (j) and (w) respectively (semi-consonants):

| (j) | ciudad, tiene, Miura, Alemania, negocio |
| (w) | cuidado, suave, bueno, puerta, cuota |

Two strong vowels

8 When two strong vowels (e), (a) or (o) come together in a single word, they constitute two syllables, not a diphthong:

(ea) empleado, real, realidad, teatro, Baleares
(eo) empleo, leo, veo, paseo, Pirineos
(ae) paella, caer, Jaén, aeroplano, aeropuerto
(ao) caos, Laos, caoba, Bilbao, ahora
(oe) poeta, oeste, cohete, Noé, oboe
(oa) Zuloaga, boa, Centroamérica, Lisboa, coaxial

Consonants

9 (p) Like English *p* but gentler and less aspirated, that is, without the puff of air that accompanies it in English:

Pepe, Papa, puro, pipa, copa

10 (b) Like English *b* but less explosive. Occurs only at the beginning of an utterance or after a nasal, (n) or (m):

a) banco, bueno, vino, vasco, vuela

(β) In all other positions, that is, in the great majority of cases, the *b* is considerably softened and relaxed, almost to a (w) pronunciation. (Try saying *cupboard* or *rubber* with a very relaxed *b*, as after, say, six glasses of sherry!)

b) rubio, abajo, uvas, iba, Eva

11 (t) Like English *t* but pronounced with the tongue touching the top teeth, not the gums as in English. This produces a much lighter sound than English *t:*

tinto, tengo, tanto, tonto, túnel

12 (d) Like English *d*, but (as in *t*) with the tongue touching the top teeth, not the gums as in English *d*. This sound occurs only at the beginning of an utterance or after a nasal, (n) or (m), or after (l):

a) día, domingo, dar, dos, andar, aldea

(ð) In all other positions, that is on nearly all occasions, the (d) is considerably softened and relaxed, almost to a *th* sound. (Try pronouncing the word *rather* with a very relaxed *th*.) It is a sound half-way between the *d* of *ladder* and the *th* of *lather:*

b) nada, Cádiz, todo, universidad, Madrid

At the end of a word this sound is sometimes pronounced like the *th* of *think*, particularly in Madrid itself:

c) Madrid, usted, Valladolid, realidad, verdad

Other people do not pronounce it at all at the end of a word:

d) Madrid, usted, Valladolid, realidad, verdad

13 (k) Like English *ck* but generally softer:

casa, queso, kilo, cosa, cura

14 (g) Like English *g* in *go* though generally softer. It occurs only at the beginning of an utterance or after *n* or *m:*

a) García, Goya, guerra, guía, gusto
   vengo, domingo, Congo, tenga, húngaro

(g) In all other positions, that is, on nearly all occasions, it is considerably softened and relaxed. (Try saying *rugger* with a very gentle *gg* – the sound used in gargling.)

b) hago, luego, lugar, siga, amigo

15 (f) Like English *f*. (Its voiced form, the English *v* of *very*, does not exist in Spanish, the letter *v* being pronounced like a *b*.)

fiesta, frío, profesor, feliz, sifón

16 (s) Like the unvoiced English (*s*) in *pass*, not the voiced *s* in *phase*. Slightly approaching English *sh* at times, though the *sh* sound is not used as a regular consonant in Spanish, and should not be overdone:

a) señor, sábado, sirva, usted, inglés

Before (r), the *s* is often weakened or even omitted:

b) las rosas, los ríos, los relojes, es rápido, es rico

Before a voiced consonant: (b) (d) (g) (m) (n) (r) (l) the *s* is slightly voiced, though the *z* sound of English *zoo*, *phase*, does not exist in Spanish:

c) las bombas, los dos, es grande, los martes, es lunes, es natural

17 (χ) This Spanish sound is not found in English, but is similar to the *ch* of Scottish *loch:*

Jaca, jefe, gente, jiro, jugo, trabajar, ejército
hijo, bajo, Argentina, trabajo, ingeniero, conserje

18 (θ) Like the English unvoiced *th* of *thing*. (In some parts of Spain and Latin America, it is replaced by (s). This is called 'seseo'.)

cine, cena, Zaragoza, zona, zumo
gracias, conoce, produce, cerveza, cerca

19 (tʃ) Like English *ch:*

chico, cheque, chófer, churro, muchacho
ancho, noche, leche

20 (m) Like English *m:*

madre, metro, moto, muro, mina
fuma, ama, idioma, hablamos, comemos

21 (n) Like English *n:*

a) nada, negro, ni, noche, nueve

(y) At the end of a word or before (k) (g) (m) (b) (p) (w) (r) it is somewhat nasalized, though never as much as *ng* in English (e.g. *sing*):

b) un coche, un gato, un vaso, en parte, un huevo, Enrique, también, son, un millón

22　(ɲ)　Like the *ny* of *canyon* pronounced as a single sound:

España, niño, pequeño, ñoño, coñac

23　(l)　Like the English *l* of *like*, not the *l* of *almost*, that is, pronounced towards the front of the mouth not the back:

a) lago, Londres, libro, sal, mil
Nevertheless the more guttural *l* of *almost* is heard in some regions, for example in Catalonia, especially at the end of words:

b) hotel, capital, Portugal, mil, sol

24　(ʎ)　Like the *lli* of *million*, pronounced as a single sound (mi-llion, not mi-lli-on):

a) llama, lleno, llover, calle, lluvia, cigarrillo
In some parts of Spain and Latin America (e.g. Madrid), this sound is replaced by (j) as in English *yes*. This is known as *yeísmo*.

b) llama, lleno, llover, calle, lluvia
In other parts, for example in Argentina, it is replaced by (ʒ) as in English *pleasure*.

c) llama, lleno, llover, calle, lluvia

25　(j)　Like English *y*:

yo, mayo, ya, suya, cuyo, oye
This sound is also pronounced (ʒ) as in English *pleasure*, in certain parts of Spain and South America.

26　(r)　This sound has nothing to do with the English *r* of *rope* which does not exist in Spanish. Spanish *r* is pronounced with a single flap of the tongue against the top gums, and for this reason is sometimes referred to as the 'flapped' *r* (compare the American pronunciation of *tt* in *letter*). Some English people use a flapped *r* in words like *narrow, sorrow, marriage*.

a) toro, cara, puro, irá, miré
At the end of an utterance it is sometimes given two or three flaps:

b) hablar, por, comer, vivir, sur
It can also be flapped more than once before a consonant. This is completely opposed to the English practice of not pronouncing the *r* in such positions (*cart, bird, port*).

c)　(rp) (rb)　cuerpo, carpeta, árbol, corbata, barba
　　(rt) (rd)　arte, torta, norte, tarde, Córdoba, izquierdo
　　(rk) (rg)　arco, porque, cerca, organizar, alberque
　　(rf)　　　por favor, perfecto, perfume, por fin, Orfeo
　　(rs)　　　persona, sentarse, levantarse, Ursula, irse
　　(rn) (rm)　por nada, carne, vernos, arma, ermita
　　(rx)　　　Argentina, urgente, conserje, Argelia, sargento
　　(rθ)　　　Barcelona, tercero, tuerza, torcer, Murcia

After a consonant, for example in the combinations *pr, tr, cr, br, dr, gr*, it is particularly important to pronounce a flapped *r* and not an English one as in *brain, train, grain*. (Scottish students will find this easy.)

d) (pr) empresa, representante, primero, comprendo, pronto
   (br) hombre, ginebra, británico, lumbre, Ebro
   (tr) tren, trabajo, central, cuatro, metro
   (dr) Pedro, padre, madre, Londres, Madrid
   (fr) frio, francés, fresco, frito, frontera
   (kr) creo, escribo, secretaria, cruel, secreto
   (gr) grande, gracias, negro, alegre, programa

27 (ŕ) This r is pronounced by trilling the tongue against the top gums (compare a very Scottish pronunciation of r), and is, therefore, sometimes referred to as the trilled r. It is the pronunciation given to the r at the beginning of a word:

a) río, rico, radio, repita, Rosa

It also occurs within a word (and is then written with a double letter: rr):

b) carro, perro, Mediterráneo, arroz, correr

28 (r) (ŕ) It is particularly important for the English student to distinguish between these two (r) sounds, not merely for reasons of good accent but because they are used to distinguish meanings:

pero (but)   para (for)   coro (chorus)
perro (dog) parra (vine) corro (I run)

29 The following English sounds are not used in Spanish and must be particularly avoided when speaking Spanish:

(i) as in him, ship, rich
(aː) as in hard, park, sharp
(ɔː) as in port, walk, nought
(əː) as in bird, girl, church
(ə) as in cupboard, comfort, toucher
(v) as in very, veal, wave
(z) as in peas, rise, zoo
(ʃ) as in ship, motion, wash
(ʒ) as in pleasure, vision, azure
(dz) as in just, general, village
(r) as in right, rest, root
(h) as in hat, his, happy

30 The following Spanish sounds are not used in English and must be especially practised:

(β) iba, abajo, uva
(ð) nada, todo, Madrid
(r) toro, cara, pero
(ŕ) río, radio, perro
(χ) jota, Jesús, general
(g) agua, hago, luego
(ñ) llama, millón, silla
(eu) neutro, deuda, Eugenia

31 The following wrong substitutions must be particularly avoided by an English student of Spanish:

(ei) instead of (e) in: cena, Teresa, Pepe
(ou) instead of (o) in: poco, cuando, Pablo
(b) instead of (β) in: rubio, iba, abajo
(d) instead of (ð) in: nada, todo, Cádiz
(g) instead of (ɡ) in: agua, hago, luego
(z) instead of (s) in: presidente, representante, casa
(h) instead of (χ) in: mujer, trabajo, jefe
(l) instead of (ʎ) in: ella, calle, caballero

English *t* in: té, todo, tren
English *d* in: dos, dar, día
English *r* in: toro, río, tren

Stress

32 Spanish words ending in a vowel stress the last syllable but one:

/ –   nada, casa, toro, para, digo
– / –   bonito, hermoso, familia, señora, leche
– – / –   señorita, aparato, estupendo, oficina, arquitecto
– – – / –   departamento, maravilloso, aproximado, representante, correspondencia
– – – – / –   inmediatamente, cuidadosamente, misteriosamente, desaparecido, extraordinario
– – – – – / –   aproximadamente, independientemente

33 Words ending in *n* or *s* also stress the last syllable but one, the reason being that these are often plural endings of words which in the singular end in a vowel:

/ –   noches, antes, casas, hablan, comen
– / –   entonces, paraguas, ingleses, señores, prefieren, hablaron
– – / –   senoritas, conocían, aprendieron
– – – / –   departamentos, americanos, maravillosos, representantes, certificaron, telegrafiaron

34 Words ending in a consonant (other than *n* or *s*) stress the last syllable:

– /   usted, hotel, señor, mujer
– – /   español, autocar, juventud, aprender, profesor
– – – /   ferrocarril, estupidez, barbaridad, garantizar, exportador
– – – – /   aparejador, telefonear, internacional, amabilidad, contabilidad
– – – – – /   responsabilidad, particularidad, particularizar

35 Some words are not stressed according to these rules, and these, when written, carry an accent over the vowel of the irregularly stressed syllable. Thus some words ending in a vowel or *n* or *s* stress the last syllable:

– /   aquí, está, también, avión, inglés, adiós
– – /   hablará, comeré, chacolí, alemán, autobús
– – – /   invitaré, preferirá, exportación, conversación, invitación
– – – – /   representación, administración, recuperación, imaginación

36   Some words ending in a vowel, *n* or *s* stress the last syllable but two:

      | – –   céntimo, número, máquina, últimos, tráigalo
    – / – –   muchísimo, teléfono, británico, periódico, kilómetro
  – – / – – telefónico, frigorífico, periodístico, telegráfico, mecanógrafa
 – – – / – – magnetofónico, paradisíaco, mediterráneo, arquitectónico, amabilísimo
– – – – / – – interesantísimo, preocupadísimo, agradabilísimo

37   Others, especially some verb forms with two enclitic pronouns, stress the last syllable but three:

      | – – –   tráigamelo, póngaselas, cómprenosla
    – / – – – escríbamela
  – – / – – – escribiéndomela

38   Some words ending in a consonant stress the last syllable but one:

  | – Cádiz, lápiz, Pérez, fácil, cónsul, ángel
 – / – González, Rodríguez, Domínguez, Gutiérrez, difícil

Sinalefa

39   One of the most marked characteristics of Spanish is the absence of the glottal stop and the very smooth linking of words in speech. When a word ending in a vowel is followed by a word beginning with a vowel, the two vowels are normally pronounced as one syllable. This is called 'sinalefa'. When the vowels are identical they are pronounced as one:

i-i   Mi‿hijo. Mi‿inglés. Casi‿impossible.
e-e   Tome‿esto ¿Dónde‿está? ¿Qué‿es eso?
a-a   Está‿aquí. Va‿a comer. ¿Está‿Antonio?
o-o   No‿oye. Compró‿otro. Ocho‿hombres.
u-u   Su‿uso. Su‿único hijo. Tu‿uniforme.
a-a-a Va‿a‿Andalucía. Habla‿a‿Antonio.
e-e-e Lee‿esto. Cree‿en todo.

40   When they are different, but are a combination of weak and strong or two weak vowels, they are pronounced as one syllable:

i-e   aquí está, allí en frente, mi enemigo
i-a   mi amigo, allí arriba, aquí abajo
i-o   mi hora, mi oficina, mi otra casa
i-u   mi uniforme, vi uno, y usted
e-i   hable inglés, parece inteligent, ¡Qué interesante!
e-u   sabe usted, tome un poco, compré uno
a-i   nuestra hija, una inglesa, el idioma inglés
a-u   traiga un plato, venga usted ¿Fuma usted?
o-i   nuestro hijo, hablo inglés, conozco Inglaterra
o-u   quiero un café, tomo una cerveza, fumo un poco
u-i   su hijo, tu interés
u-e   su español, su enemigo, tu estudio
u-a   su amigo, su abuelo, tu alemán
u-o   su hora, Perú o Cuba, tu otra casa

41   When two strong vowels (a,e,o) follow each other at the juncture between two words (e.g. me alegro, I am glad) one is stronger than the other (this depending on the particular stress pattern of the phrase):

a-e   Habla ‿español.   Hasta ‿el domingo.
a-o   Hasta ‿otro día.   En la ‿oficina.
e-a   Me ‿alegro.   Desde ‿ahora.
e-o   De ‿once a doce.   El mes de ‿octubre.
o-a   Hablo ‿alemán.   Escribo‿a máquina
o-e   Claro ‿está.   Todo ‿el día.

42   Sometimes a cluster of three, four or even five and six vowels will be formed at the juncture of two or three words. As this does not happen in English, the English student will sometimes find himself stumbling in the middle of a phrase without quite knowing what is holding him up. If fluency is to be attained this feature must be specifically practised – steadily, unhurriedly, pronouncing all the vowels smoothly one after the other without swallowing the weaker ones as the temptation will be to do. Examples of three-vowel clusters:

eae   Lea esto.   Llegué a Elche.
eoe   Creo eso.   Veo el tren.
iae   Vi a Elena.   Escribí a ella.
iai   Vi a Isabel.   Escribí a Ignacio.
oau   Hablo a usted.   Conozco a uno.
oae   Conozco a él.   Hablo a ella.
oei   Es educado e inteligente.   Americano e inglés.
ioa   Un palacio antiguo.   Radio Andorra.
ouo   Uno u otro.   Ocho u once.

43   Four-vowel clusters are:

eoau   Veo a un amigo.
iaia   Es seria y amable.
ioau   Envidio a usted.
oiau   Voy a una conferencia.
iaeu   Una conferencia europea.

44   Identical consonants also tend to be pronounced as one, though they are then sometimes lengthened:

s-s   las salas, las sombras, dos sillas
n-n   sin nada, un novio, con nervio
l-l   el lago, al lado, el loro
r-r   El Mar ‿Rojo, por radio, hablar Ruso
d-d   Ciudad ‿del Cabo, el Madrid ‿de hoy

Intonation

45   When listening to a Spanish person speak, the English student will sometimes be aware of certain differences in the tone of voice used as compared with that which would be used in English, in a similar situation. It is important to recognize and use Spanish tones, in order not to give a wrong interpretation to a sentence heard, or to convey a meaning that you do not

intend. A detailed analysis of Spanish tone patterns is not necessary here, but a few specific remarks are to the point. As a general characteristic, the voice does not rise as high or fall as low in Spanish as it does in English. A tone that rises too high in Spanish sounds effeminate to a Spaniard; a tone that falls too low sounds over-emphatic. The following are a few of the common tone patterns:

46 The voice falls at the end of statements and orders as in English, but not as low as in English. To an English ear, it sounds more level and rather matter-of-fact and indifferent.

Está bien.	It's all right.
Estoy contento aquí.	I'm happy here.
Quiero café con leche.	I should like coffee with milk.
¡Pase Vd., por favor!	Come in, please!
Siéntese, por favor.	Sit down, please.
¡Oiga!	I say!

47 It also falls or remains level, in greetings and leave-takings, where in English it would rise or fall more. This again gives an impression (a false one of course), of dryness, indifference or even peremptoriness.

Encantado de conocerle.	Delighted to meet you.
¡Mucho gusto!	Pleased to meet you.
¡Buenos días!	Good morning!
¡Adiós!	Goodbye!
Hasta luego.	See you later.
Hasta pronto.	See you soon.

48 Questions requiring an information answer also use falling tone.

¿A qué hora sale el avión?	What time does the plane leave?
¿Para qué día es el billete?	What day is the ticket for?
¿Dónde vive Vd.?	Where do you live?
¿Cómo está Vd.?	How are you?

49 Questions requiring a Yes or No answer end with a rising tone, but not as high as in English.

¿Tiene usted dinero?	Have you got any money?
¿Prefiere Vd. café?	Do you prefer coffee?
¿Está bien el hotel?	Is the hotel all right?

There are many variations in the tone of voice used in all languages. They are difficult to learn in the form of exercises but should be listened for and imitated right from the beginning. That is to say, when repeating a sentence, one should imitate the intonation as well as the individual sounds of the words.

Spelling

In Spanish, as a general rule, each sound is written in one way only, and each letter of the alphabet represents only one sound (with the few exceptions noted below and in the section on Pronunciation). There is thus a close correspondence between sounds and letters which makes it easy both to read Spanish aloud and to write from dictation. In the following explanations we proceed from sound to letter, rather than from letter to sound, showing how each sound is written rather than how each letter is pronounced.

In reading over the following paragraphs, we ask you to pronounce the sound first before looking at the written forms and examples.

Vowels

Sound Spelling

(i)	i	pipa, cine, día, oficina, difícil
	y	voy, estoy, muy, Uruguay, ley
(e)	e	Pepe, leche, Teresa, este, pero
(a)	a	casa, Pablo, secretaria, gracias, está
(o)	o	todo, poco, hermoso, bonito, cómodo
(u)	u	mucho, gusto, estupendo, estudio, autobús

Diphthongs

Sound Spelling

(ei)	ei	reina, veinte, treinta, seis, aceite
	ey	rey, ley, buey
(eu)	eu	deuda, neutro, Europa, Eusebio, Eugenia
(ai)	ai	baile, traiga, raíles, sainete, Maite
	ay	hay, Uruguay, Paraguay, Guayana
(au)	au	automóvil, causa, Paula, restaurante, aula
(oi)	oi	oiga, boina
	oy	hoy, voy, soy, estoy, Alcoy
(ou)	ou	(Not found in single words, only in word juncture)
(ie)	ie	ingeniero, bien, fiesta, tierra, viene
(ia)	ia	estudiante, piano, familia, viaje, gracias
(io)	io	Antonio, negocio, rubio, idioma, ministerio
(iu)	iu	ciudad, viuda, Miura
(ui)	ui	Luisa, muy, Ruiz, cuidado, Suiza
(ui)	üi	pingüino, lingüistico
(ue)	ue	Manuel, fuerte, cuestión, puerta, frecuente
(ue)	üe	vergüenza, Sigüenza, bilingüe
(ua)	ua	cuando, guapo, agua, lengua, suave
(uo)	uo	cuota, continuo, averiguo, antiguo, duodécimo

Semi-consonants

Sound Spelling

(j)	i	tiene, hierro, viaje
	y	yo, mayo, suyo
(w)	u	cuidado, huevo, frecuente, cuando, agua
	w	(Only in foreign words): Washington

Consonants

Sound Spelling

(p)	p	Pablo, Pérez, pipa, Papa, prefiero
(b)	b	bonito, Barcelona, bien, bueno, barco

	v	voy, Valencia, conversación, viene, viuda
(β)	b	rubio, a Barcelona, abajo, arriba, de Bilbao
	v	uvas, levantarse, Sevilla, a Valencia, una viuda
(t)	t	te, también, fuerte, bonito, hotel
(d)	d	domingo, andar, doy, Duero, un día
(ð)	d	nada, cada, todo, pide, usted
(k)	c	When followed by (a), (o) or (u):
		casa, carta, con, cola, cura, Cuba
	qu	When followed by (i) or (e):
		aquí, quien, que, quiero, aquel
	k	Only in words borrowed from foreign languages:
		kilo, kilómetro
(kw)	cu	cuando, Ecuador, cuestión, cuota, cuidado
(ks)	x	taxi, explicar, extender, exponer, extinguir
(kθ)	cc	acción, dirección, protección, construcción, producción
(g)	g	When followed by (a), (o) or (u):
		García, González, Congo, domingo, gusto
	gu	When followed by (i) or (e):
		Guillermo, águila, seguir, guerra, Portugués
(ɣ)	g	luego, hago, a García, de González, agua
(gw)	gu	When followed by (a):
		guapo, lengua, Uruguay, Paraguay, Nicaragua
	gü	When followed by (i) or (e):
		lingüístico, vergüenza, Sigüenza, pingüino
(f)	f	fiesta, frío, profesor, azafata, fumar
(s)	s	Sevilla, profesor, presidente, buenos, representante
(χ)	j	Before any vowel:
		jira, Jerez, ejercicio, Jaca, José, jugo, junto
	g	Before (i) or (e):
		Gibraltar, ginebra, general, gente, giro
(θ)	z	Before or after any vowel (or at the end of a syllable):
		Zaragoza, zeta, zona, zumo, luz
	c	Before (i) or (e):
		cine, cifra, cero, cena, conoce
(tʃ)	ch	chico, muchacho, churros, charla, cheque
(m)	m	madre, Zamora, médico, fumar, muy
	n	*Before v, p, or b:* conversación, en parte, un bebé
(n)	n	nada, nuevo, viene, bien, antes
(ɲ)	ñ	año, niño, ñoño, España, Cataluña
(ŋ)	n	Before (c) or (g):
		Inca, ancla, Congo, domingo, hongo
(l)	l	Londres, Andalucía, feliz, hotel, cual
(ʎ)	ll	llama, muralla, millón, paella, Melilla
(r)	r	mirar, pero, toro, caro, favor, tarde, hombre, grande
(ɾ)	rr	perro, mediterráneo, Inglaterra, ahorro, barrio
	r	radio, rico, Enrique, red, rosa, rutina
(–)	s	*Sometimes not pronounced before r:*
		las rosas, las revistas, los ríos
	j	*Sometimes not pronounced at end of word:* reloj

d   *Sometimes not pronounced at end of word:*
     Madrid, red, realidad, verdad, salud
h   *Never pronounced:*
     hora, hombre, ahora, hoy, hay

Accentuation

There is only one written accent in Spanish and it is used to indicate irregular stress, not the quality of a vowel sound as in French. It is thus found in words which are not stressed according to the rules. An accent is used therefore when writing the following words:

1   Those ending in a vowel or *n* or *s* which do not stress the last syllable but one:

está, esté, aquí, marchó, Panamá, Perú
autobús, inglés, francés, portugués, París, avión, también, alemán
teléfono, británico, miércoles, dígame, óigame, Málaga, Córdoba, México

2   Those that end in a consonant (other than *n* or *s*) which do not stress the last syllable:

difícil, cónsul, lápiz, González, Cádiz, Gutiérrez, rádar

3   Those containing a weak and a strong vowel with the stress on the weak vowel (thus breaking the diphthong):

país, raíz, baúl, leí, reír, oír, ateísmo
día, todavía, compañía, río, grúa, acentúa, continúa

4   Those containing the two weak vowels *iu* or *ui* but with the stress on the first vowel instead of the second as is normal in these diphthongs:

flúido

5   An accent is also used to distinguish different meanings of certain words which fall in two different grammatical categories.

A few examples are:

| el (the) | mi (my) | tu (your) | si (if) | mas (but) |
| él (he) | mí (me) | tú (you) | sí (yes) | más (more) |

| este (this) | ese (that) | se (oneself) | solo (alone) |
| éste (this one) | ése (that one) | sé (I know) | sólo (only) |

| donde (where) | cuando (when) | como (like, as) | que (that, than) |
| ¿Dónde? (Where?) | ¿Cuándo? (When?) | ¿Cómo? (How?) | ¿Qué? (What?) |

unidad uno

Presentaciones Introductions

Mr Short is an English sales engineer who has been sent by his company to do business in Spain. For some years they have had an agent in Barcelona, el Sr. Pérez, and Mr Short's first task is to call on him at his house and make himself known. In the first dialogue *(Diálogo)* you will hear Sr. Pérez greeting Mr Short, inviting him in and introducing him to his wife and children. After listening to this conversation several times you may repeat it two or three times yourself in the pauses left on the tape, and then practise saying the part of Mr Short in reply to Sr. Pérez who has been recorded a second time alone on the tape. The questions and answers which follow the dialogue, in the *Cuestionario,* will reinforce it and make sure that you have learnt it.

After this comes an Expansion exercise *(Ampliación)* in which several other Spaniards are introduced. The practice consists of pronouncing their names and saying who and what they are. It is worth mentioning that Spaniards have two surnames: the father's and the mother's, in that order. They are usually known, however by the first, the father's. Thus el Sr Pérez Alonso is called el Sr. Pérez. Only in the case of two Sres. Pérez, for example Pérez Alonso and Pérez Losada, are both surnames sometimes used to make the distinction. Notice that *el* (the) is used before *Sr. (señor)* when referring to a man as a third person (it literally means 'the man' or 'the gentleman') and *la* before *Sra. (señora)* with *de* (of) after it. So Mrs Pérez is *la Sra. de Pérez* (the lady of Pérez).

This oral exercise is followed by some sentence-pattern drills *(Prácticas)* in which you will be saying groups of patterned sentences in response to others similarly grouped and recorded on the tape.

Finally, a short conversation exercise *(Conversación)* provides talking points about the Spaniards presented in the Unit and about yourself and other students who may be studying with you.

The sentences in this Unit are short and straightforward – no complicated grammar to think about. You will learn the words for 'the, a, my, your, and, how, who, what, well, here' and also a thing that surprises English people until they get used to it, two words for 'is'. The sentences and phrases used are the common ones required by any person, at home or abroad, on being introduced to someone else and making the first polite conversation.

1. SR. PÉREZ   – Buenos días.
   MR SHORT   – ¿El señor Pérez, por favor?
2. SR. PÉREZ   – Soy yo.
   MR SHORT   – Buenos días. Yo soy el Sr. Short, de Inglaterra.
3. SR. PÉREZ   – Ah, sí, mucho gusto, Sr. Short.
   MR SHORT   – Encantado. _Delighted._
4. SR. PÉREZ   – Pase usted.
   MR SHORT   – Gracias.

5. SR. PÉREZ   – Aquí mi mujer.
   SRA. DE P.   – Encantada.
   MR SHORT   – Mucho gusto, señora.
6. SR. PÉREZ   – Y mi hijo Pablo.
   PABLO   – ¿Cómo está usted?
   MR SHORT   – Muy bien, ¿y usted?
7. SR. PÉREZ   – Y mi hija Teresa.
   TERESA   – Encantada.
   MR SHORT   – Mucho gusto.

8. SR. PÉREZ   – Siéntese, Sr. Short.
   MR SHORT   – Gracias.
9. SR. PÉREZ   – ¿Está usted contento en España?
   MR SHORT   – Sí, estoy muy contento aquí.
10. SR. PÉREZ   – ¿Está aquí su señora?
    MR SHORT   – No, no está aquí, está en Londres.

Cuestionario

EL SR. PÉREZ

¿Quién es el Sr. Pérez?	– Es un español. *(/a Spanish)*
¿Cómo está?	– Está bien. *(well.)*
¿Está contento?	– Sí, está contento. *(/a happy)*
¿Dónde está?	– Está en Barcelona.
¿Dónde está Barcelona?	– Está en España.

TERESA

¿Quién es Teresa?	– Es la hija del Sr. Pérez.
¿Es española?	– Sí, es española.
¿Cómo está?	– Está bien.
¿Está contenta?	– Sí, está contenta.
¿Dónde está?	Está en Barcelona.

PABLO

¿Quién es Pablo?	– Es el hijo del Sr. Pérez.
¿Es español?	– Sí, es español.
¿Cómo está?	– Está bien.
¿Está contento?	– Sí, está contento.
¿Dónde está?	– Está en Barcelona.

LA SEÑORA DE PÉREZ

¿Quién es la Sra. de Pérez?	– Es la mujer del señor Pérez.
¿Es española?	– Sí, es española.
¿Cómo está?	– Está bien.
¿Está contenta?	– Sí, está contenta.
¿Dónde está?	– Está en Barcelona.

EL SR. SHORT

¿Qué es el Sr. Short?	– Es un inglés.
¿Cómo está?	– Está bien.
¿Está contento en España?	– Sí, está muy contento.
¿Dónde está?	– Está en Barcelona.
¿Dónde está Barcelona?	– Está en España.

UNOS ESPAÑOLES

business man

1. El Sr. Pérez es hombre de negocios. 2. La Sra. de Pérez es ama de casa. 3. Pablo Pérez es estudiante. 4. Teresa Pérez es azafata. 5. Don Antonio es director de empresa. 6. Luisa es secretaria. 7. Manuel es conserje. 8. Don Pedro es médico. 9. La señorita Sánchez es modista. 10. Juan es camarero.

¿QUIÉN ES VD. (USTED)?

1.	¿Quién es Vd.?	– Soy el señor Pérez.
2.	¿Quién es Vd.?	– Soy la Sra. de Pérez.
3.	¿Quién es Vd.?	– Soy Pablo Pérez.
4.	¿Quién es Vd.?	– Soy Teresa Pérez.
5.	¿Quién es Vd.?	– Soy Don Antonio.
6.	¿Quién es Vd.?	– Soy Luisa.
7.	¿Quién es Vd.?	– Soy Manuel.
8.	¿Quién es Vd.?	– Soy Don Pedro.
9.	¿Quién es Vd.?	– Soy la señorita Sánchez.
10.	¿Quién es Vd.?	– Soy Juan.

¿QUÉ ES VD.?

1.	¿Qué es Vd., Sr. Pérez?	– Soy hombre de negocios.
2.	¿Qué es Vd., señora?	– Soy ama de casa.
3.	¿Qué es Vd., Pablo?	– Soy estudiante.
4.	¿Qué es Vd., Teresa?	– Soy azafata.
5.	¿Qué es Vd., Don Antonio?	– Soy director de empresa.
6.	¿Qué es Vd., Luisa?	– Soy secretaria.
7.	¿Qué es Vd., Manuel?	– Soy conserje.
8.	¿Qué es Vd., Don Pedro?	– Soy médico.
9.	¿Qué es Vd., señorita?	– Soy modista.
10.	¿Qué es Vd., Juan?	– Soy camarero.

¿QUIÉN ES EL HOMBRE DE NEGOCIOS?

1.	¿Quién es el hombre de negocios?	– Es el Sr. Pérez.
2.	¿Quién es el conserje?	– Es Manuel.
3.	¿Quién es la modista?	– Es la señorita Sánchez.
4.	¿Quién es el estudiante?	– Es Pablo.
5.	¿Quién es el camarero?	– Es Juan.
6.	¿Quién es la secretaria?	– Es Luisa.
7.	¿Quién es el ama de casa?	– Es la señora de Pérez.
8.	¿Quién es el médico?	– Es Don Pedro.
9.	¿Quién es la azafata?	– Es Teresa.
10.	¿Quién es el director de empresa?	– Es Don Antonio.

1   ¿Cómo está el Sr. Pérez?
            la Sra. de Pérez
            Pablo
            Teresa
            Don Antonio
            Don Pedro
            su hijo
            su mujer

– ¿Cómo está el Sr. Pérez?
– ¿Cómo está la Sra. de Pérez?
– ¿Cómo está Pablo?
– ¿Cómo está Teresa?
– ¿Cómo está Don Antonio?
– ¿Cómo está Don Pedro?
– ¿Cómo está su hijo?
– ¿Cómo está su mujer?

2   ¿Cómo está el Sr. Pérez?
   ¿Cómo está la Sra. de Pérez?
   ¿Cómo está Manuel?
   ¿Cómo está Luisa?
   ¿Cómo está el director?
   ¿Cómo está el médico?
   ¿Cómo está el conserje?
   ¿Cómo está la azafata?

– El Sr. Pérez está bien.
– La Sra. de Pérez está bien.
– Manuel está bien.
– Luisa está bien.
– El director está bien.
– El médico está bien.
– El conserje está bien.
– La azafata está bien.

3   ¿Qué es el Sr. Pérez?
   ¿Qué es el Sr. Short?
   ¿Qué es Teresa?
   ¿Qué es Pablo?
   ¿Qué es Don Antonio?
   ¿Qué es Don Pedro?
   ¿Qué es Luisa?
   ¿Qué es Juan?

– El Sr. Pérez es hombre de negocios.
– El Sr. Short es ingeniero.
– Teresa es azafata.
– Pablo es estudiante.
– Don Antonio es director de empresa.
– Don Pedro es médico.
– Luisa es secretaria.
– Juan es camarero.

4   ¿Está aquí el Sr. Pérez?
            la secretaria
            el conserje
            la azafata
            Luisa
            Teresa
            el director
            el ingeniero

– ¿Está aquí el Sr. Pérez?
– ¿Está aquí la secretaria?
– ¿Está aquí el conserje?
– ¿Está aquí la azafata?
– ¿Está aquí Luisa?
– ¿Está aquí Teresa?
– ¿Está aquí el director?
– ¿Está aquí el ingeniero?

5   ¿Está aquí el Sr. Pérez?
   ¿Está aquí la secretaria?
   ¿Está aquí su mujer?
   ¿Está aquí su hijo?
   ¿Está aquí su hija?
   ¿Está aquí el director?
   ¿Está aquí el camarero?
   ¿Está aquí el médico?

– Sí, el Sr. Pérez está aquí.
– Sí, la secretaria está aquí.
– Sí, mi mujer está aquí.
– Sí, mi hijo está aquí.
– Sí, mi hija está aquí.
– Sí, el director está aquí.
– Sí, el camarero está aquí.
– Sí, el médico está aquí.

6   ¿Está contento el Sr. Short en España?
   ¿Y el Sr. Pérez?
   ¿Y Teresa?
   ¿Y Pablo?
   ¿Y la Sra. de Pérez?
   ¿Y Don Antonio?
   ¿Y Luisa?
   ¿Y Juan?

– Sí, el Sr. Short está muy contento en España.
– Sí, el Sr. Pérez está muy contento en España.
– Sí, Teresa está muy contenta en España.
– Sí, Pablo está muy contento en España.
– Sí, la Sra. de Pérez está muy contenta en España.
– Sí, Don Antonio está muy contento en España.
– Sí, Luisa está muy contenta en España.
– Sí, Juan está muy contento en España.

7   ¿Dónde está el Sr. Pérez?
   ¿Dónde está el Sr. Short?
   ¿Dónde está la Sra. de Short?
   ¿Dónde está Teresa?
   ¿Dónde está Pablo?
   ¿Dónde está la Sra. de Pérez?

– El Sr. Pérez está en Barcelona.
– El Sr. Short está en Barcelona.
– La Sra. de Short está en Inglaterra.
– Teresa está en Barcelona.
– Pablo está en Barcelona.
– La Sra. de Pérez está en Barcelona.

8 Usted, Sr. Short, ¿está Vd. contento ?   – Sí, estoy contento.
¿Está Vd. bien ?   – Sí, estoy bien.
¿Está Vd. en España ?   – Sí, estoy en España.
¿Está Vd. en Inglaterra ?   – No, no estoy en Inglaterra.
¿Es Vd. español ?   – No, no soy español.
¿Es Vd. inglés ?   – Sí, soy inglés.
¿Es Vd. médico ?   – No, no soy médico.
¿Es Vd. ingeniero ?   – Sí, soy ingeniero.

¿Es usted médico?
¿Es usted hombre de negocios?
¿Es usted estudiante?
¿Es usted azafata?
¿Es usted conserje?
¿Es usted ingeniero?

¿Es usted el Sr. Pérez?
¿Es usted el conserje (del colegio)?
¿Es usted la secretaria (del director)?
¿Es usted el Sr. Short?
¿Es usted inglés?
¿Es usted español?

¿Dondé está el Sr. Short?
¿Dónde está la mujer del Sr. Short?
¿Dónde está usted?
¿Dónde está su mujer (de usted)?
¿Dónde está su familia?
¿Dónde está su marido?
¿Dónde está su hijo (hija)?

¿Cómo está usted?
¿Cómo está su mujer?
¿Cómo está su familia?
¿Cómo está su marido?
¿Cómo está su hijo?
¿Cómo está su hija?

¿Está usted bien?
¿Está bien su mujer?
¿Está bien su marido?
¿Está bien su hijo?
¿Está bien su hija?
¿Está bien su familia?

¿Está aquí su mujer?
¿Está aquí su marido?
¿Está aquí su hijo?
¿Está aquí su hija?
¿Está aquí su familia?

unidad dos 2

En casa de los Pérez At the Pérez's

Mr Short and el Sr. Pérez continue their conversation at the latter's house. El Sr. Pérez offers Mr Short a cigarette and asks him about his trip over and the hotel he is staying at. He is impressed by the fact that Mr Short speaks Spanish, so the latter feels he has got off to a good start.

Two foreign colleagues of Mr Short are now introduced. They are M. Dupont and Herr Fischer, the company's agents in France and Germany, who are in Barcelona for a meeting with Mr Short.

At the end of the Unit, after the Drills, are two conversation exercises. In the first you are asked to imagine you are Mr Short talking to a Spaniard. You will hear what the Spaniard says and are required to make up Mr Short's part in reply. The second exercise contains suggestions for group conversation on personal matters based on what has been studied.

Again the grammar load is quite light. It deals with the verb 'are' and its two equivalents in Spanish, and the plural form of nouns, which is the same as in English. Several new verbs are introduced, such as 'speak, study, take, smoke, work', as well as some common adjectives like 'easy, difficult, big, small, good, bad, cheap, expensive', and the word for 'but' (*pero*). You will see that the verbs all end in -*o* when they go with 'I' and in -*a* when they go with 'you, he, she'. You will also notice that the adjectives vary their ending according to the noun they happen to be describing. For example, the word for 'good' (*bueno*) ends in -*o* if it describes wine and in -*a* (*buena*) if it describes beer. That is because all Spanish nouns fall into two groups, which for want of a better name are called masculine and feminine. This has nothing to do with male and female, as is clear from the fact that wine is 'masculine' and beer is 'feminine'. For this reason it is said that adjectives have masculine and feminine endings 'agreeing' with the noun.

Diálogo En casa de los Pérez

1. SR. PÉREZ   – ¿Un cigarrillo?
   MR SHORT   – No, gracias.
2. SR. PÉREZ   – ¿No fuma Vd.?
   MR SHORT   – Sí, pero sólo fumo en pipa.
3. SR. PÉREZ   – Es una marca española: 'Ducados'.
   MR SHORT   – ¿Es fuerte?
4. SR. PÉREZ   – Sí, es tabaco negro.
   MR SHORT   – Yo sólo fumo tabaco rubio.

5. SR. PÉREZ   – ¿Qué tal el viaje?
   MR SHORT   – Estupendo. El Caravelle es muy rápido.
6. SR. PÉREZ   – Y cómodo ¿no?   *comfortable*
   MR SHORT   – Sí, es muy cómodo.
7. SR. PÉREZ   – ¿En qué hotel está Vd.?
   MR SHORT   – Estoy en el hotel Plaza. Es muy grande.
8. SR. PÉREZ   – Es un hotel caro ¿no?
   MR SHORT   – Sí, pero muy bueno.

9. SR. PÉREZ   – Vd. habla muy bien español, Sr. Short.
   MR SHORT   – Gracias. Es Vd. muy amable. Y Vd. ¿habla inglés?
10. SR. PÉREZ   – ¡Uy! Hablo muy mal. El inglés es muy difícil.
   MR SHORT   – Sí, no es fácil.

Cuestionario

1. ¿Fuma el Sr. Short?   — Sí, fuma.
   ¿Fuma el Sr. Pérez?   — Sí, fuma.
   ¿Habla inglés el Sr. Short?   — Sí, habla inglés.
   ¿Habla inglés el Sr. Pérez?   — No, no habla inglés.
   ¿Habla español el Sr. Short?   — Sí, habla español.
   ¿Habla español el Sr. Pérez?   — Sí, habla español.
   ¿Habla Vd. inglés?   — Sí, hablo inglés.
   ¿Habla Vd. español?   — Sí, hablo español.

2. ¿Fuma el Sr. Short tabaco negro   — Fuma tabaco rubio.
   o tabaco rubio?
   ¿Fuma el Sr. Short cigarrillos o en pipa?   — Fuma en pipa.
   ¿Fuma el Sr. Pérez cigarrillos o en pipa?   — Fuma cigarrillos.
   ¿Habla el Sr. Short inglés o español?   — Habla inglés.
   ¿Habla el Sr. Pérez inglés o español?   — Habla español.
   ¿Fuma Vd. tabaco rubio o negro?   — Fumo tabaco rubio.
   ¿Fuma Vd. cigarrillos o en pipa?   — Fumo cigarrillos.
   ¿Habla Vd. inglés o español?   — Hablo inglés.

3. ¿Qué fuma el Sr. Short?   — Fuma tabaco rubio.
   ¿Qué fuma el Sr. Pérez?   — Fuma tabaco negro.
   ¿Qué idioma habla el Sr. Short?   — Habla inglés.
   ¿Qué idioma habla el Sr. Pérez?   — Habla español.
   ¿Qué idioma habla Pablo?   — Habla español.
   ¿Qué idioma habla Teresa?   — Habla español.
   ¿Qué fuma Vd.?   — Fumo tabaco rubio.
   ¿Qué idioma habla Vd.?   — Hablo inglés.

4. ¿Es fuerte el tabaco negro?   — Sí, es fuerte.
   ¿Es fuerte el tabaco rubio?   — No, no es fuerte.
   ¿Es caro el hotel Plaza?   — Sí, es caro.
   ¿Es bueno el hotel Plaza?   — Sí, es bueno.
   ¿Es inglés el Sr. Short?   — Sí, es inglés.
   ¿Es español el Sr. Pérez?   — Sí, es español.
   ¿Es fácil el inglés?   — Sí, es fácil.
   ¿Es fácil el español?   — Sí, es fácil.
   ¿Es difícil el inglés?   — No, no es difícil.
   ¿Es difícil el español?   — No, no es difícil.

5. ¿Quién fuma tabaco negro?   — El Sr. Pérez.
   ¿Quién fuma tabaco rubio?   — El Sr. Short.
   ¿Quién fuma en pipa?   — El Sr. Short.
   ¿Quién fuma cigarrillos?   — El Sr. Pérez.
   ¿Quién habla inglés?   — El Sr. Short.
   ¿Quién habla español?   — El Sr. Pérez.

6. ¿Qué es 'Players'? ¿Es una marca   – Es una marca inglesa.
   inglesa o una marca española?
   ¿Qué es 'Ducados'?   – Es una marca española.
   ¿Qué es 'Embassy'?   – Es una marca inglesa.
   ¿Qué es 'Bisonte'?   – Es una marca española.
   ¿Qué es 'Chesterfield'?   – Es una marca americana.
   ¿Qué es 'Philip Morris'?   – Es una marca americana.

[handwritten: because una marca fem.]

7. ¿Cuál es más fuerte, el tabaco inglés   – El tabaco español.
   o el tabaco español?
   ¿Cuál es más suave, el tabaco inglés   – El tabaco inglés.
   o el tabaco español?
   ¿Cuál es más caro?   – El tabaco inglés.
   ¿Cuál es más barato?   – El tabaco español.

8. ¿Cómo habla inglés el Sr. Short?   – Habla muy bien inglés.
   ¿Cómo habla español el Sr. Short?   – Habla muy bien español.
   ¿Cómo habla español el Sr. Pérez?   – Habla muy bien español.
   ¿Cómo habla inglés el Sr. Pérez?   – Habla muy mal inglés.
   ¿Cómo habla Vd. inglés?   – Hablo muy bien inglés.
   ¿Cómo habla Vd. español?   – Hablo muy mal español.

9. ¿Es fácil el inglés para el Sr. Short?   – Sí, el inglés es fácil para el Sr. Short.
   ¿Es fácil el español para el Sr. Short?   – Sí, el español es fácil para el Sr. Short.
   ¿Es fácil el español para el Sr. Pérez?   – Sí, el español es fácil para el Sr. Pérez.
   ¿Es fácil el inglés para el Sr. Pérez?   – No, el inglés no es fácil para el Sr. Pérez.

10. El tabaco español es un tabaco   – Sí, es un tabaco muy fuerte.
    fuerte, ¿no?
    'Ducados' es una marca fuerte, ¿no?   – Sí, es una marca muy fuerte.
    El Plaza es un hotel caro, ¿no?   – Sí, es un hotel muy caro.
    Y es un hotel bueno, ¿no?   – Sí, es un hotel muy bueno.
    El español es un idioma fácil, ¿no?   – Sí, es un idioma muy fácil.
    El inglés también es un idioma fácil,   – Sí, es un idioma muy fácil.
    ¿verdad?
    El español no es un idioma difícil,   – No, no es un idioma muy difícil.
    ¿verdad?
    El inglés no es un idioma muy difícil,   – No, no es un idioma muy difícil.
    ¿verdad?

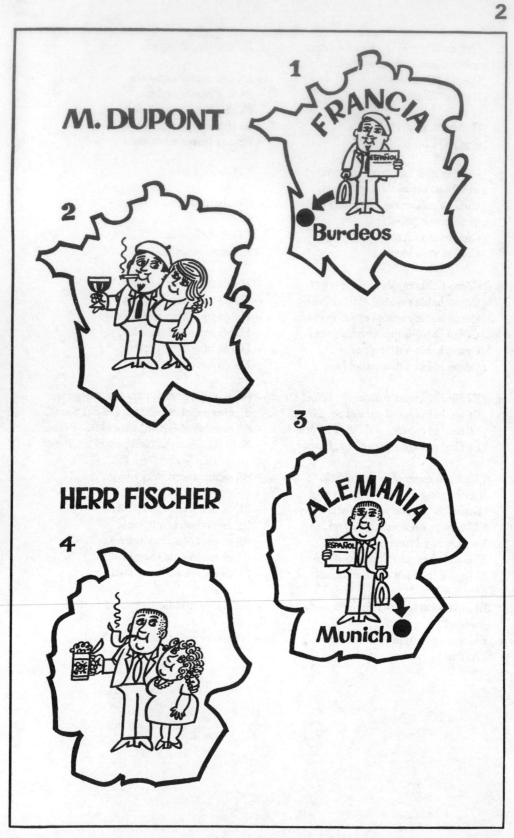

EL SR. DUPONT

1. El Sr. Dupont es francés.
   Se llama Pierre.
   Habla francés, . . .
   . . . pero estudia español.
   Trabaja en Burdeos en el oeste de Francia.

2. El Sr. Dupont es bajo.
   Toma vino, . . .
   . . . y fuma cigarrillos.
   Está casado.
   Su mujer es francesa.

EL SR. FISCHER

3. El Sr. Fischer es alemán.
   Se llama Hans.
   Habla alemán, . . .
   . . . pero estudia español.
   Trabaja en Munich en el sur de Alemania.

4. El Sr. Fischer es alto.
   Toma cerveza, . . .
   . . . y fuma en pipa.
   Está casado.
   Su mujer es alemana.

UNA REUNIÓN

5. El Sr. Dupont y el Sr. Fischer son representantes de la compañía del Sr. Short en Francia y Alemania.

6. Están en Barcelona para una reunión.

7. Barcelona está en Cataluña en el nordeste de España.

8. Los señores Dupont y Fischer están en un hotel grande de Barcelona.

9. Viajan mucho y trabajan mucho.

10. En España toman vino y cerveza.

11. . . . Fuman puros, en España, . . .

12. . . . y hablan español.

Conversación

EL SR. DUPONT

1. ¿Es francés el Sr. Dupont?   – Sí, es francés.
   ¿Cómo se llama?   – Se llama Pierre.
   ¿Qué idioma habla?   – Habla francés.
   ¿Qué idioma estudia?   – Estudia español.
   ¿Dónde trabaja?   – Trabaja en Burdeos en el oeste de Francia.

2. ¿Es alto o bajo el Sr. Dupont? – Es bajo.
   ¿Qué toma?   – Toma vino.
   ¿Qué fuma?   – Fuma cigarrillos.
   ¿Está casado?   – Sí, está casado.
   ¿Es francesa su mujer?   – Sí, es francesa.

EL SR. FISCHER

3. ¿Es alemán el Sr. Fischer?   – Sí, es alemán.
   ¿Cómo se llama?   – Se llama Hans.
   ¿Qué idioma habla?   – Habla alemán.
   ¿Qué idioma estudia?   – Estudia español.
   ¿Dónde trabaja?   – Trabaja en Munich, en el sur de Alemania.

4. ¿Es alto o bajo el Sr. Fischer? – Es alto.
   ¿Qué toma?   – Toma cerveza.
   ¿Qué fuma?   – Fuma en pipa.
   ¿Está casado?   – Sí, está casado.
   ¿Es alemana su mujer?   – Sí, es alemana.

UNA REUNIÓN

5. ¿Qué son los Sres. Dupont y Fischer?   – Son representantes de la compañía del Sr. Short en Francia y Alemania.

6. ¿Para qué están en Barcelona?   – Para una reunión.

7. ¿Dónde está Barcelona?   – Está en Cataluña, en el nordeste de España.

8. ¿Están en un piso?   – No, están en un hotel grande.

9. ¿Viajan mucho o poco?   – Viajan mucho.
   ¿Trabajan mucho o poco?   – Trabajan mucho.

10. ¿Qué toman en España?   – Toman vino y cerveza.

11. ¿Qué fuman?   – Fuman puros.

12. ¿Qué idioma hablan?   – Hablan español.

Prácticas

9 ¿Fuma Vd.?   – Sí, fumo.
¿Estudia Vd.?   – Sí, estudio.
¿Trabaja Vd.?   – Sí, trabajo.
¿Viaja Vd.?   – Sí, viajo.
¿Habla Vd.?   – Sí, hablo.
¿Fuma Vd. mucho?   – Sí, fumo mucho.
¿Estudia Vd. mucho?   – Sí, estudio mucho.
¿Trabaja Vd. mucho?   – Sí, trabajo mucho.
¿Viaja Vd. mucho?   – Sí, viajo mucho.
¿Habla Vd. mucho?   – Sí, hablo mucho.

10 ¿Habla Vd. francés?   – No, no hablo francés.
¿Estudia Vd. francés?   – No, no estudio francés.
¿Fuma Vd. puros?   – No, no fumo puros.
¿Trabaja Vd. mucho?   – No, no trabajo mucho.
¿Viaja Vd. mucho?   – No, no viajo mucho.
¿Toma Vd. vino?   – No, no tomo vino.
¿Toma Vd. cerveza?   – No, no tomo cerveza.
¿Se llama Vd. Pérez?   – No, no me llamo Pérez.

11 ¿Está Vd. bien?   – Sí, estoy bien.
¿Está Vd. contento?   – Sí, estoy contento.
¿Está Vd. aquí?   – Sí, estoy aquí.
¿Está Vd. en Inglaterra?   – Sí, estoy en Inglaterra.
¿Está bien su mujer?   – Sí, mi mujer está bien.
¿Está contenta su mujer?   – Sí, mi mujer está contenta.
¿Está aquí su mujer?   – Sí, mi mujer está aquí.
¿Está en Inglaterra su mujer?   – Sí, mi mujer está en Inglaterra.

12 ¿Es español Pablo?   – Sí, es español.
¿Y Teresa?   – Es española.
¿Y el camarero?   – Es español.
¿Y el Sr. Short?   – Es inglés.
¿Y la Sra. de Short?   – Es inglesa.
¿Y la secretaria?   – Es española.
¿Y el Sr. Dupont?   – Es francés.
¿Y el Sr. Fischer?   – Es alemán.
¿Y la Sra. de Dupont?   – Es francesa.
¿Y la Sra. de Fischer?   – Es alemana.

13 Hablo inglés.   – ¿Habla inglés su mujer?
Estudio español.   – ¿Estudia español su mujer?
Fumo cigarrillos.   – ¿Fuma cigarrillos su mujer?
Tomo cerveza.   – ¿Toma cerveza su mujer?
Viajo mucho.   – ¿Viaja mucho su mujer?
Trabajo en Londres.   – ¿Trabaja en Londres su mujer?
Estoy bien.   – ¿Está bien su mujer?
Soy inglés.   – ¿Es inglesa su mujer?

14 ¿Es bueno el vino?   – Sí, el vino es muy bueno.
¿Es buena la cerveza?   – Sí, la cerveza es muy buena.
¿Es bueno el tabaco?   – Sí, el tabaco es muy bueno.
¿Es bueno el puro?   – Sí, el puro es muy bueno.
¿Es bueno su hotel?   – Sí, mi hotel es muy bueno.
¿Es buena su secretaria?   – Sí, mi secretaria es muy buena.
¿Es buena su compañía?   – Sí, mi compañía es muy buena.
¿Es bueno su médico?   – Sí, mi médico es muy bueno.

15 El Sr. Pérez es español.   – Habla muy bien español.
     El Sr. Short es inglés.   – Habla muy bien inglés.
     El Sr. Dupont es francés.   – Habla muy bien francés.
     El Sr. Fischer es alemán.   – Habla muy bien alemán.
     La Sra. de Pérez es española.   – Habla muy bien español.
     La Sra. de Short es inglesa.   – Habla muy bien inglés.
     La Sra. de Dupont es francesa.   – Habla muy bien francés.
     La Sra. de Fischer es alemana.   – Habla muy bien alemán.

16 No fumo.   – ¿No fuma Vd. ?
     No estudio.   – ¿No estudia Vd. ?
     No viajo.   – ¿No viaja Vd. ?
     No hablo.   – ¿No habla Vd. ?
     No trabajo.   – ¿No trabaja Vd. ?
     No estoy contento.   – ¿No está Vd. contento ?
     No soy español.   – ¿No es Vd. español ?

17 ¿Es fuerte el Sr. Pérez ?   – Sí, el Sr. Pérez es fuerte.
     ¿Es fuerte la Sra. de Pérez ?   – Sí, la Sra. de Pérez es fuerte.
     ¿Es amable el Sr. Pérez ?   – Sí, el Sr. Pérez es amable.
     ¿Es amable la Sra. de Pérez ?   – Sí, la Sra. de Pérez es amable.
     ¿Es grande el hotel ?   – Sí, el hotel es grande.
     ¿Es grande la compañía ?   – Sí, la compañía es grande.

18 El vino de Jerez es bueno.   – Es un vino bueno.
     El hotel Plaza es caro.   – Es un hotel caro.
     La secretaria del Sr. Pérez es amable.   – Es una secretaria amable.
     El tabaco negro es fuerte.   – Es un tabaco fuerte.
     El ingeniero es francés.   – Es un ingeniero francés.
     La azafata es inglesa.   – Es una azafata inglesa.
     El Sr. Fischer es alto.   – Es un hombre alto.
     El Sr. Dupont es bajo.   – Es un hombre bajo.

Conversación 1 De visita

El Sr. Short está de visita. Hable por él.

SR. PÉREZ	¿Cómo está Vd., Sr. Short?
SR. SHORT	....
SR. PÉREZ	¿Fuma Vd?
SR. SHORT	....
SR. PÉREZ	¿Fuma Vd. tabaco negro?
SR. SHORT	....
SR. PÉREZ	¿Es fuerte para Vd. el tabaco negro?
SR. SHORT	....
SR. PÉREZ	¿Fuma Vd. en pipa?
SR. SHORT	....
SR. PÉREZ	¿Qué marca fuma Vd.?
SR. SHORT	....
SR. PÉREZ	¿Está Vd. en un hotel o en una pensión?
SR. SHORT	....
SR. PÉREZ	¿Cómo se llama?
SR. SHORT	....
SR. PÉREZ	¿Es caro?
SR. SHORT	....
SR. PÉREZ	Vd. habla muy bien español.
SR. SHORT	....
SR. PÉREZ	¿Es difícil para Vd. el español?
SR. SHORT	....
SR. PÉREZ	¿Habla Vd. también francés?
SR. SHORT	....
SR. PÉREZ	¿Y su mujer habla español?
SR. SHORT	....
SR. PÉREZ	¿Y su hija?
SR. SHORT	....
SR. PÉREZ	Trabaja Vd. en Londres ¿no?
SR. SHORT	....
SR. PÉREZ	¿Su familia está allí también?
SR. SHORT	....
SR. PÉREZ	Su hijo ¿estudia o trabaja?
SR. SHORT	....
SR. PÉREZ	¿Y su hija?
SR. SHORT	....
SR. PÉREZ	Viaja Vd. mucho ¿verdad?
SR. SHORT	....
SR. PÉREZ	Yo también viajo bastante por España, Francia, Alemania, pero no por Inglaterra. Hablo muy mal el inglés. Es muy difícil.
SR. SHORT	....
SR. PÉREZ	Bueno, ¿qué toma Vd., Sr. Short, un whisky o una cerveza?
SR. SHORT	....
SR. PÉREZ	A su salud.
SR. SHORT	A la suya.

Conversación 2 En clase

Varíense las palabras impresas en cursiva

¿Dónde trabaja Vd.?	¿Trabaja Vd. en *Inglaterra*? ¿Trabaja Vd. en una compañía *grande*? ¿Trabaja Vd. *mucho*?
¿Habla Vd. idiomas?	¿Habla Vd. *inglés*? ¿Es fácil para Vd. *el español*? ¿Es difícil para Vd. *el inglés*? ¿Habla Vd. bien *español*?
¿Dónde esta Vd.?	¿Está Vd. en *un hotel*? ¿Está Vd. con *su familia*? ¿Es grande o pequeña *su casa*?
¿Qué fuma Vd.?	¿Fuma Vd. *cigarrillos*? ¿Es bueno *el tabaco inglés*? ¿Qué fuman en *España*? ¿Qué marca fuma Vd.?
¿Qué toma Vd.?	¿Toma Vd. *café*? ¿Qué toman en *España*? ¿Es fuerte *el coñac*?
Inglaterra y España	¿Es caro o barato *el vino* en España? ¿Es caro o barato *el vino* en Inglaterra? ¿Es bueno o malo *el té* en Inglaterra? ¿Es bueno o malo *el té* en España?
¿Dónde está?	¿Dónde está *Londres*? ¿Dónde está su *familia*?
¿Cómo se llama?	¿Cómo se llama Vd.? ¿Cómo se llama su *mujer*? ¿Cómo se llama la capital de *España*?

En un cóctel At a cocktail party 3

In this Unit, you are asked mainly to listen and read, and in the last section *(Gramática)* to look at the language that has already been practised, in order to sort it out into its characteristic patterns and shapes. The grammar frames contain words, phrases and sentences already known to you and these patterns constitute the grammar of the language. It helps to look at the language systematically in this way, but it must be remembered that use and fluency come through practice not through 'knowing the grammar'. Grammar is the guide which settles doubts and controls accuracy. 90% practice and 10% grammar study is perhaps a good proportion and within that proportion both are equally important and essential.

In the listening passage, *(Comprensión)* Mr Short goes to a cocktail party and talks casually to Sr. Pérez and his friends. The conversation is not a 'dialogue' to be 'learnt', but a longer conversation to be listened to and repeated a number of times until it can be not only understood but followed with ease. This exercise aims at training you to listen fast – a difficult task at first but not so difficult as might be thought. It is a question of trusting one's ears and letting the conversation sink in. There is no short cut. Patience and concentration are useful allies.

When they go abroad, people are at the receiving end most of the time. They hear much more than they speak. The second exercise simulates this in a situation in which you may listen to a fairly talkative Spaniard and make short remarks that keep the conversation going, in the pauses left on the tape. Again, this is easier than is sometimes thought.

Finally there is the first reading text *(Lectura)*, a very easy one to begin with, dealing with the Spanish-speaking countries of the world.

In these Units (every third one) of extensive rather than intensive learning, there are words and sentence patterns which are new, but are not meant to be learnt or even remembered as thoroughly as the contents of the intensive Units. Not everything can be learnt on the same level, even in one's own language. For practical purposes one needs a core of language which one can actively use, and a 'recognition' knowledge of a vast amount more. Both types of knowledge, the active and the recognition, are important and it is these that the present course sets out to provide.

El Sr. Short ha sido invitado a un cóctel dado por unos amigos del Sr. Pérez

SR. PÉREZ	– ¡Hola, Sr. Short!
MR SHORT	– ¿Qué tal, Sr. Pérez?
SR. PÉREZ	– Estupendamente. ¿Es ésta su primera fiesta española?
MR SHORT	– Sí, la primera, . . . está muy bien.
SR. PÉREZ	– ¿Un cigarrillo?
MR SHORT	– No, gracias, fumo en pipa.
SR. PÉREZ	– Buenas tardes, Don Pedro.
D. PEDRO	– Buenas tardes.
SR. PÉREZ	– ¿Conoce Vd. a Don Pedro, Sr. Short? Es mi médico, . . . pero también un buen amigo.
MR SHORT	– No, no tengo el gusto.
SR. PÉREZ	– Don Pedro Martí, mi colega y amigo, el Sr. Short de Inglaterra.
D. PEDRO	– Mucho gusto.
MR SHORT	– Encantado.
D. PEDRO	– ¿Trabaja Vd. en Barcelona?
MR SHORT	– Ahora sí, pero mi oficina central está en Madrid.
D. PEDRO	– Barcelona es mucho más activa y cosmopolita que Madrid.
MR SHORT	– Sí, pero los Ministerios están en Madrid.
D. PEDRO	– Y donde se trabaja es aquí, en Cataluña. En Madrid es todo Ministerios y cafés . . .
SR. PÉREZ	– Es que mi amigo Don Pedro es catalán, ¿comprende Vd. Sr. Short? Para él, Barcelona es el sitio más grande, más hermoso, más activo, más cosmopolita del mundo. Es el centro del mundo ¿verdad, Don Pedro?
D. PEDRO	– Sí, es cierto. Soy catalán y de los buenos.
MR SHORT	– Y a mucha honra.
SR. PÉREZ	– Ah, aquí está mi mujer.
SRA. DE PÉREZ	– Buenas tardes, caballeros.
D. PEDRO	– Buenas tardes, Carmen.
SR. PÉREZ	– Bueno, voy a por unas copas. ¿Qué tomas, Carmen?
SRA. DE PÉREZ	– Yo, ginebra con agua tónica.
SR. PÉREZ	– ¿Y usted, Sr. Short?
MR SHORT	– Para mí un whisky.
SR. PÉREZ	– ¿Solo o con agua?
MR SHORT	– Con un poco de agua, por favor. No mucha ¿eh?
SR. PÉREZ	– Y usted, Don Pedro ¿qué toma?
DON PEDRO	– Yo un coñac, por favor.
SRA. DE PÉREZ	– ¿Está Vd. contento en España, Sr. Short?
MR SHORT	– Oh, sí, muy contento. Es un país estupendo y los españoles son muy simpáticos.
ISABEL	– ¿Qué tal, Carmen?
SRA. DE PÉREZ	– ¡Ah, hola, Isabel! ¿Cómo estás?
ISABEL	– Estupendamente, ¿y tú?
SRA. DE PÉREZ	– Muy bien, gracias. Ya conoces a Don Pedro ¿no?
ISABEL	– Sí, cómo está Vd., Don Pedro?

DON PEDRO	– Pues, muy bien, Isabel, gracias. Ya ve Vd., un poco más viejo que antes, pero en fin, estoy bien. Y Vd. más joven y más guapa que nunca ¿eh?
ISABEL	– Muchas gracias, es Vd. muy amable . . . Bueno ¿y no me presentas a este caballero?
SRA. DE PÉREZ	– Claro, mujer, el Sr. Short, Isabel Montero.
MR SHORT	– ¿Cómo está Vd.?
ISABEL	– Encantada.
SRA. DE PÉREZ	– El Sr. Short es inglés, es amigo de mi marido.
ISABEL	– ¿Ah, sí? ¡Qué interesante! Pero ¿es Vd. inglés-inglés o inglés-americano?
MR SHORT	– No, soy inglés-inglés, de Inglaterra.
ISABEL	– Pero ¡qué bien habla Vd. el español! Es fantástico, ¿verdad, Carmen?
SRA. DE PÉREZ	– Sí, el Sr. Short habla muy bien.
MR SHORT	– Pues, muchas gracias, es Vd. muy amable. Pero no es cierto. No hablo bien. Hablo regular. Y usted ¿habla inglés?
ISABEL	– Ah, no. Estudio en una academia, pero hablo muy poco.
MR SHORT	– ¿No habla Vd. en clase?
ISABEL	– Sí, claro, pero la clase es poca cosa. Y soy una estudiante muy mala. ¿Y está Vd. contento en España?
MR SHORT	– Sí, estoy muy contento. Es un país estupendo y los españoles son muy simpáticos.
ISABEL	– ¿Tiene Vd. muchos amigos aquí?
MR SHORT	– No, muy pocos. Los Pérez y dos o tres más.
ISABEL	– Ah, pues eso está muy mal. Ahora tiene una amiga más.
MR SHORT	– Muchas gracias. Es Vd. muy amable.
ISABEL	– ¿Qué hace Vd. este domingo?
MR SHORT	– Pues, nada.
ISABEL	– Entonces ¿por qué no viene Vd. a mi casa? Tengo una pequeña fiesta por la tarde.
MR SHORT	– Muchas gracias, encantado. ¿A qué hora?
ISABEL	– A las 7, por ejemplo.
SR. PÉREZ	– ¡Por fin! Su whisky, Sr. Short. *At last!*
MR SHORT	– Gracias.
SR. PÉREZ	– Carmen, tu ginebra, y Don Pedro un coñac. Ah, hola, Isabel, ¿tomas algo?
ISABEL	– No, nada, gracias.
DON PEDRO	– Bueno, salud ¿eh?
SR. PÉREZ	– . . . y pesetas.
ISABEL	– . . . y amor.
SRA. DE PÉREZ	– A propósito ¿cómo está su señora, Sr. Short?
MR SHORT	– Está muy contenta, porque viene pronto a España.
ISABEL	– Pero ¿está Vd. casado?
MR SHORT	– Sí, sí, casado y con hijos.
ISABEL	– Ay ¡qué pena! . . . Bueno, allí está Carlos. Adiós a todos. Hasta luego. Ah, Sr. Short, hasta el domingo ¿eh?
MR SHORT	– Hasta el domingo, Isabel, y gracias.

Cuestionario

1. Has Mr Short ever been to a party in Spain before?
2. Who is Don Pedro?
3. What is his surname?
4. What does Don Pedro think about Barcelona?
5. Who gets the drinks?
6. What does each person drink?
7. What word is used for 'drinks'?
8. What question do several people ask Mr Short?
9. What does he answer each time?
10. What sort of person is Isabel?
11. What compliment does Don Pedro pay her?
12. Does she know English?
13. Why is she interested in Mr Short?
14. Why is she disappointed?
15. What invitation does she give Mr Short?
16. Give a Spanish toast.

Vd. está en el cóctel con el Sr. Short. Otro de los invitados, Don Pedro, el médico, habla con Vd. Contéstele:

DON PEDRO	USTED
– Vd. es inglés ¿verdad?	....
– ¿De dónde?	....
– ¿Y dónde está eso?	....
– ¿Es grande?	....
– ¿Fuma Vd.?	....
– ¿Un cigarrillo?	....
– Es una marca española.	
– Se llama 'Bisonte'. Para mí no es fuerte. Para Vd. quizá. ¿Fuma Vd. mucho?	....
– Es que yo fumo mucho; es muy malo para la salud.	
– Oiga, Vd. habla muy bien español.	....
– El inglés no es mi fuerte, pero mi hijo sí habla inglés perfectamente.	....
– Estudia en la Escuela de Comercio. Es muy buen chico. Estudia mucho. ¿Y el español es fácil para Vd.?	....
– Es que para mí el inglés es muy difícil, pero que muy difícil.	....
– ¿Habla Vd. francés también?	....
– ¿Y alemán?	....
– ¡Caramba! Es Vd. todo un lingüista ¿eh?	....
– Yo no hablo más que el español, la lengua de Cervantes. Bueno un poquito de francés, pero casi nada. ¿Y usted trabaja aquí permanentemente?	....
– ¿En una compañía inglesa?	....
– ¿Es buena compañía?	....
– ¿Y está Vd. contento en España?	....
– Me alegro mucho. ¿Viaja Vd. también por Francia?	....
– Qué bien. Bueno ¿toma Vd. otro coñac?	....
– Camarero, dos coñacs, por favor...	
– A su salud...	*A sa la suya*
– Bueno, es tarde, me voy a casa. Encantado de conocerle, ¿eh? Adiós. Hasta otro día.	....

ESPAÑA Y PORTUGAL

En la Península Ibérica hay dos naciones: España y Portugal. En España hablan cuatro idiomas: el castellano, el gallego, el catalán y el vasco o vascuence. El castellano es el idioma oficial. La capital de España es Madrid y está en el centro del país. La Coruña, Bilbao, Barcelona, Valencia, Sevilla y Málaga son ciudades importantes y capitales de sus provincias. Las Islas Baleares y las Islas Canarias son también territorio español.

MÉJICO Y AMÉRICA CENTRAL

En Méjico y Centroamérica también hablan español. En Centroamérica hay seis repúblicas: Honduras, Guatemala, El Salvador, Nicaragua, Costa Rica y Panamá. En tres islas del Caribe hablan español: Cuba, la República Dominicana y en la isla de Puerto Rico. En Honduras británica hablan solamente inglés.

SUDAMÉRICA

Hablan español en nueve países de América del Sur: Venezuela, Colombia, Ecuador, El Perú, Bolivia, Chile, Paraguay, Uruguay y Argentina. En el Brasil hablan portugués. Hay también tres Guayanas, la antigua Guayana británica, hoy independiente, la Guayana holandesa y la Guayana francesa. Allí hablan inglés, holandés y francés respectivamente.

En las Islas Filipinas en el Pacífico, hablan inglés, español y la lengua indígena, Tagalo.

Gramática

1. Masculine nouns (sing.)

el un mi tu su	hijo, diálogo, ingeniero, camarero, médico, vino	-o
	hombre, conserje, representante	-e
	señor, director	-or
	hotel	-l
	día, idioma	-a

2. Feminine nouns (sing.)

la una mi tu su	azafata, secretaria, pipa, empresa, modista, marca	-a
	reunión, conversación, pensión	-ión
	señora	-ora
	mujer	-r
	clase	-e

3. Agreement of adjectives and nouns (sing.)

masculine	feminine	
vino bueno hotel caro hombre alto tabaco negro	cerveza buena marca cara azafata alta pipa negra	o-a
vino fuerte hotel grande	cerveza fuerte clase grande	e-e
diálogo fácil diálogo difícil	clase fácil clase difícil	l-l

4. Adjectives of nationality

masculine	feminine
médico español	azafata española
director inglés ingeniero francés	secretaria inglesa señora francesa
vino alemán	cerveza alemana
idioma italiano	marca italiana

5. Pronouns after prepositions

Para mí	Para nosotros
Para usted	Para ustedes
Para él	Para ellos
Para ella	Para ellas

6. A, al (movement)

El Sr. Short va a Madrid.
El Sr. Short va al hotel.
El Sr. Short va a la oficina.

7. De, del (possessive)

Es la casa de Pablo.
Es la casa del Sr. Pérez.
Es la casa de la Sra. de Pérez.

8. De (qualifying)

El vino de España.
Un hotel de Madrid.
Un hombre de negocios.

9. De (origin)

El Sr. Dupont es de Francia.
Soy de Madrid.
¿De dónde es usted?

10. En (place)

Munich está en el sur.
El Sr. Pérez está en un hotel.
El Sr. Dupont trabaja en Burdeos.
Fumo en pipa.

11. Por

por favor.

12. Para (purpose)

Está en Barcelona para una reunión.
Pablo estudia para médico.

13. Soy, eres, es, son

Yo soy inglés.
Tú eres inglés.
Vd. es inglés.
El Sr. Short es inglés.
Los Sres. de Short son ingleses.

14. Estoy, estás, está, están

Yo estoy bien.
Tú estás bien.
Vd. está bien.
El Sr. Short está bien.
Los Sres. de Short están bien.

15. Soy, eres, es, son
Estoy, estás, está, están

Soy	médico.
Eres	azafata.
Es	ingeniero.
Son	altos.

Estoy	aquí.
Estás	en Londres.
Está	bien.
Están	contentos.

16. Verbs ending in -o, -as, -a, -an

Yo	fumo	mucho.
	hablo	inglés.
	estudio	español.
	trabajo	bien.
	tomo	café.

Tú	fumas	mucho.
	hablas	inglés.
	estudias	español.
	trabajas	bien.
	tomas	café.

Vd.	fuma	mucho.
El	habla	inglés.
Ella	estudia	español.
	trabaja	bien.
	toma	café.

Vds.	fuman	mucho.
Ellos	hablan	inglés.
Ellas	estudian	español.
	trabajan	bien.
	toman	café.

17. Position of noun subject

| Pablo estudia. | ¿Estudia Pablo? |
| Teresa trabaja. | ¿Trabaja Teresa? |

| Pablo no estudia. | ¿No estudia Pablo? |
| Teresa no trabaja. | ¿No trabaja Teresa? |

18. Omission of subject pronoun

| Trabaja. | ¿Trabaja? |
| Estudia. | ¿Estudia? |

| No estudia. | ¿No estudia? |
| No trabaja. | ¿No trabaja? |

19. Order of words (1)

subject	verb	object or complement
El vino	es	bueno.
La secretaria	está	aquí.
El Sr. Short	habla	inglés.
El Sr. Pérez	toma	café.
¿El vino	es	bueno?
¿La secretaria	está	aquí?
¿El Sr. Short	habla	inglés?
¿El Sr. Pérez	toma	café?

20. Order of words (2)

verb	object or complement	subject
Es	bueno	el vino.
Está	aquí	la secretaria.
Habla	inglés	el Sr. Short.
Toma	café	el Sr. Pérez.
¿Es	bueno	el vino?
¿Está	aquí	la secretaria?
¿Habla	inglés	el Sr. Short?
¿Toma	café	el Sr. Pérez?

21. Yo (I)

unemphatic	emphatic
Soy el Sr. Pérez.	Yo soy el Sr. Pérez.
Soy inglés.	Yo soy inglés.
Estoy en España.	Yo estoy en España.
	¿Es Vd. el Sr. Pérez?
	– Sí, yo soy.
	– Sí, soy yo.

22. Position of qualifying adjective

Es	tabaco	negro.
Es	un hotel	caro.
Son	puros	españoles.
Son	cigarrillos	americanos.
¿Es	tabaco	negro?
¿Es	un hotel	caro?
¿Son	puros	españoles?
¿Son	cigarrillos	americanos?

¿Qué tal = what about??
¿ " " = how?
¿ " " : = how are you? (familiar)

3

23. Honorifics, titles, names

El Sr. (señor) Pérez.
La Srta. (señorita) Pérez.
La Sra. (señora) de Pérez.
El hotel Plaza.
Cigarrillos "Ducados"

24. ¿Cómo está? ¿Cómo es?

¿Cómo está el Sr. Short?
– Está bien.
¿Cómo es el Sr. Short?
– Es alto.

25. ¿Dónde está? ¿De dónde es?

¿Dónde está el director?
– Está en Barcelona.
¿De dónde es el Sr. Dupont?
– Es de Francia.

26. Interrogative words

¿Qué toma usted?
¿Qué marca fuma usted?
¿Quién es usted?
¿Por qué no viene usted?
¿De qué ciudad es la secretaria?
¿En qué compañía trabaja usted?
¿Qué tal está usted?
¿Qué tal el viaje?
¿Qué tal?
¿Cuál es su copa?
¿Cuáles son sus copas?

27. Muy

El Sr. Pérez es muy alto.
El hotel es muy caro.

La secretaria habla muy bien.
El Sr. Pérez habla muy poco.

28. ¿Verdad? ¿no?

Vd. habla español ¿verdad?
Vd. no habla español ¿verdad?

Vd. habla español ¿no?

29. The

el hotel	los hoteles
la casa	las casas

30. Y, e

Pablo habla inglés y español.
Pablo habla español e inglés.

31. Pero

Yo no hablo inglés, pero mi hija sí.
Mi hijo estudia poco, pero es muy buen chico.
Trabajo en Barcelona, pero no vivo allí.

32. O

¿Usted trabaja o estudia?
¿Toma Vd. té o café?
¿Fuma Vd. cigarrillos o puros?

33. Use and omission of article

El Sr. Short es ingeniero.
  Es un ingeniero inglés.
Don Pedro es médico.
  Es un médico muy bueno.
Teresa es azafata.
  Es una azafata española.

34. Mucho. Poco (adv. and adj.)

with verb	with noun
Fumo mucho.	Fumo mucho tabaco.
Estudio mucho.	Estudio mucho español.
Hablo mucho.	Hablo mucho inglés.
Fumo poco.	Fumo poco tabaco.
Estudio poco.	Estudio poco español.
Hablo poco.	Hablo poco inglés.

35. Más (comparative)

Barcelona es más activa que Madrid.
Madrid es más grande que Barcelona.
El Sr. Pérez habla más español que inglés.

36. Más (superlative)

Es el tabaco más fuerte de España.
Es el hotel más caro de Madrid.
Es el idioma más fácil de Europa.

37. ¡Qué! (How!)

¡Qué bueno!	¡Qué caro!
¡Qué malo!	¡Qué bien!
¡Qué interesante!	¡Qué mal!

38. Hay (there is, there are)

Hay un hotel bueno aquí.	Hay hoteles buenos aquí.
¿Hay un hotel bueno aquí?	¿Hay hoteles buenos aquí?
No hay un hotel bueno aquí.	No hay hoteles buenos aquí.
¿No hay un hotel bueno aquí?	¿No hay hoteles buenos aquí?

La sobremesa After-dinner conversation 4

In Spain, the period spent in conversation after a meal, with everybody still at the table, is called *la sobremesa* (*sobre* means 'over' and *mesa*, 'table'). It is one of the most agreeable parts of the day and can last up to a couple of hours. With lunch beginning at 2.30 p.m., the period before returning to work is pleasantly, and from a business point of view often usefully, spent in *la sobremesa*. The *siesta* is not as common as is often thought, except in the summer when, in the centre and the south, the hours 2 p.m. to 5 p.m. are not at all conducive to work.

Today Mr Short has been invited to lunch by el Sr. Pérez, and they are now talking over the coffee about their families, what their children do, and so on. In the Expansion exercise, there is a more detailed description of three of the persons introduced in the first Unit. Don Pedro the doctor, Don Antonio the director and Luisa the secretary. After the Drills, there are three conversation exercises, as there will be in all Units from now on. The first is a half-scripted conversation which you are asked to fill in as if you were Mr Short talking to a Spaniard. Next there are talking points for a conversation in class, again on personal matters, and finally you will find the outline of a short 'talk' you might like to give to the rest of the group. (This is in fact the sort of thing one often finds oneself doing abroad – telling people about yourself.)

In this Unit we introduce some verbs which have one slight, but important, difference from those you already know. The ending used with 'you' and 'he' is not -*a* but -*e*. For your information the endings -*a* and -*e* are the only ones used in Spanish with 'you, he, she, it' for all verbs in the Present Tense. Other handy words included in this Unit are those for 'or, also, with, without, near, nothing, then, a lot, quite a lot, very little', and the word for 'it' in phrases like 'you speak it, you write it, how do you want it?' where it is the object of the verb.

1. CAMARERO — ¿Quiere Vd. café?
2. MR SHORT — Sí.
3. CAMARERO — ¿Cómo lo quiere? ¿Con leche?
4. MR SHORT — No, sin leche. Café solo, por favor.

5. SR. PÉREZ — ¿Vive Vd. en Londres, señor Short?
6. MR SHORT — Vivo cerca de Londres.
7. SR. PÉREZ — ¿Qué tiene Vd., una casa o un piso?
8. MR SHORT — Tengo una casa pequeña.
9. SR. PÉREZ — ¿Con jardín?
10. MR SHORT — Sí, con un pequeño jardín.

11. SR. PÉREZ — ¿Tiene Vd. familia?
12. MR SHORT — Sí, mi mujer, mi hija y mi hijo.
13. SR. PÉREZ — ¿Qué hace su hijo?
14. MR SHORT — Estudia economía en la universidad.
15. SR. PÉREZ — Y su hija, ¿qué hace?
16. MR SHORT — Ella trabaja en una casa comercial.

17. SR. PÉREZ — Mi hija también trabaja, es azafata.
18. MR SHORT — Entonces sabe inglés, ¿no?
19. SR. PÉREZ — Sí, sabe bastante.
20. MR SHORT — Hoy en día los idiomas son muy importantes.

Cuestionario

¿QUÉ QUIERE EL SR. SHORT?

¿Quiere el Sr. Short té?	– No, no quiere té.
¿Quiere leche?	– No, no quiere leche.
¿Quiere café con leche?	– No, no quiere café con leche.
¿Quiere un licor?	– No, no quiere un licor.
¿Qué quiere?	– Quiere café solo.

¿DÓNDE VIVE EL SR. SHORT?

¿Vive el Sr. Short en España?	– No, no vive en España.
¿Vive en Estados Unidos?	– No, no vive en Estados Unidos.
¿Vive en Italia?	– No, no vive en Italia.
¿Vive en Portugal?	– No, no vive en Portugal.
¿Dónde vive?	– Vive en Inglaterra.

¿QUÉ PREFIERE EL SR. SHORT?

¿Prefiere el Sr. Short té o café?	Prefiero café.
¿Prefiere café solo o café con leche?	– Prefiere café solo.
¿Prefiere una casa o un piso?	– Prefiere una casa.
¿Prefiere cigarrillos o tabaco de pipa?	– Prefiere tabaco de pipa.
¿Prefiere tabaco rubio o negro?	– Prefiere tabaco rubio.

¿QUÉ TIENE EL SR. SHORT?

¿Tiene el Sr. Short familia?	– Sí, tiene familia.
¿Tiene mujer?	– Sí, tiene mujer.
¿Tiene un hijo?	– Sí, tiene un hijo.
¿Tiene una hija?	– Sí, tiene una hija.
¿Tiene una casa o un piso?	– Tiene una casa.
¿Tiene jardín la casa?	– Sí, tiene jardín.

¿CON O SIN?

¿Toma el Sr. Short el café con leche o sin leche?	– Sin leche.
¿Lo toma con azúcar o sin azúcar?	– Sin azúcar.
¿Está con su mujer o sin su mujer?	– Sin su mujer.
¿Vive en Inglaterra con su familia o sin su familia?	– Con su familia.
¿Tiene una casa con jardín o sin jardín?	– Con jardín.
¿En España está con amigos o sin amigos?	– Con amigos.

¿QUÉ SABE TERESA?

¿Sabe Teresa francés?	– No, no sabe francés.
¿Sabe alemán?	– No, no sabe alemán.
¿Sabe portugués?	– No, no sabe portugués.
¿Sabe italiano?	– No, no sabe italiano.
¿Sabe ruso?	– No, no sabe ruso.
¿Qué idiomas sabe?	– Sabe español e inglés.

¿QUÉ COMPRENDE?

¿Comprende Teresa el francés?	– No, no comprende el francés.
¿Comprende el alemán?	– No, no comprende el alemán.
¿Comprende el portugués?	– No, no comprende el portugués.
¿Comprende el italiano?	– No, no comprende el italiano.
¿Comprende el ruso?	– No, no comprende el ruso.
¿Qué idiomas comprende?	– Comprende el español y el inglés.

1. Don Pedro vive en una casa grande.
   Don Antonio vive en un piso grande.
   Luisa vive en un piso pequeño.

2. Don Pedro está casado y tiene dos niños.
   Don Antonio está soltero.
   Luisa está soltera.

3. Don Pedro vive con su familia.
   Don Antonio vive con su hermano y su hermana.
   Luisa vive con su padre y su madre.

4. Don Pedro tiene un coche pequeño.
   Don Antonio tiene un coche grande.
   Luisa no tiene coche.

5. Don Pedro come en casa.   *eats or lunches?*
   Don Antonio come en un restaurante.
   Luisa come en una cafetería.

6. Don Pedro bebe agua.
   Don Antonio bebe vino.
   Luisa no bebe nada.

7. Don Pedro lee periódicos.
   Don Antonio lee novelas.
   Luisa lee revistas.

8. Don Pedro escribe poco.
   Don Antonio escribe mucho.
   Luisa escribe muchísimo.

Cuestionario

DON PEDRO, EL MÉDICO

1	¿Dónde vive Don Pedro?	– Vive en una casa grande.
2	¿Está casado?	– Sí, está casado.
3	¿Con quién vive?	– Vive con su familia.
4	¿Tiene coche?	– Sí, tiene coche.
5	¿Dónde come?	– Come en casa.
6	¿Qué bebe?	– Bebe agua.
7	¿Qué lee?	– Lee periódicos.
8	¿Escribe mucho?	– No, escribe poco.

DON ANTONIO, EL DIRECTOR

1	¿Dónde vive Don Antonio?	– Vive en un piso grande. Es
2	¿Está casado?	– No, no está casado. Está soltero.
3	¿Con quién vive?	– Vive con su hermano y su hermana.
4	¿Tiene coche?	– Sí, tiene un coche grande.
5	¿Dónde come?	– Come en un restaurante.
6	¿Qué bebe?	– Bebe vino.
7	¿Qué lee?	– Lee novelas.
8	¿Escribe mucho?	– Sí, escribe mucho.

LUISA, LA SECRETARIA

1	¿Dónde vive Luisa?	– Vive en un piso pequeño.
2	¿Está casada?	– No, no está casada. Está soltera.
3	¿Con quién vive?	– Vive con su padre y su madre.
4	¿Tiene coche?	– No, no tiene coche.
5	¿Dónde come?	– Come en una cafetería.
6	¿Qué bebe?	– No bebe nada.
7	¿Qué lee?	– Lee revistas.
8	¿Escribe mucho?	– Sí, escribe muchísimo.

PREGUNTAS GENERALES

1	¿Viven el médico y el director en una casa?	– El médico sí, pero el director no.
2	¿Están casados?	– El médico sí, pero el director no.
3	¿Tienen coche los tres?	– Don Pedro y Don Antonio sí, pero Luisa no.
4	¿Comen los dos señores en casa?	– Don Pedro sí, pero Don Antonio no.
5	¿Leen revistas?	– Luisa sí, pero los dos señores no.
6	¿Escriben mucho?	– Don Antonio y Luisa sí, pero Don Pedro no.

19 ¿Vive Vd. aquí?   — Sí, vivo aquí.
   ¿Tiene Vd. familia?   — Sí, tengo familia.
   ¿Comprende Vd. español?   — Sí, comprendo español.
   ¿Lee Vd. mucho?   — Sí, leo mucho.
   ¿Escribe Vd. mucho?   — Sí, escribo mucho.
   ¿Come Vd. bien?   — Sí, como bien.
   ¿Sabe Vd. francés?   — Sí, sé francés.

20 Vivo aquí.   — ¿Vive Vd. aquí?
   Sé inglés.   — ¿Sabe Vd. inglés?
   Escribo mucho.   — ¿Escribe Vd. mucho?
   Leo mucho.   — ¿Lee Vd. mucho?
   Comprendo bien.   — ¿Comprende Vd. bien?
   Como bien.   — ¿Come Vd. bien?
   Bebo mucho.   — ¿Bebe Vd. mucho?

21 Bebo vino.   — ¿Qué bebe su amigo?
   Tomo café.   — ¿Qué toma su amigo?
   Estudio español.   — ¿Qué estudia su amigo?
   Comprendo el francés.   — ¿Qué comprende su amigo?
   Leo periódicos.   — ¿Qué lee su amigo?
   Hablo inglés.   — ¿Qué habla su amigo?
   Quiero café.   — ¿Qué quiere su amigo?

22 Mi hija estudia idiomas.   — Y su hijo, ¿qué estudia?
   Mi hija habla francés.   — Y su hijo, ¿qué habla?
   Mi hija lee revistas.   — Y su hijo, ¿qué lee?
   Mi hija prefiere café.   — Y su hijo, ¿qué prefiere?
   Mi hija trabaja aquí.   — Y su hijo, ¿dónde trabaja?
   Mi hija está aquí.   — Y su hijo, ¿dónde está?
   Mi hija vive aquí.   — Y su hijo, ¿dónde vive?

23 Mi padre fuma mucho.   — Mi padre fuma mucho.
   Mi hermano   — Mi hermano fuma mucho.
   estudia   — Mi hermano estudia mucho.
   aquí   — Mi hermano estudia aquí.
   Mi hermana   — Mi hermana estudia aquí.
   vive   — Mi hermana vive aquí.
   bien   — Mi hermana vive bien.
   habla   — Mi hermana habla bien.   _well_
   Mi madre   — Mi madre habla bien.
   está   — Mi madre está bien.

24 Mi casa es pequeña.   — Mi casa es pequeña.
   Mi piso   — Mi piso es pequeño.
   grande   — Mi piso es grande.
   Mi casa   — Mi casa es grande.
   buena   — Mi casa es buena.   _good/well_
   Mi padre   — Mi padre es bueno.
   rubio   — Mi padre es rubio.   _blond/fair_
   Mi secretaria   — Mi secretaria es rubia.
   española   — Mi secretaria es española.
   Mi hermano   — Mi hermano es español.
   fuerte   — Mi hermano es fuerte.
   Mi hermana   — Mi hermana es fuerte.

25 ¿Qué escribe Vd.? — No escribo nada.
¿Qué lee Vd.? — No leo nada.
¿Qué come Vd.? — No como nada.
¿Qué bebe Vd.? — No bebo nada.
¿Qué quiere Vd.? — No quiero nada.
¿Qué prefiere Vd.? — No prefiero nada.
¿Qué tiene Vd.? — No tengo nada.
¿Qué hace Vd.? — No hago nada. *madre / do*

26 Hablo bien inglés. — ¿Cómo lo habla la secretaria?
Escribo bien inglés. — ¿Cómo lo escribe la secretaria?
Leo bien inglés. — ¿Cómo lo lee la secretaria?
Tomo café con leche. *take / drink* — ¿Cómo lo toma la secretaria?
Quiero café con leche. — ¿Cómo lo quiere la secretaria?
Prefiero café con leche. — ¿Cómo lo prefiere la secretaria?

27 ¿Trabaja Vd. mucho? — No, trabajo poco.
¿Estudia Vd. mucho? — No, estudio poco.
¿Comprende Vd. mucho? — No, comprendo poco.
¿Come Vd. mucho? — No, como poco.
¿Lee Vd. mucho? — No, leo poco.
¿Escribe Vd. mucho? — No, escribo poco.
¿Habla Vd. mucho? — No, hablo poco.

28 ¿Vive Vd. en Londres? — Vivo cerca de Londres.
¿Está Vd. en Barcelona? — Estoy cerca de Barcelona.
¿Trabaja Vd. en Madrid? — Trabajo cerca de Madrid.
¿Vive Vd. aquí? — Vivo cerca de aquí.
¿Estudia Vd. en Valencia? — Estudio cerca de Valencia.
¿Come Vd. en casa? — Como cerca de casa.

29 ¿Lee Vd. mucho? — Leo bastante.
¿Trabaja Vd. mucho? — Trabajo bastante.
¿Estudia Vd. mucho? — Estudio bastante.
¿Fuma Vd. mucho? — Fumo bastante.
¿Escribe Vd. mucho? — Escribo bastante.
¿Come Vd. mucho? — Como bastante.
¿Bebe Vd. mucho? — Bebo bastante.

30 Mi hija trabaja. — Mi hija también trabaja.
Mi hijo estudia. — Mi hijo también estudia.
Mi padre viaja mucho. — Mi padre también viaja mucho.
Mi madre está contenta. — Mi madre también está contenta.
Mi marido es bueno. — Mi marido también es bueno.
Mi médico es amable. — Mi médico también es amable.
Mi hermana sabe inglés. — Mi hermana también sabe inglés.

ESPAÑOL	– ¿Cómo prefiere su café?
MR SHORT	
ESPAÑOL	– ¿Vive usted en Londres?
MR SHORT	
ESPAÑOL	– ¿Qué tiene usted, una casa o un piso?
MR SHORT	
ESPAÑOL	– ¿Tiene jardín?
MR SHORT	
ESPAÑOL	– ¿Está cerca de Londres?
MR SHORT	
ESPAÑOL	– ¿Tiene familia?
MR SHORT	
ESPAÑOL	– ¿Trabaja su hijo o estudia?
MR SHORT	
ESPAÑOL	– ¿Dónde?
MR SHORT	
ESPAÑOL	– ¿Y su hija?
MR SHORT	
ESPAÑOL	– ¿Su hijo sabe español?
MR SHORT	
ESPAÑOL	– ¿Y su hija?
MR SHORT	
ESPAÑOL	– ¿Y su mujer?
MR SHORT	
ESPAÑOL	– ¿Está casado su hijo?
MR SHORT	
ESPAÑOL	– ¿Está casada su hija?
MR SHORT	
ESPAÑOL	– ¿Tiene usted coche?
MR SHORT	
ESPAÑOL	– ¿Dónde come?
MR SHORT	
ESPAÑOL	– ¿Tiene Vd. televisión?
MR SHORT	

Conversación ¿Cómo vive usted? **4**

¿Dónde vive usted?

¿Vive usted en una casa?
¿Vive usted en Francia?
¿Vive usted en Londres?
¿En qué país vive usted?
¿En qué ciudad vive usted? — *thi u da(h)*
¿En qué barrio vive usted?
¿En qué calle vive usted?

¿Qué prefiere usted?

¿Prefiere usted una casa o un piso?
¿Prefiere usted té o café?
¿Prefiere usted el té con leche o sin leche?
¿Prefiere el café con azúcar o sin azúcar?
¿Qué marca de cerveza prefiere?
¿Qué país prefiere?

¿Qué sabe usted?

¿Sabe usted francés?
¿Sabe italiano?
¿Sabe alemán?
¿Sabe ruso?
¿Qué idiomas sabe Vd.?

¿Qué tiene usted?

¿Tiene usted familia?
¿Tiene usted coche?
¿Tiene usted un coche inglés?
¿Tiene cerillas?
¿Tiene lumbre?
¿Tiene amigos españoles?

¿Qué hace usted?

¿Habla usted francés? portugués? chino? —
¿Trabaja usted mucho o poco?
¿Lee usted revistas españolas?
¿Escribe usted novelas?
¿Bebe cerveza?
¿Bebe mucha cerveza?
¿Comprende el español?

¿Qué hacen?

¿Qué hace su padre?
¿Qué lee su amigo?
¿Qué hacen sus hijos?
¿Qué hace su mujer?
¿Qué estudian sus hijos?
¿Qué idiomas saben sus hijos?

¿Dónde lo hace usted?

¿Dónde come usted?
¿Dónde trabaja usted?
¿Dónde estudia español?
¿Dónde tiene usted su casa?
¿Dónde tiene su coche?

Charla Un servidor

Dé usted una charla basándose en algunas de las expresiones siguientes

1. Me llamo ....
2. Soy .... (profesión)
3. Soy soltero (estoy casado)................................
4. Mi mujer (marido) se llama ....
5. Vivo en ....
   en la calle ....
   número ....
6. Trabajo ....
7. Mi compañía se llama ....
8. Tengo ....
9. Hablo...
10. Estudio ....
11. Mi mujer (marido) habla.................................
12. Tomo...
13. Leo..
14. Escribo ....
15. Sé ....
16. Como..
17. Fumo...

18. Mi mujer	toma..........................	lee	trabaja............................
	sabe.........................	escribe............................	fuma ....
19. Mis hijos	toman	leen	trabajan ....
	saben	escriben	fuman ....
20. Mis hijas	toman	leen	trabajan ....
	saben	escriben	fuman ....

(También: mi hermano, mi hermana, mis hermanos, mis hermanas, mi padre, mi madre, mis padres)

Un billete de avión An air ticket   **5**

Mr Short is about to fly from Barcelona to Madrid where he will be setting up an office. In Madrid he will be in closer contact with government and other official bodies and will also find it more convenient for travel to other parts of Spain. In the Dialogue, Sr. Pérez's secretary telephones Mr Short at his hotel to say she has booked his air trip for the 3rd. She informs him of the times of departure and arrival and offers to drop the ticket in at his hotel on her way home. The telephone line is not clear at first but she makes him understand. The Expansion exercise after the Dialogue Questionnaire deals with Sr. Pérez's daily routine, and in the Conversation practice you are asked to buy a ticket at a travel agency, to discuss personal topics and to give a short account of how you usually spend the week-end.

In this Unit the new grammar consists mostly of expressions of time and place (for the 3rd, at half past six, between half past seven and eight, he always returns, he never goes, sometimes, until 5 o'clock, about 7.30, to the hotel, near the hotel). Also included is the way to say 'I think that...' and 'She says that...' The only new verb form is the ending -go with the first person singular (I), instead of the usual one of just -o. You will therefore not find the Unit heavily loaded.

El Sr. Short está en su hotel. El teléfono suena en su habitación

1.	TELÉFONO	– Ring . . . Ring . . . Ring . . .
2.	MR SHORT	– Dígame.
3.	SECRETARIA	– ¿Está el Sr. Short?
4.	MR SHORT	– Al aparato
5.	SECRETARIA	– Buenas tardes, Sr. Short. Aquí la secretaria del Sr. Pérez.
6.	MR SHORT	– Ah, buenas tardes, señorita. Dígame.
7.	SECRETARIA	– Ya tengo su billete de avión.
8.	MR SHORT	– ¿Cómo dice? No oigo nada.
9.	SECRETARIA	– ¿Oye ahora?
10.	MR SHORT	– Sí, ahora oigo bien.
11.	SECRETARIA	– Pues digo que ya tengo su billete de avión.
12.	MR SHORT	– ¡Ah, muy bien! ¿Para qué día es?
13.	SECRETARIA	– Para el día tres.
14.	MR SHORT	– ¡Estupendo!
15.	SECRETARIA	– El avión sale a las seis y media.
16.	MR SHORT	– ¿Sabe Vd. a qué hora llega a Madrid?
17.	SECRETARIA	– No sé exactamente, pero creo que llega entre las siete y media y las ocho.
18.	MR SHORT	– Y para el billete, ¿qué hago?
19.	SECRETARIA	– Si Vd. quiere, lo llevo al hotel.
20.	MR SHORT	– No se moleste. Yo voy mañana a la oficina.
21.	SECRETARIA	– No es molestia. Vivo cerca de su hotel.
22.	MR SHORT	– Bueno. Es Vd. muy amable. ¿A qué hora sale Vd.?
23.	SECRETARIA	– Salgo a las siete.
24.	MR SHORT	– Hasta luego entonces, y muchísimas gracias.

Cuestionario

1. ¿Oye el teléfono el Sr. Short?
   ¿Oye la radio?
   ¿Oye a la secretaria?
   ¿Qué oye?

   – Sí, lo oye.
   – No, no la oye.
   – Sí, la oye.
   – Oye el teléfono.

2. ¿El billete es para el día tres?
   ¿Es para el día cuatro?
   ¿Es para el día cinco?
   ¿Es para el día seis?
   ¿Para qué día es?

   – Sí.
   – No, no es para el día cuatro.
   – No, no es para el día cinco.
   – No, no es para el día seis.
   – Es para el día tres.

3. ¿Llama por teléfono la secretaria?
   ¿Llama por teléfono Teresa?
   ¿Llama por teléfono el Sr. Pérez?
   ¿Quién llama por teléfono?

   – Sí, la secretaria llama por teléfono.
   – No, Teresa no llama por teléfono.
   – No, el Sr. Pérez no llama por teléfono.
   – Llama por teléfono la secretaria.

4. ¿Quién oye mal?
   ¿Quién tiene el billete?
   ¿Quién lleva el billete al hotel?
   ¿Quién va en avión?
   ¿Quién sale a las siete?

   – El Sr. Short.
   – La secretaria.
   – La secretaria.
   – El Sr. Short.
   – La secretaria.

5. ¿Sale el avión a las cinco?
   ¿A qué hora sale?
   ¿Sale la secretaria a las cinco?
   ¿Sale la secretaria a las siete?

   – No, el avión no sale a las cinco.
   – Sale a las seis y media.
   – No, la secretaria no sale a las cinco.
   – Sí, sale a las siete.

6. ¿Va al hotel la secretaria?
   ¿Va al cine?
   ¿Va al hospital?
   ¿Adónde va?

   – Sí, la secretaria va al hotel.
   – No, no va al cine.
   – No, no va al hospital.
   – Va al hotel.

7. ¿Dice que tiene un billete de tren?
   ¿Qué dice que tiene?
   ¿Dice que ella sale a las cinco?
   ¿A qué hora dice que sale?

   – No, no dice que tiene un billete de tren.
   – Dice que tiene un billete de avión.
   – No, no dice que ella sale a las cinco.
   – Dice que sale a las siete.

8. ¿Cree la secretaria que el avión llega entre las cinco y las seis?
   ¿Cree que el avión llega entre las nueve y las diez?
   ¿Qué cree la secretaria?

   – No, la secretaria no cree que el avión llega entre las cinco y las seis.
   – No, no cree que el avión llega entre las nueve y las diez.
   – Cree que el avión llega entre las siete y media y las ocho.

Ampliación Un día de trabajo

1. A las 8 (ocho) de la mañana, el Sr. Pérez sale de su casa. 2. Llega a la oficina a las 8.45 (las nueve menos cuarto). 3. Los empleados entran a las 9 (nueve) en punto. 4. Por la mañana trabajan de 9 a 1 (nueve a una) y por la tarde de 3 a 7 (tres a siete). 5. A las 11.30 (once y media) el Sr. Pérez va al banco. 6. Comen de 2 a 3 (dos a tres). 7. A las 4 (cuatro) el Sr. Pérez va a una reunión y está desde las cuatro hasta las 5 (cinco). 8. Los empleados salen del trabajo a las 7 (siete) de la tarde. 9. El Sr. Pérez siempre vuelve a casa alrededor de las 7.30 (siete y media). Nunca vuelve tarde. 10. En casa, por la noche, lee los periódicos, oye la radio y ve la televisión hasta las 12 (doce).

Cuestionario 1
1. ¿A qué hora sale el Sr. Pérez de su casa?
2. ¿A qué hora llega a la oficina?
3. ¿A qué hora entran los empleados?
4. ¿Qué horas trabajan?
5. ¿A qué hora va el Sr. Pérez al banco?
6. ¿Cuándo comen?
7. ¿Cuándo va el Sr. Pérez a una reunión?
8. ¿Cuándo salen los empleados de la oficina?
9. ¿Cuándo vuelve el Sr. Pérez a casa?
10. ¿Hasta qué hora lee los periódicos, oye la radio y ve la televisión?

Cuestionario 2
1. ¿Qué hace el Sr. Pérez a las 8?
2. ¿Qué hace a las 8.45?
3. ¿Qué hacen los empleados a las 9 en punto?
4. ¿Qué hacen de 9 a 1?
5. ¿Qué hace el Sr. Pérez a las 11.30?
6. ¿Qué hacen de 2 a 3?
7. ¿Qué hace el Sr. Pérez a las 4?
8. ¿Qué hacen los empleados a las 7?
9. ¿Qué hace el Sr. Pérez a las 7.30?
10. ¿Qué hace hasta las 12?

[handwritten notes at top: how do you pronounce oye / siempre - always. (to hear)]

31 ¿Sale Vd. mucho? — Sí, salgo mucho.
¿Oye Vd. bien? — Sí, oigo bien.
¿Tiene Vd. clase? — Sí, tengo clase.
¿Hace Vd. el café? — Sí, hago el café.
¿Va Vd. a casa? — Sí, voy a casa.

32 Tengo una casa. — El Sr. Pérez también tiene una casa.
Salgo a las seis. — El Sr. Pérez también sale a las seis.
Oigo bien. — El Sr. Pérez también oye bien.
Voy a casa. — El Sr. Pérez también va a casa.
Hago el té. — El Sr. Pérez también hace el té.

33 La secretaria llega por la mañana. — ¿Cuándo llega la secretaria?
El Sr. Pérez sale por la tarde. — ¿Cuándo sale el Sr. Pérez?
El médico va por la tarde. — ¿Cuándo va el médico?
Pablo estudia por la noche. — ¿Cuándo estudia Pablo?
Teresa trabaja por la mañana. — ¿Cuándo trabaja Teresa?
La señorita vuelve por la noche. — ¿Cuándo vuelve la señorita?

34 Sé mucho inglés. — ¿Qué sabe Vd.?
Oigo la radio. — ¿Qué oye Vd.?
Tengo un billete. — ¿Qué tiene Vd.?
Hago el té. — ¿Qué hace Vd.?
Leo un periódico. — ¿Qué lee Vd.?
Hablo español. — ¿Qué habla Vd.?
Llevo el billete. — ¿Qué lleva Vd.?
Veo la televisión. — ¿Qué ve Vd.?

35 Tengo clase a las 9. — Vd. siempre tiene clase a las 9, ¿verdad?
Vuelvo a casa a las 5. — Vd. siempre vuelve a casa a las 5, ¿verdad?
Llego a clase a las 8. — Vd. siempre llega a clase a las 8, ¿verdad?
Salgo de clase a las 2. — Vd. siempre sale de clase a las 2, ¿verdad?
Oigo la radio a las 10. — Vd. siempre oye la radio a las 10, ¿verdad?
Hago el té a las 4. — Vd. siempre hace el té a las 4, ¿verdad?

36 Mañana voy al teatro. — Mañana voy al teatro.
el hotel — Mañana voy al hotel.
la oficina — Mañana voy a la oficina.
casa — Mañana voy a casa.
el restaurante — Mañana voy al restaurante.
la reunión — Mañana voy a la reunión.
clase — Mañana voy a clase.

37 Salgo de casa a las 11. — Salgo de casa a las 11.
el hotel — Salgo del hotel a las 11.
la reunión — Salgo de la reunión a las 11.
el restaurante — Salgo del restaurante a las 11.
clase — Salgo de clase a las 11.
la oficina — Salgo de la oficina a las 11.

38 ¿A qué hora llega el director? — Creo que llega a las diez y media.
¿A qué hora viene el director? — Creo que viene a las diez y media.
¿A qué hora entra el director? — Creo que entra a las diez y media.
¿A qué hora come el director? — Creo que come a las diez y media.
¿A qué hora vuelve el director? — Creo que vuelve a las diez y media.

39 Pablo entra a las nueve.
Pablo llega a las diez.
Pablo come a las dos.
Pablo vuelve a las tres.
Pablo sale a las seis.
Pablo va a casa a las siete.

– ¿Sabe Vd. a qué hora entra Teresa?
– ¿Sabe Vd. a qué hora llega Teresa?
– ¿Sabe Vd. a qué hora come Teresa?
– ¿Sabe Vd. a qué hora vuelve Teresa?
– ¿Sabe Vd. a qué hora sale Teresa?
– ¿Sabe Vd. a qué hora va a casa Teresa?

40 El Sr. Pérez llega a las 9.
El Sr. Pérez entra a las 9.
El Sr. Pérez sale a las 7.
El Sr. Pérez lee el periódico.
El Sr. Pérez oye la radio.
El Sr. Pérez ve la televisión.
El Sr. Pérez vuelve a las tres.
El Sr. Pérez come a las dos.

– Los empleados también llegan a las nueve.
– Los empleados también entran a las nueve.
– Los empleados también salen a las siete.
– Los empleados también leen el periódico.
– Los empleados también oyen la radio.
– Los empleados también ven la televisión.
– Los empleados también vuelven a las tres.
– Los empleados también comen a las dos.

41 El tren no sale tarde.
La secretaria no habla mucho.
El estudiante no trabaja mucho.
El director no bebe mucho.
El conserje no trabaja mucho.
El periódico no es interesante.
El empleado no está contento.

– Los trenes nunca salen tarde.
– Las secretarias nunca hablan mucho.
– Los estudiantes nunca trabajan mucho.
– Los directores nunca beben mucho.
– Los conserjes nunca trabajan mucho.
– Los periódicos nunca son interesantes.
– Los empleados nunca están contentos.

42 ¿Tiene Vd. muchos amigos?
¿Escribe Vd. muchas cartas?
¿Bebe Vd. mucho vino?
¿Toma Vd. mucha cerveza?
¿Compra Vd. muchos periódicos?
¿Lee Vd. muchas novelas?
¿Tiene Vd. mucho trabajo?
¿Bebe Vd. mucha leche?

– No, tengo pocos.
– No, escribo pocas.
– No, bebo poco.
– No, tomo poca.
– No, compro pocos.
– No, leo pocas.
– No, tengo poco.
– No, bebo poca.

EMPLEADO	VIAJERO
– Buenos días, dígame.	..........billete para Barcelona..........
– ¿Para qué día quiere el billete?	....
– ¿Va Vd. en tren o en avión?	..........tren..........
– ¿Prefiere de día o de noche?	..........noche.........
– Hay dos trenes, el rápido y el expreso.	¿..........salen..........?
– El rápido sale a las 9.30 y el expreso a las 10.30.	¿..........diferencia..........?
– Pues el expreso lleva coche cama y es más rápido.	¿..........el rápido..........?
– Pues, es menos rápido.	¿..........llega..........?
– El rápido llega a las 9.30 de la mañana y el expreso a las 8.30.	..........el expreso..........
– ¿Qué clase prefiere?	..........primera..........
– Bien. ¿Quiere un billete de ida y vuelta o de ida solamente?	..........ida..........
– Bien, pues mañana tiene Vd. el billete.	¿..........hora..........?
– A primera hora de la mañana.	¿Cuánto..........?
– Este billete vale 667 pesetas.	....
– Gracias, adiós.	....

¿A qué hora?

¿A qué hora sale Vd. de casa?
¿A qué hora va Vd. a la oficina?
¿A qué hora vuelve Vd. a casa?
¿Qué horas trabaja Vd.?
¿A qué hora viene Vd. a clase? (*Vengo* . . .)
¿Viene Vd. en Metro?
¿Cómo viene a clase?

¿Qué hace Vd.?

¿Oye Vd. la radio?
¿Ve Vd. la televisión?
¿Va Vd. mucho al cine?
¿Qué programas de radio prefiere Vd.?
¿Qué lee Vd.?

¿Qué cosas sabe?

¿Sabe Vd. qué hora es?
¿Sabe Vd. cómo se llama el profesor?
¿Sabe Vd. dónde está Caracas?
¿Sabe Vd. dónde vive este señor?
¿Sabe Vd. a qué horas salen los trenes para Glasgow?
¿Sabe Vd. a qué hora salen los aviones para Madrid?

Siempre, a veces, nunca.

¿Viaja Vd. siempre en tren?
¿Trabaja Vd. siempre mucho?
¿Lee Vd. siempre los periódicos?

Dígame

Dígame la hora.
Dígame su nombre.
Dígame el nombre de un río español.
Dígame el nombre de una ciudad española.

Unos números

1	uno	11	once	21	veintiuno
2	dos	12	doce	22	veintidós
3	tres	13	trece	23	veintitrés
4	cuatro	14	catorce	24	veinticuatro
5	cinco	15	quince	25	veinticinco
6	seis	16	dieciséis	26	veintiséis
7	siete	17	diecisiete	27	veintisiete
8	ocho	18	dieciocho	28	veintiocho
9	nueve	19	diecinueve	29	veintinueve
10	diez	20	veinte	30	treinta

CUENTE VD.

de 1 a 30
de 30 a 1
los números pares (2, 4, 6, 8 . . .)
los números impares (1, 3, 5, 7 . . .)

¿CUÁNTO VALEN?

En el bar
Un vaso de vino a 3 ptas.
Una caña de cerveza a 6 ptas.
Una copita de anís a 8 ptas.

Total	?

En el café
Dos cafés con leche a 8 ptas.
Un té con limón a 6 ptas.
Una leche fría a 7 ptas.

Total	?

En el quiosco
Una revista de 10 ptas.
Un periódico de 3 ptas.
Una novela de 15 ptas.

Total	?

En la ciudad
3 billetes de metro de 4 ptas.
3 billetes de autobús de 5 ptas.
3 billetes de trolebús de 5 ptas.

Total	?

La despedida Leave-taking 6

In the first listening passage of this intensive Unit, Sr. Pérez's secretary takes Mr Short's air ticket to him at the hotel where he is staying. As she has taken the trouble to bring it herself on her way home, he asks her to have tea with him and they chat for a while. She tells him what his commitments are for the next day. Mr Short learns that she speaks some English and has an English friend with whom she practises it. They talk about England until it is time for her to leave.

In the second passage, Don Antonio, a business friend of Mr Short's, comes to say good-bye to him before he leaves for Madrid. While they are having a drink together, their friend Isabel greets them with a friend but they are on the way to the cinema and cannot accept Mr Short's invitation to have a drink. Seeing Isabel arrive prompts Don Antonio to express his opinion about marriage.

The reading passage deals with the topography of Spain, its mountains and rivers. In it, certain nouns and verbs and sentence patterns are repeated a number of times, so that the passage shall be easy to read at this early stage. Later passages will be somewhat more complex in structure and more varied in vocabulary.

The grammar section systematizes the forms and constructions used in Units 4 and 5, and also includes one or two that are introduced in this Unit for listening and recognition purposes only.

1. El billete

La secretaria del Sr. Pérez lleva el billete de avión al Sr. Short a su hotel.

SECRETARIA	– Buenas tardes, Sr. Short.
MR SHORT	– Muy buenas, señorita.
SECRETARIA	– Aquí tengo su billete.
MR SHORT	– Ah, muy bien, siéntese, por favor.
SECRETARIA	– Gracias.
MR SHORT	– ¿Quiere una taza de té o un café?
SECRETARIA	– Es Vd. muy amable. Prefiero café, por favor.
MR SHORT	– Bien . . . ¡Camarero!
CAMARERO	– ¿Qué desea, señor?
MR SHORT	– Un café para la señorita.
CAMARERO	– ¿Lo quiere Vd. con leche?
SECRETARIA	– Sí, con leche, por favor.
CAMARERO	– ¿Y Vd., qué quiere, señor?
MR SHORT	– Para mí un té con limón. Y traiga unas pastas. ¿O prefiere Vd. unas tostadas?
SECRETARIA	– No, no, gracias, las pastas están muy bien.
MR SHORT	– Entonces, unas pastas.
CAMARERO	– Bien.
SECRETARIA	– Bueno, aquí tiene Vd. su billete.
MR SHORT	– Ah, gracias. ¿A qué hora sale el avión?
SECRETARIA	– El avión sale a las cuatro y media.
MR SHORT	– ¿Y el autocar?
SECRETARIA	– El autocar sale a las tres. ¿Sabe Vd. dónde está la terminal?
MR SHORT	– Pues, no, no sé.
SECRETARIA	– Está en la Plaza de España. Está cerca. En taxi son diez minutos desde aquí.
MR SHORT	– Bien, muchas gracias, señorita. Es Vd. muy amable.
SECRETARIA	– De nada.
MR SHORT	– ¿Tiene Vd. mi horario de trabajo para mañana?
SECRETARIA	– Sí, aquí está. Mañana por la mañana tiene Vd. una reunión a las nueve en la oficina.
MR SHORT	– Ah, sí. Vienen los representantes de Francia y Alemania.
SECRETARIA	– Por la tarde tiene Vd. la visita al stand de la compañía en la Feria de Muestras.
CAMARERO	– Aquí está su café, señorita, y un té.
MR SHORT	– Bien.
SECRETARIA	– Vd. habla muy bien español.
MR SHORT	– Bueno, sólo un poco. Y Vd. ¿habla inglés?
SECRETARIA	– Un poco. Tengo un amigo inglés y como todavía no habla español, pues hablo con él en inglés.
MR SHORT	– ¡Hombre! ¿Su amigo vive en Barcelona?
SECRETARIA	– Sí, trabaja en el consulado británico, pero en verano siempre va a Inglaterra para pasar las vacaciones.
MR SHORT	– ¿De qué parte es?
SECRETARIA	– Del sur, de Bournemouth.
MR SHORT	– Ah, Bournemouth es una ciudad estupenda. No es muy grande pero es muy bonita.

SECRETARIA	– Sí, mi amigo habla mucho de Bournemouth. Dice que es preciosa. Dice que van muchos turistas en verano.
MR SHORT	– Sí, y en invierno también. Tiene un clima muy agradable.
SECRETARIA	– Bueno, Sr. Short, es muy tarde y tengo mucho trabajo en casa. Además mi madre está sola.
MR SHORT	– Pues entonces, hasta mañana. Y muchas gracias por su amabilidad.
SECRETARIA	– De nada. Para mí es un placer. Adiós, hasta mañana si Dios quiere.

Cuestionario

1. What does Mr Short offer the secretary?
2. What does she say?
3. What do they have to eat?
4. What are the times of Mr Short's plane journey?
5. How will he get to the airport?
6. What engagement has Mr Short tomorrow at 9 a.m.?
7. What engagement has he got in the afternoon?
8. Who does the secretary practise her English with?
9. What is said about Bournemouth? Who says it?
10. Why does the secretary have to leave?
11. What's the Spanish for "Bring"?
12. What's the Spanish for "the terminus"?
13. What's the Spanish for "toast"?
14. What's the Spanish for "stand" in a fair?
15. What's the Spanish for "Thank you for your kindness"?

2. La despedida

Por la tarde, el Sr. Short está en el bar de su hotel, y su amigo Don Antonio pasa por allí y toma una copa con él.

D. ANTONIO	– Buenas tardes, amigo.
MR SHORT	– Buenas tardes, Don Antonio. Siéntese aquí, es más cómodo.
D. ANTONIO	– Muchas gracias. ¿Fuma Vd. negro?
MR SHORT	– No, gracias, prefiero mi pipa.
D. ANTONIO	– Ah, sí, es verdad. Bueno ¿qué tal sigue, amigo? ¿Cómo van las cosas?
MR SHORT	– Pues bien. Todo va bien hasta ahora.
D. ANTONIO	– Me alegro.
CAMARERO	– Buenas noches, señores. ¿Qué quieren Vds.?
MR SHORT	– ¿Para Vd., Don Antonio?
D. ANTONIO	– Pues yo, un coñac con soda, por favor.
CAMARERO	– ¿Y usted, señor?
MR SHORT	– ¿Tienen John Haig?
CAMARERO	– Sí, naturalmente. ¿Cómo lo quiere? ¿Con soda?
MR SHORT	– No, con agua, por favor.
D. ANTONIO	– Oiga ¿no viene Pérez esta noche?
MR SHORT	– No, no puede.
D. ANTONIO	– ¿Por qué no puede?
MR SHORT	– Está con su mujer en una fiesta.
D. ANTONIO	– ¡Pobres hombres, los casados!
MR SHORT	– Ah, pero ¿no es Vd. casado, Don Antonio?
D. ANTONIO	– No, todavía no. Todavía soy un hombre feliz.
MR SHORT	– Oiga, no hable muy fuerte, porque ahí viene Isabel.
D. ANTONIO	– Ah, con Isabel no hay peligro, a ella sólo le interesa el idioma de Shakespeare. Además viene acompañada.
ISABEL	– Buenas tardes.
LOS DOS	– Buenas tardes.
ISABEL	– ¿Conocen Vds. a Mariano Ruiz? Antonio Suárez y el Sr. Short, un amigo de Inglaterra.
MARIANO	– ¿Cómo está Vd.? . . . Encantado.
MR SHORT	– Muy bien ¿y Vd.? Pero siéntense Vds., por favor. ¿Qué quieren? ¿un whisky?
ISABEL	– No, nada gracias porque Mariano y yo vamos al cine.
MR SHORT	– ¿De veras que no quieren nada?
ISABEL	– No, no, de veras.
MR SHORT	– Pero el cine es a las siete ¿no? Venga, que tienen tiempo.
ISABEL	– No, no, de veras, Sr. Short. El programa empieza a las seis y media, y ya son las seis y cuarto.
MR SHORT	– Bueno, si no quieren. ¿A qué cine van?
ISABEL	– Al Coliseum, ponen "Otelo".
D. ANTONIO	– ¡Caramba! Vd. sigue con la cultura inglesa, ¿eh, Isabel?
ISABEL	– Sí, desde luego, pero esta tarde es la versión española. Bueno, es tarde. Buenas noches, señores, hasta la vista.
MR SHORT	– Hasta la vista. Y que se diviertan.
ISABEL	– Gracias, y Vds. también.
MARIANO	– Adiós, encantado de conocerles.

LOS DOS	– Igualmente.
MR SHORT	– Simpática, esta chica, ¿eh?
D. ANTONIO	– Y muy guapa . . . Bueno ¿y qué? ¿Cuándo se va a Madrid?
MR SHORT	– Pues, pronto, el día tres.
D. ANTONIO	– ¿Cómo va? ¿En el Talgo?
MR SHORT	– No, voy en avión. Es más rápido. Ahora que creo que el Talgo es un tren muy bueno.
D. ANTONIO	– Sí, creo que sí. Yo no lo conozco porque viajo poco, pero tengo unos amigos que van mucho por Madrid y ellos dicen que es rapidísimo y muy cómodo.
MR SHORT	– Sí, efectivamente es rápido. De Barcelona a Madrid son solamente siete u ocho horas en el Talgo. En el expreso o el rápido son por lo menos diez o doce horas.
D. ANTONIO	– Además sirven comida, me parece, pero claro, eso es extra. No como en el avión. ¡Hombre! ¿Qué hora es? ¡Caramba! Ya son las siete. Me esperan en casa. Bueno, amigo. Si no le veo antes, muy buen viaje y que tenga Vd. mucha suerte en Madrid. Hasta la próxima.
MR SHORT	– Muchísimas gracias, y hasta pronto.

Cuestionario

1. What drinks do the two men have?
2. Why isn't Pérez with them?
3. What does Don Antonio think about married men?
4. What does he call himself?
5. Why does Short tell him not to speak so loudly?
6. What does Antonio say about Isabel?
7. What do Isabel and her friend drink?
8. Why can't they stop?
9. What film are they going to see?
10. In English or Spanish?
11. What do they say about the Talgo?
12. How do you say in Spanish: "How are things?"
13. How do you say in Spanish: "I'm glad"?
14. How do you say in Spanish: "No, really thanks"?
15. How do you say in Spanish: "Good heavens!"?

EL RELIEVE

España es un país muy alto, el segundo país de Europa en altitud después de Suiza. El elemento más característico del relieve español es la Meseta Central. Es una gran llanura que se extiende desde la Cordillera Cantábrica hasta la Sierra Nevada y que tiene una altitud media de 500 metros aproximadamente. Las principales cadenas de montañas, como se ven en el mapa, son: los Montes Pirineos, la Cordillera Cantábrica, el sistema Central, los Montes de Toledo, la Sierra Morena, la Cordillera Penibética y la Cordillera Ibérica.

Los Pirineos forman la frontera con Francia. En ellos hay picos muy altos como el Aneto que tiene 3.404 metros.

La Cordillera Cantábrica es una prolongación de los Pirineos. Va desde el País Vasco hasta Galicia y corre muy cerca del mar. Es en general estrecha pero en el oeste, en Galicia, es más ancha.

El Sistema Central es una cordillera que se eleva de la Meseta. Va, en general, de este a oeste por el centro de España y está muy cerca de Madrid. Hay en el Sistema Central dos sierras altas: la Sierra de Guadarrama y la Sierra de Gredos.

Al sur del Sistema Central, y también en la Meseta, están *los Montes de Toledo*, que corren de este a oeste y que no son muy altos.

Al final de la Meseta está *la Sierra Morena* y después, en Andalucía, *la Cordillera Penibética*. En esta Cordillera hay varias sierras, por ejemplo la Sierra Nevada y la Serranía de Ronda. En Sierra Nevada está el pico más alto de España, el Mulhacén, que tiene 3.480 metros de altura.

La Cordillera Ibérica comienza aproximadamente en la unión de los Pirineos con la Cordillera Cantábrica y corre en dirección noroeste-sudeste hasta el Mediterráneo.

LOS RÍOS

En España hay cinco ríos que tienen bastante importancia: el Duero, el Tajo, el Guadiana, el Guadalquivir y el Ebro. Hay otros, como el Miño, el Júcar, el Segura y el Turia que van en segundo lugar. Hay otros, como por ejemplo los que van de la Cordillera Cantábrica al Mar Cantábrico, que son generalmente muy cortos y torrenciales.

El Duero corre entre la Cordillera Cantábrica y el Sistema Central. Pasa por la ciudad de Zamora. Forma frontera con Portugal y después entra en Portugal y desemboca en Oporto.

El Tajo pasa entre el Sistema Central y los Montes de Toledo. Forma también frontera con Portugal. Entra en Portugal y después desemboca en Lisboa. Mientras corre por España pasa por Toledo que es una ciudad muy famosa en la historia de España. Es también famosa por el pintor El Greco.

El Guadiana corre entre los montes de Toledo y Sierra Morena. Forma frontera con Portugal, entra en Portugal y luego vuelve y marca otra vez frontera con España. Desemboca en el Atlántico por el pequeño pueblo de Ayamonte.

El Guadalquivir corre por el valle de su nombre entre la Sierra Morena y la Cordillera Penibética. Pasa por ciudades históricas muy famosas de Andalucía, como Córdoba y Sevilla y desemboca en Sanlúcar.

El Ebro es el río que tiene más caudal de agua. Corre por el valle de su nombre entre los Pirineos y la Cordillera Central. Pasa por Logroño y Zaragoza – que es la capital de Aragón – y desemboca en el Mediterráneo.

39. Agreement of nouns and adjectives (plur.)

singular	plural
vino bueno	vinos buenos
marca buena	marcas buenas

40. Plural in -es

singular	plural
señor	señores
mujer	mujeres
tren	trenes
avión	aviones
hotel	hoteles
fácil	fáciles
difícil	difíciles

41. Use and omission of 'un, una'

Tengo		coche.
Tengo	un	coche inglés.
¿Tiene Vd.		familia?
¿Tiene Vd.	una	familia numerosa?
Tienen		casa.
Tienen	una	casa grande.

42. El, ella, ellos, ellas

unemphatic	emphatic
Es ingeniero.	El es ingeniero.
Es secretaria.	Ella es secretaria.
Son ingenieros.	Ellos son ingenieros.
Son secretarias.	Ellas son secretarias.

43. Lo, la (object)

¿Tiene Vd. el billete?	Sí, lo tengo.
¿Oye Vd. la radio?	Sí, la oigo.

44. Personal 'a'

Veo la casa.
Veo a mi amigo.
¿Conoce usted Madrid?
¿Conoce usted a Pablo?

45. Determinatives

singular	plural
mi amigo	mis amigos
mi amiga	mis amigas
tu amigo	tus amigos
tu amiga	tus amigas
su coche	sus coches
su casa	sus casas
el teléfono	los teléfonos
la radio	las radios
un hotel	unos hoteles
una señorita	unas señoritas
poco vino	pocos licores
mucho café	muchos pisos
bastante tabaco	bastantes cigarrillos

46. -ísimo

mucho	muchísimo
rápido	rapidísimo
pequeño	pequeñísimo
importante	importantísimo

47. Más . . . que; menos . . . que

Una casa es más grande que un piso.
El avión es más rápido que el tren.
El tren es menos rápido que el avión.
El cine es menos interesante que el teatro.

48. Ordinals

primero
segundo
tercero
último

49. Apocopation: primer, tercer

El primer piso.	El piso primero.
El tercer piso.	El piso tercero.

50. Calendar

Viene el día tres.
Llego el día cinco.
Vengo el día diez.

51. Verbs in -as, -a, -an

yo	tú	Vd., él, ella	Vds., ellos, ellas
formo	formas	forma	forman
llamo	llamas	llama	llaman
paso	pasas	pasa	pasan
llevo	llevas	lleva	llevan
espero	esperas	espera	esperan
llego	llegas	llega	llegan
voy	vas	va	van

52. Verbs in '-es, -e, -en'

yo	tú	Vd., él, ella	Vds., ellos ellas
quiero	quieres	quiere	quieren
vivo	vives	vive	viven
prefiero	prefieres	prefiere	prefieren
com- prendo	com- prendes	com- prende	com- prenden
como	comes	come	comen
bebo	bebes	bebe	beben
leo	lees	lee	leen
escribo	escribes	escribe	escriben
corro	corres	corre	corren
creo	crees	cree	creen
vuelvo	vuelves	vuelve	vuelven
veo	ves	ve	ven
sé	sabes	sabe	saben

53. Verbs in -go, -es, -e, -en

yo	tú	Vd., él, ella	Vds., ellos, ellas
tengo	tienes	tiene	tienen
hago	haces	hace	hacen
sigo	sigues	sigue	siguen
digo	dices	dice	dicen
salgo	sales	sale	salen
oigo	oyes	oye	oyen

54. Lleva

La secretaria lleva el billete al hotel.
El expreso lleva coche cama.

55. Entra en, sale de, llega a

La secretaria entra en la oficina a las 9.
La secretaria sale de la oficina a las 7.
La secretaria llega a casa a las 8.

56. Es, está

El jardín es pequeño.
Las montañas son altas.
El Sr. Pérez es director.

Bilbao está en el norte.
Estoy contento.
¿Está Vd. bien?

Antonio es soltero or Antonio está soltero.
Pérez es casado or Pérez está casado.

57. Es (impersonal)

Es verdad.
¿Para qué día es?
Es para el día tres.

58. Orders

¡Diga!	¡Dígame!	¡Venga!
¡Oiga!	¡Óigame!	¡Siéntese!
¡Traiga!	¡Tráigame!	¡No se moleste!

59. Present = future

Para el billete, ¿qué hago? ¿voy a la oficina?
Si Ud. quiere, lo llevo al hotel.

60. Position of subject in statements

Usted es muy amable.
Es usted muy amable.
Mi hijo trabaja aquí.
Trabaja aquí mi hijo.
Mi amigo vive allí.
Allí vive mi amigo.

61. Prepositions

con	¿Quiere café con leche?
sin	No, lo quiero sin leche.
cerca de	Vivo cerca de Londres.
desde	Desde las 9 hasta las 5.
hasta (time)	Desde las 9 hasta las 5. Hasta pronto. Hasta mañana. Hasta luego. Hasta la vista.
hasta (place)	Hay 20 kilómetros hasta Madrid.
entre	Como entre la una y las dos.
después de	No trabajo después de las 7.
alrededor de	Vuelve alrededor de las 7.

62. En

Está en clase.	
Está en casa.	
Va en coche.	
Va en avión.	
Va en tren.	

63. A = at, to

at	¿A qué hora?
	A las cinco.
to	Voy al banco.
	De 4 a 5.

64. Para

¿Para qué día es el billete?
Para el billete, ¿qué hago?

65. De

Possession	La secretaria del Sr. Pérez.
	La pipa del médico.
Origin	Voy de Madrid a Bilbao.
	Sale del aeropuerto a las 8.
Qualifying	Una caña de cerveza.
	Un billete de avión.
	Tabaco de pipa.

66. Por (cause)

Gracias por su invitación.
Toledo es famosa por el pintor El Greco.

67. Adverbs of degree

mucho	Trabajo mucho.
	Escribo mucho.
poco	Ud. come poco.
	Ud. comprende poco.
bastante	Ellos fuman bastante.
	Ellos beben bastante.

68. Adverbs of time

¿cuándo?	¿Cuándo vuelve el director?
	¿Cuándo llega la secretaria?
ahora	¿Oye ahora?
	Ahora voy a la' oficina.
mañana	Mañana voy al teatro.
	Llego mañana.
todavía	Todavía no estoy casado.
	No estoy casado todavía.
siempre	Siempre vuelvo a casa.
	Vuelvo a casa siempre.
nunca	Nunca vuelve.
	No vuelve nunca.
tarde	Es muy tarde.
	Llego muy tarde.
pronto	(a) Pronto voy a España.
	(b) Voy pronto a la oficina.
a veces	A veces trabajo mucho.
	A veces voy al cine.
en punto	Llego en punto a la oficina.
	El avión sale en punto.
ya	Ya tengo su billete.

69. Adverbial expressions of time

Por la mañana.	Esta mañana.
Por la tarde.	Esta tarde.
Por la noche.	Esta noche.
De día.	A las 7 de la tarde.
De noche.	A primera hora de la mañana.

70. Adverbs of place

aquí	El director está aquí.
	Aquí está el director.
ahí	El director está ahí.
	Ahí está el director.
allí	El director está allí.
	Allí está el director.
cerca	La oficina está cerca.
	Vivo cerca.
adonde	¿Adónde va Vd.?
de donde	¿De dónde es Vd.?

71. Adverbs in -mente

exacto	exactamente
estupendo	estupendamente
natural	naturalmente
general	generalmente
regular	regularmente

72. ¿Cuánto?

¿Cuánto vale la cerveza?
¿Cuánto cuesta la cerveza?

73. Nada

No escribo nada.
Pablo no sabe nada.
¿No come usted nada?

74. También

Mi hija también trabaja.
Mi hija trabaja también.
También trabaja mi hija.

75. Sí, no

¿Vienen aquí?
– El médico sí, el director no.
¿Están casados?
– Don Pedro sí, Don Antonio no.

76. Si

Si usted quiere, llevo el billete.
Si usted quiere, voy a la oficina.

77. Que + plural noun

¿Qué idiomas sabe?

78. Que (conjunction)

Creo que llega a las 3.
Dice que llega a las 3.
Sabe que llega a las 3.

79. Que (relative pronoun)

La cordillera Cantábrica, que es una prolongación de los Pirineos, . . .

Los ríos que corren de la cordillera son generalmente cortos.

80. o > u

Tres o cuatro horas.
Siete u ocho horas.

81. ¿Por qué? Porque . . .

¿Por qué está contenta su mujer?
– Porque viene a España.

¿Por qué no viene a mi casa?
– Porque es tarde

82. La hora

1.00	(Es)	la una.
1.05	,,	la una y cinco.
1.10	,,	la una y diez.
1.15	,,	la una y cuarto.
1.20	,,	la una y veinte.
1.25	,,	la una y veinticinco.
1.30	,,	la una y media.
1.35	(Son)	las dos menos veinticinco.
1.40	,,	las dos menos veinte.
1.45	,,	las dos menos cuarto.
1.50	,,	las dos menos diez.
1.55	,,	las dos menos cinco.
2.00	,,	las dos.

83. Direct and indirect questions

¿A qué hora sale Teresa?
¿Sabe Vd. a qué hora sale Teresa?

¿Dónde vive el director?
No sé dónde vive el director.

84. Use of the article 'el'

Habla inglés.
Sabe inglés.
Comprende inglés.
Escribe inglés.
Estudia inglés.

but

Habla muy bien el inglés.
Sabe bien el inglés.
Comprende perfectamente el inglés.
Escribe correctamente el inglés.
Estudia el inglés con mucho interés.

En el avión In the plane 7

Mr Short and Sr. Pérez are aboard a plane flying from Barcelona to Madrid. After settling into their seats, Mr Short obtains a Spanish paper from the air hostess. He inquires whether food is served during the flight, but on being told that there is dinner, he and Sr. Pérez decide to have just a beer and some sandwiches. They also buy some cigarettes since these are cheaper on the plane.

The Expansion exercise presents and discusses a typical businessman's diary, showing what Mr Short and Sr. Pérez will be doing in the coming week. This introduces a number of words and phrases relating to everyday activities such as 'to write a report, to meet the director, to visit a factory, to write letters, to have lunch with a customer'. It also includes the days of the week and the dates of the month. Conversation practice after the drills consists of an imaginary dialogue with an air hostess, a class discussion on how you spend your time and the outline of a talk which can be given on the same topic.

In this Unit the study of the Present Tense forms of the verb is completed by practising those that go with 'we' for which you will see that there are three endings: *-amos, -emos* and *-imos*. These are formed from the three Infinitive endings in Spanish: *-ar* (*tomar*, to take), *-er* (*comer*, to eat) and *-ir* (*servir*, to serve). To practise these there are expressions like 'something to eat, going to begin, want to buy, have to finish, in order to work', and others. You will also learn one or two verb forms which are used when giving orders, for example: 'Take this! Bring me...!' In English, this form is the same as the Infinitive (Bring! To bring). In Spanish it is not (*¡Traiga! Traer*). But do not bother about this difference, or try to systematize it for the moment. Just learn the order words as fixed phrases, together with their meanings. They will all be sorted out for you quite soon.

1

2

3

4

5

6

7

8

9

10

11

12

13

14

15

16

17

18

19

20

21

22

23

24

1. SR. PÉREZ   – Bueno, Sr. Short, ya vamos para Madrid.
2. MR SHORT   – Sí, estoy muy contento de visitar Madrid.
3. SR. PÉREZ   – ¿Sabe Vd. a qué hora llegamos?
4. MR SHORT   – Creo que a las ocho aproximadamente.

5. AZAFATA   – ¿Quieren Vds. un periódico?
6. MR SHORT   – ¿Tienen Vds. periódicos ingleses?
7. AZAFATA   – No, lo siento. Sólo tenemos periódicos españoles.
8. MR SHORT   – Entonces, deme 'La Vanguardia', por favor.
9. AZAFATA   – Tenga.

10. MR SHORT   – ¿Sirven Vds. algo de comer durante el viaje?
11. AZAFATA   – Sí, por la tarde servimos cena.
12. MR SHORT   – No quiero comer mucho en el avión. ¿Tienen sandwiches?
13. AZAFATA   – Sí, señor, de jamón, de pollo, de queso . . .
14. MR SHORT   – Pues, vamos a tomar unos sandwiches de jamón.

15. AZAFATA   – ¿Van a beber algo?
16. MR SHORT   – ¿Qué tienen?
17. AZAFATA   – Tenemos cerveza, aguas minerales, café . . .
18. MR SHORT   – Traiga dos botellas de cerveza.
19. AZAFATA   – Sí, señor, en seguida.

20. MR SHORT   – Y queremos comprar tabaco también.
21. AZAFATA   – ¿Cuántos cigarrillos quieren?
22. MR SHORT   – Un cartón de doscientos 'Ducados' para mi amigo.
23. AZAFATA   – ¿Y para Vd.?
24. MR SHORT   – Tráigame una lata de 'Navy Cut,' por favor.

Cuestionario

¿ADÓNDE VAN LOS SRES. SHORT Y PÉREZ? ELLOS
¿Van a Londres? – No, no van a Londres.
¿Van a París? – No, no van a París.
¿Van a Roma? – No, no van a Roma.
¿Adónde van? – Van a Madrid.

¿CÓMO VAN A MADRID?
¿Van en tren? – No, no van en tren.
¿Van en coche? – No, no van en coche.
¿Van en moto? – No, no van en moto.
¿Cómo van? – Van en avión.

¿QUÉ COMEN?
¿Comen sándwiches de pollo? – No, no comen sándwiches de pollo.
¿Comen sándwiches de queso? – No, no comen sándwiches de queso.
¿Comen sándwiches de tomate? – No, no comen sándwiches de tomate.
¿Qué comen? – Comen sándwiches de jamón.

¿QUÉ BEBEN?
¿Beben agua? – No, no beben agua.
¿Beben té con limón? – No, no beben té con limón.
¿Beben café con leche? – No, no beben café con leche.
¿Qué beben? – Beben cerveza.

¿QUÉ PREFIEREN?
¿Prefieren café o cerveza? – Prefieren cerveza.
¿Prefiere el Sr. Short un periódico inglés o – Prefiere un periódico inglés.
español?
¿Prefieren salmón o jamón? – Prefieren jamón.
¿Prefieren pasteles o sándwiches? – Prefieren sándwiches.

¿QUÉ SIRVEN EN EL AVIÓN?
¿Sirven cena? – Sí, sirven cena.
¿Sirven sándwiches de tomate? – No, no sirven sándwiches de tomate.
¿Sirven café? – Sí, sirven café.
¿Sirven cerveza? – Sí, sirven cerveza.

¿QUÉ COMPRAN EN EL AVIÓN?
¿Compran vino? – No, no compran vino.
¿Compran revistas? – No, no compran revistas.
¿Compran periódicos? – No, no compran periódicos.
¿Qué compran? – Compran cigarrillos y tabaco.

¿QUÉ VENDEN EN EL AVIÓN?
¿Venden periódicos? – No, no venden periódicos.
¿Venden revistas? – No, no venden revistas.
¿Venden vino? – Sí, venden vino.
¿Venden tabaco? – Sí, venden tabaco.

LOS SRES. SHORT Y PÉREZ CONTESTAN

¿ADÓNDE VAN VDS. ?

¿Van Vds. a Valencia ?   NOSOTROS
¿Van Vds. a Sevilla ?   – No, no vamos a Valencia.
¿Van Vds. a Bilbao ?   – No, no vamos a Sevilla.
¿Adónde van Vds. ?   – No, no vamos a Bilbao.
                                 – Vamos a Madrid.

¿CÓMO VAN VDS. ?

¿Van Vds. en coche ?   – No, no vamos en coche.
¿Van Vds. en tren ?   – No, no vamos en tren.
¿Van Vds. en moto ?   – No, no vamos en moto.
¿Cómo van Vds. ?   – Vamos en avión.

¿QUÉ COMEN VDS. ?

¿Comen Vds. pollo ?   – No, no comemos pollo.
¿Comen Vds. tomate ?   – No, no comemos tomate.
¿Comen Vds. pasteles ?   – No, no comemos pasteles.
¿Qué comen Vds. ?   – Comemos sándwiches de jamón.

¿QUÉ BEBEN VDS. ?

¿Beben Vds. agua ?   – No, no bebemos agua.
¿Beben Vds. café ?   – No, no bebemos café.
¿Beben Vds. vino ?   – No, no bebemos vino.
¿Qué beben Vds. ?   – Bebemos cerveza.

¿QUÉ PREFIEREN VDS. ?

¿Prefieren Vds. vino o cerveza ?   – Preferimos cerveza.
¿Prefieren Vds. puros o cigarrillos ?   – Preferimos cigarrillos.
¿Prefieren Vds. periódicos ingleses   – Preferimos periódicos ingleses.
o españoles ?
¿Prefieren Vds. pasteles o sándwiches?   – Preferimos sándwiches.

¿QUÉ COMPRAN VDS. ?

¿Compran Vds. whisky ?   – No, no compramos whisky.
¿Compran Vds. vino ?   – No, no compramos vino.
¿Compran Vds. puros ?   – No, no compramos puros.
¿Qué compran Vds. ?   – Compramos cigarrillos y tabaco.

13 LUNES	*Ver la fábrica*
14 MARTES	*Empezar el informe*
15 MIÉRCOLES	*11.00 Ir al Ministerio de Comercio*
16 JUEVES	*Terminar el informe*
17 VIERNES	*4.30 Recibir al director*
18 SÁBADO	*2.00 Comer con un cliente*
19 DOMINGO	*Escribir cartas particulares*

El lunes, día trece, el Sr. Pérez y el Sr. Short van a ver la nueva fábrica. El martes, día catorce, van a empezar el informe sobre la visita a la fábrica. El miércoles, día quince, a las once de la mañana, van a ir al Ministerio de Comercio. El jueves, día dieciséis, van a terminar el informe. El viernes, día diecisiete, a las cuatro y media de la tarde, van a recibir al director de la compañía que viene de Londres. El sábado, día dieciocho, a las dos, van a comer con un cliente. El domingo, día diecinueve, van a escribir cartas particulares.

1. ¿QUÉ FECHA ES?

¿Qué fecha es el lunes?	– El lunes es día trece.
¿Qué fecha es el martes?	– El martes es día catorce.
¿Qué fecha es el miércoles?	– El miércoles es día quince.
¿Qué fecha es el jueves?	– El jueves es día dieciséis.
¿Qué fecha es el viernes?	– El viernes es día diecisiete.
¿Qué fecha es el sábado?	– El sábado es día dieciocho.
¿Qué fecha es el domingo?	– El domingo es día diecinueve.

2. ¿QUÉ VAN VDS. A HACER?

¿Qué van Vds. a hacer el lunes?	– Vamos a ver la fábrica.
¿Qué van Vds. a hacer el martes?	– Vamos a empezar el informe.
¿Qué van Vds. a hacer el miércoles?	– Vamos a ir al Ministerio de Comercio.
¿A qué hora van Vds. al Ministerio?	– Vamos a las 11 de la mañana.
¿Qué van Vds. a hacer el jueves?	– Vamos a terminar el informe.
¿Qué van Vds. a hacer el viernes?	– Vamos a recibir al director que viene de Londres.
¿A qué hora van Vds. a recibirle?	– Vamos a recibirle a las 4.30 de la tarde.
¿Qué van Vds. a hacer el sábado?	– Vamos a comer con un cliente.
¿A qué hora van Vds. a comer?	– Vamos a comer a las 2 de la tarde.
¿Van Vds. a trabajar el domingo?	– No, no vamos a trabajar.
¿Qué van Vds. a hacer el domingo?	– Vamos a escribir cartas particulares.

3. ¿QUÉ TIENEN VDS. QUE HACER?

¿Qué tienen Vds. que hacer el lunes?	– Tenemos que ver la fábrica.
¿Qué tienen Vds. que hacer el martes?	– Tenemos que empezar el informe.
¿Qué tienen Vds. que hacer el miércoles?	– Tenemos que ir al Ministerio de Comercio.
¿A qué hora tienen Vds. que ir al Ministerio?	– Tenemos que ir a las once de la mañana.
¿Qué tienen Vds. que hacer el jueves?	– Tenemos que terminar el informe.
¿Qué tienen Vds. que hacer el viernes?	– Tenemos que recibir al director que viene de Londres.
¿A qué hora tienen Vds. que recibirle?	– Tenemos que recibirle a las cuatro y media de la tarde.
¿Qué tienen Vds. que hacer el sábado?	– Tenemos que comer con un cliente.
¿A qué hora tienen Vds. que comer?	– Tenemos que comer a las 2 de la tarde.
¿Tienen Vds. que trabajar el domingo?	– No, no tenemos que trabajar.
¿Qué tienen Vds. que hacer el domingo?	– Tenemos que escribir cartas particulares.

4. ¿QUÉ VAN A HACER LOS SRES. PÉREZ Y SHORT?

¿Qué van a hacer el lunes?	– Van a ver la fábrica.
¿Qué van a hacer el martes?	– Van a empezar el informe.
¿Qué van a hacer el miércoles?	– Van a ir al Ministerio de Comercio.
¿A qué hora van al Ministerio?	– Van a las 11.
¿Qué van a hacer el jueves?	– Van a terminar el informe.
¿Qué van a hacer el viernes?	– Van a recibir al director que viene de Londres.
¿A qué hora van a recibirle?	– Van a recibirle a las 4.30 de la tarde.
¿Qué van a hacer el sábado?	– Van a comer con un cliente.
¿A qué hora van a comer?	– Van a comer a las dos de la tarde.
¿Van a trabajar el domingo?	– No, no van a trabajar.
¿Qué van a hacer el domingo?	– Van a escribir cartas particulares.

5. ¿QUÉ TIENEN QUE HACER LOS SRES. PÉREZ Y SHORT?

¿Qué tienen que hacer el lunes?	– Tienen que ver la fábrica.
¿Qué tienen que hacer el martes?	– Tienen que empezar el informe.
¿Qué tienen que hacer el miércoles?	– Tienen que ir al Ministerio de Comercio.
¿A qué hora tienen que ir al Ministerio?	– Tienen que ir a las 11 de la mañana.
¿Qué tienen que hacer el jueves?	– Tienen que terminar el informe.
¿Qué tienen que hacer el viernes?	– Tienen que recibir al director que viene de Londres.
¿A qué hora tienen que recibirle?	– Tienen que recibirle a las 4.30 de la tarde.
¿Qué tienen que hacer el sábado?	– Tienen que comer con un cliente.
¿A qué hora tienen que comer?	– Tienen que comer a las dos de la tarde.
¿Tienen que trabajar el domingo?	– No, no tienen que trabajar.
¿Qué tienen que hacer?	– Tienen que escribir cartas particulares.

43 Este periódico inglés es interesante.
Esta revista inglesa es interesante.
Este vino de Jerez es excelente.
Este queso francés es bueno.
Esta compañía francesa es buena.
Esta secretaria alemana es buena.
Este avión alemán es bueno.

– Sí, los periódicos ingleses son interesantes.
– Sí, las revistas inglesas son interesantes.
– Sí, los vinos de Jerez son excelentes.
– Sí, los quesos franceses son buenos.
– Sí, las compañías francesas son buenas.
– Sí, las secretarias alemanas son buenas.
– Sí, los aviones alemanes son buenos.

44 ¿Empiezan Vds. tarde?
¿Terminan Vds. tarde?
¿Hablan Vds. español?
¿Trabajan Vds. mucho?
¿Van Vds. a la oficina?
¿Llegan Vds. en punto?
¿Están Vds. contentos?

– Sí, empezamos tarde.
– Sí, terminamos tarde.
– Sí, hablamos español.
– Sí, trabajamos mucho.
– Sí, vamos a la oficina.
– Sí, llegamos en punto.
– Sí, estamos contentos.

45 ¿Leen Vds. revistas?
¿Beben Vds. cerveza?
¿Comen Vds. mucho?
¿Venden Vds. tabaco?
¿Tienen Vds. periódicos?
¿Saben Vds. qué hacer?

– No, nunca leemos revistas.
– No, nunca bebemos cerveza.
– No, nunca comemos mucho.
– No, nunca vendemos tabaco.
– No, nunca tenemos periódicos.
– No, nunca sabemos qué hacer.

46 ¿Vienen Vds. aquí por la tarde?
¿Reciben Vds. a muchos clientes?
¿Escriben Vds. muchas cartas?
¿Sirven Vds. la comida aquí?
¿Prefieren Vds. comer aquí?
¿Oyen Vds. la radio?
¿Salen Vds. muy tarde?

– Sí, siempre venimos aquí por la tarde.
– Sí, siempre recibimos a muchos clientes.
– Sí, siempre escribimos muchas cartas.
– Sí, siempre servimos la comida aquí.
– Sí, siempre preferimos comer aquí.
– Sí, siempre oímos la radio.
– Sí, siempre salimos muy tarde.

47 Vengo a trabajar.
Tengo que trabajar.
Trabajo mucho.
Prefiero viajar.
Voy a Madrid.
Estoy muy contenta.
Quiero verlo.

– Nosotros también venimos a trabajar.
– Nosotros también tenemos que trabajar.
– Nosotros también trabajamos mucho.
– Nosotros también preferimos viajar.
– Nosotros también vamos a Madrid.
– Nosotros también estamos muy contentos.
– Nosotros también queremos verlo.

48 Tengo que ver al director
el médico
un coche
un cliente
la secretaria
la casa
María

– Tengo que ver al director.
– Tengo que ver al médico.
– Tengo que ver un coche.
– Tengo que ver a un cliente.
-- Tengo que ver a la secretaria.
– Tengo que ver la casa.
– Tengo que ver a María.

49 ¿Tiene Vd. cerveza?   – ¿Cuánta cerveza quiere Vd.?
   ¿Tiene Vd. vino?   – ¿Cuánto vino quiere Vd.?
   ¿Tiene Vd. agua?   – ¿Cuánta agua quiere Vd.?
   ¿Tiene Vd. pesetas?   – ¿Cuántas pesetas quiere Vd.?
   ¿Tiene Vd. sándwiches   – ¿Cuántos sándwiches quiere Vd.?
   ¿Tiene Vd. puros?   – ¿Cuántos puros quiere Vd.?
   ¿Tiene Vd. cerillas?   – ¿Cuántas cerillas quiere Vd.?

50 ¿Tienen Vds. cerveza?   – Sí, tenemos cerveza muy buena.
   ¿Tienen Vds. vino?   – Sí, tenemos vino muy bueno.
   ¿Tienen aguas minerales?   – Sí, tenemos aguas minerales muy buenas.
   ¿Tienen queso?   – Sí, tenemos queso muy bueno.
   ¿Tienen revistas?   – Sí, tenemos revistas muy buenas.
   ¿Tienen puros?   – Sí, tenemos puros muy buenos.
   ¿Tienen leche?   – Sí, tenemos leche muy buena.
   ¿Tienen sándwiches?   – Sí, tenemos sándwiches muy buenos.

51 ¿Quieren Vds. decir algo?   – No, no queremos decir nada.
   ¿Quieren Vds. beber algo?   – No, no queremos beber nada.
   ¿Quieren Vds. comprar algo? – No, no queremos comprar nada.
   ¿Quieren Vds. ver algo?   – No, no queremos ver nada.
   ¿Quieren Vds. oír algo?   – No, no queremos oír nada.
   ¿Quieren Vds. comer algo?   – No, no queremos comer nada.
   ¿Quieren Vds. beber algo?   – No, no queremos beber nada.

52 ¿Cuándo pueden Vds. contestar?   – Podemos contestar en seguida.
   ¿Cuándo pueden Vds. ir?   – Podemos ir en seguida.
   ¿Cuándo pueden Vds. empezar?   – Podemos empezar en seguida.
   ¿Cuándo pueden Vds. terminar?   – Podemos terminar en seguida.
   ¿Cuándo pueden Vds. volver?   – Podemos volver en seguida.
   ¿Cuándo pueden Vds. salir?   – Podemos salir en seguida.
   ¿Cuándo pueden Vds. escribir?   – Podemos escribir en seguida.

53 ¿Hay algo para Vd.?   – No, no hay nada para mí.
   ¿Hay algo para mí?   – No, no hay nada para Vd.
   ¿Hay algo para nosotros?   – No, no hay nada para Vds.
   ¿Hay algo para Vds.?   – No, no hay nada para nosotros.
   ¿Hay algo para mi padre?   – No, no hay nada para él.
   ¿Hay algo para mi madre?   – No, no hay nada para ella.
   ¿Hay algo para mis hermanas? – No, no hay nada para ellas.
   ¿Hay algo para mis hermanos? – No, no hay nada para ellos.

54 ¿Va Vd. a Madrid?   – Sí, estoy muy contenta de ir a Madrid.
   ¿Vive Vd. aquí?   – Sí, estoy muy contenta de vivir aquí.
   ¿Trabaja Vd. en España?   – Sí, estoy muy contenta de trabajar en España.
   ¿Estudia Vd. aquí?   – Sí, estoy muy contenta de estudiar aquí.
   ¿Tiene Vd. coche?   – Sí, estoy muy contenta de tener coche.
   ¿Conoce Vd. al director?   – Sí, estoy muy contenta de conocer al director.

Háganse conversaciones en grupos de tres alumnos, empléandose estas expresiones:

LOS DOMINGOS

¿Estudia?	¿Va al cine?	¿Visita a amigos?
¿Trabaja?	¿Va al campo?	¿Visita a la familia?
¿Qué lee?	¿Va a la iglesia?	¿Anda por el campo?
¿Qué come?	¿Va a misa?	¿Va a casa?
¿A qué hora come?	¿Está en casa?	¿Escribe cartas?
¿Oye la radio?	¿Da paseos?	¿Ve la T.V.?

LOS DÍAS DE LA SEMANA

¿Adónde va por la mañana?	¿Qué hace entre las 9 y las 12?
¿Adónde va por la tarde?	¿Qué hace entre las 12 y las 2?
¿A qué hora sale ...?	¿Qué hace entre las 2 y las 6?
¿A qué hora llega?	¿Dónde está a las 6 de la tarde?
¿A qué hora vuelve ...?	¿Dónde está a las 10 de la noche?

¿Cómo va al trabajo?	¿Tiene jefe?
¿Va en autobús?	¿Es amable su jefe?
¿Va en taxi?	¿Trabaja mucho su jefe?
¿Va a pie?	¿Tiene Vd. secretaria?
¿Cuánto paga?	¿Cómo es su despacho?

¿Dónde come Vd.?	¿Es fácil su trabajo?
¿Dónde cena?	¿Es interesante su trabajo?
¿A qué hora empieza a comer?	¿Es difícil su trabajo?
¿A qué hora termina de comer?	¿Es importante su trabajo?
¿Come con su familia?	¿Está contento de estar allí?

Realícense las conversaciones usando las formas verbales de 'tú' y 'vosotros'.

	-ar	-er	-ir
tu	trabajas	lees	escribes
	llegas	comes	sales
	visitas	bebes	oyes (*oír*)
	andas	haces	sirves
	pagas	eres (*ser*)	prefieres
vosotros	trabajáis	leéis	escribís
	llegáis	coméis	salís
	visitáis	bebéis	oís
	andáis	hacéis	servís
	pagáis	sois (*ser*)	preferís

Vd. es un viajero; sube al avión y habla con la azafata. Hable de lo siguiente:

1. El asiento.
2. La bolsa.
3. ¿Fumar?
4. ¿Horario del viaje?
5. Hoteles.
6. Cigarrillos, perfume, whisky.
7. La altura.
8. Periódicos, revistas.
9. Transporte del aeropuerto a la ciudad.
10. Aperitivo y comida.

Charla

Hable durante dos o tres minutos de lo que hace Vd. los sábados y los domingos, por la mañana y por la tarde. Emplee algunas de estas expresiones y palabras:

No vengo a clase . . .
no trabajo . . .
salgo . . .
compramos . . .
comemos . . .
vamos a . . .
visitamos . . .
miramos . . .
oímos . . .
damos un paseo en coche
la comida
el campo
visito a mis amigos . . .
el cine . . .
leo . . .

En la Aduana At the Customs 8

After a brief visit to England for further instructions, Mr Short has now flown back to Madrid. He lands at Barajas, the airport for Madrid, and we accompany him through the Customs. The officer tells him to open one of his three cases, and asks to have a look at a dictaphone he is carrying. Mr Short forgets to declare a briefcase he has in his hand, but the Customs officer, after telling him about it, lets him through. Another traveller is similarly interrogated in the *Cuestionario* and you are asked to speak for him. Following this, in the Expansion exercise, there is a brief statement of the things one has to do when travelling by air, on which you are then quizzed for oral practice. Conversation practice consists of a shopping scene in which you can try your hand at buying a present at the airport gift-shop, and finally a guessing game consisting of describing any object you like and getting the others in the group to guess what it is. There are suggestions to help you in the description, and the light relief may perhaps help too!

The main new language items in this Unit are the Spanish words for 'this, that, these, those', which, being adjectives, have masculine and feminine forms (unlike their English counterparts). Other common adjectives brought into this Unit are 'other' and 'mine'. Then there are one or two more Infinitive constructions in common use, such as those beginning 'in order to ..., will you please ..., be so kind as to ..., you must ..., it is necessary to ..., please allow me to ...'. These you will agree are useful in ordinary polite situations when you are telling or asking someone else to do something. Travellers often find themselves in such situations, at home or abroad. Abroad, however, the situation can easily become a predicament unless you know the right words, phrases, and, let it be said, the correct grammatical forms. Grammar, after all, is the shape of our thoughts.

13

15

17

19

20

21

22

23

24

1.	FUNCIONARIO	– ¿Cuáles son sus maletas?
2.	MR SHORT	– Estas tres.
3.	FUNCIONARIO	– Haga el favor de abrir ésta.
4.	MR SHORT	– ¿Cuál?
5.	FUNCIONARIO	– Esta, la grande.
6.	MR SHORT	– Ya está.
7.	FUNCIONARIO	– Y ese aparato, ¿qué es?
8.	MR SHORT	– Es un dictáfono.
9.	FUNCIONARIO	– ¿Para qué sirve?
10.	MR SHORT	– Para dictar cartas.
11.	FUNCIONARIO	– ¿Es nuevo?
12.	MR SHORT	– No, no es nuevo.
13.	FUNCIONARIO	– ¿Me permite usted verlo un momento?
14.	MR SHORT	– ¡Cómo no!
15.	FUNCIONARIO	– ¿Tiene usted algo que declarar?
16.	MR SHORT	– No, no tengo nada.
17.	FUNCIONARIO	– ¿Qué lleva usted en las otras maletas?
18.	MR SHORT	– Ropa, libros, cosas personales . . .
19.	FUNCIONARIO	– Bien, puede cerrar la maleta.
20.	MR SHORT	– Gracias, adiós.
21.	FUNCIONARIO	– ¡Oiga! Esa cartera, ¿también es de usted?
22.	MR SHORT	– Sí, es mía. ¿Hace falta abrirla?
23.	FUNCIONARIO	– No, no hace falta abrirla, pero hay que decirlo.
24.	MR SHORT	– Perdón, gracias, adiós.

Vd. pasa por la Aduana con un baúl, dos maletas (una grande y otra pequeña), y una máquina de escribir que vale £40 (cuarenta libras). En las maletas lleva libros, ropa y unos regalos. En el abrigo, lleva Vd. un pequeño transistor. Conteste al funcionario de aduana.

FUNCIONARIO	USTED
1. ¿Cuál es su equipaje?	– Este.
2. ¿Cuántas maletas tiene?	– Tengo dos.
3. ¿Cuáles son?	– Estas.
4. ¿Tiene algo más?	– Sí, tengo un baúl.
5. ¿Cuál es?	– Este.
6. Haga el favor de abrir una maleta.	– ¿Cuál de ellas?
7. La pequeña.	– No puedo abrirla.
8. ¿Por qué no puede abrirla?	– Porque no tengo la llave.
9. Bueno, haga el favor de abrir esa otra	– ¿Cuál?
10. La grande.	– Ya está.
11. ¿Tiene Vd. algo que declarar?	– No, no tengo nada que declarar.
12. ¿Qué lleva Vd. en la otra maleta?	– Llevo ropa.
13. ¿Qué lleva Vd. en el baúl?	– Llevo libros.
14. Bueno, no quiero verlos.	– Bien.
15. ¿Lleva Vd. regalos?	– Sí, llevo unos regalos.
16. ¿Me permite Vd. verlos?	– ¡Cómo no! Tenga.
17. ¿No tiene nada más?	– Nada.
18. ¿Es eso todo lo que tiene?	– Ya le digo que esto es todo.
19. ¿Ese aparato qué es?	– Es una máquina de escribir.
20. ¿Es nueva?	– No, es vieja.
21. ¿Cuánto vale?	– Cuarenta libras.
22. ¿Tiene la factura?	– Sí, la tengo.
23. ¿Puedo verla, por favor?	– Aquí está. Mire Vd.
24. ¿No tiene nada más?	– Absolutamente nada.
25. ¿Es eso todo lo que tiene?	– ¡Absolutamente todo!
26. ¿Seguro?	– ¡Por Dios!
27. Bueno, puede pasar.	– ¡Por fin!
28. ¡Oiga! ¿Qué tiene Vd. en el abrigo?	– Es un pequeño transistor.
29. ¡Pues, hay que decirlo!	– ¡Qué barbaridad!
30. ¡Estos extranjeros!	– ¡Estos españoles!

Ampliación La llegada

1. Para ir a España, hay que tener pasaporte. 2. Pero no hace falta tener visado. 3. Al llegar al aeropuerto español, tiene Vd. que pasar por la Aduana. 4. Antes de pasar por la Aduana, hay que enseñar el pasaporte a la policía. 5. En la Aduana no siempre tiene Vd. que abrir las maletas, pero siempre tiene que declarar lo que lleva en el equipaje. 6. A veces, hay que pagar derechos de Aduana. 7. Después de salir de la Aduana, tiene Vd. que recoger el equipaje. 8. . . . tomar un autobús de la compañía aérea. 9. . . . o un taxi hasta la ciudad. 10. . . . y buscar un hotel o una pensión para dormir.

CATECISMO DEL TURISTA

1. ¿Hay que tener pasaporte para ir a España? — Claro, para ir a España hay que tenerlo.

2. ¿Hace falta tener visado? — No, no hace falta tenerlo.

3. Al llegar al aeropuerto español ¿por dónde tiene Vd. que pasar? — Al llegar al aeropuerto español, tengo que pasar por la Aduana.

4. ¿No hay que enseñar el pasaporte? — Sí, hay que enseñarlo.
¿A quién? — Hay que enseñarlo a la Policía.
¿Antes de pasar por la Aduana o después? — Antes de pasar por la Aduana.

5. ¿Qué tiene Vd. que hacer con las maletas en la Aduana? — A veces tengo que abrirlas.
¿Qué tiene que declarar? — Tengo que declarar lo que llevo en el equipaje.

6. ¿Hay que pagar derechos de Aduana? — A veces hay que pagarlos.

7. Después de salir de la Aduana ¿qué tiene Vd. que hacer? — Tengo que recoger el equipaje.

8. ¿Qué transporte de la compañía aérea puede tomar para ir a la ciudad? — Puedo tomar un autobús de la compañía aérea.

9. ¿Qué otro transporte hay? — Hay taxis.

10. En la ciudad ¿qué tiene que hacer? — Tengo que buscar un hotel o una pensión para dormir.

Prácticas 8

55 ¿Va Vd. a tomar el avión? — Sí, voy a tomarlo.
¿Va Vd. a recoger el equipaje? — Sí, voy a recogerlo.
¿Va Vd. a comprar la revista? — Sí, voy a comprarla.
¿Va Vd. a pagar los billetes? — Sí, voy a pagarlos.
¿Va Vd. a llevar las maletas? — Sí voy a llevarlas.
¿Va Vd. a declarar la máquina? — Sí, voy a declararla.
¿Va Vd. a buscar las carteras? — Sí, voy a buscarlas.

56 ¿Para qué va uno al restaurante? — Para comer.
¿Para qué va uno al bar? — Para beber.
¿Para qué va uno a la oficina? — Para trabajar.
¿Para qué come uno? — Para vivir.
¿Para qué sirve una máquina de escribir? — Para escribir cartas.
¿Para qué sirve una máquina fotográfica? — Para hacer fotos.
¿Para qué sirve un dictáfono? — Para dictar cartas.
¿Para qué sirve una maleta? — Para llevar cosas.

57 ¿Vive Vd. en ese hotel? — No, vivo en otro.
¿Trabaja Vd. en esta compañía? — No, trabajo en otra.
¿Va Vd. en este tren? — No, voy en otro.
¿Vive Vd. en esta casa? — No, vivo en otra.
¿Tiene Vd. esos periódicos? — No, tengo otros.
¿Lee Vd. esas revistas? — No, leo otras.

58 Este periódico es muy bueno. — El otro es bastante bueno también.
Esta pensión es muy buena. — La otra es bastante buena también.
Esta máquina es muy cara. — La otra es bastante cara también.
Estos baúles son muy fuertes. — Los otros son bastante fuertes también.
Este dictáfono es muy barato. — El otro es bastante barato también.
Estos empleados son muy buenos. — Los otros son bastante buenos también.
Estas maletas son muy grandes. — Las otras son bastante grandes también.
Estas empleadas son muy buenas. — Las otras son bastante buenas también.

59 ¿De quién es este puro? — Es mío, pero ¿de quién es el otro?
¿De quién son estos cigarrillos? — Son míos, pero ¿de quién son los otros?
¿De quién son estas maletas? — Son mías, pero ¿de quién son las otras?
¿De quién es esta pipa? — Es mía, pero ¿de quién es la otra?
¿De quién es este café? — Es mío, pero ¿de quién es el otro?
¿De quién son estos paquetes? — Son míos, pero ¿de quién son los otros?
¿De quién es esta cartera? — Es mía, pero ¿de quién es la otra?

60 ¿Abro la maleta? — No, no hace falta abrirla.
¿Termino las cartas? — No, no hace falta terminarlas.
¿Traigo los paquetes? — No, no hace falta traerlos.
¿Cierro la oficina? — No, no hace falta cerrarla.
¿Compro los cigarrillos? — No, no hace falta comprarlos.
¿Dicto las cartas? — No, no hace falta dictarlas.
¿Enseño el pasaporte? — No, no hace falta enseñarlo.

61 Los dos dictáfonos son buenos. — ¿Cuál de ellos va Vd. a comprar?
Las dos novelas son buenas. — ¿Cuál de ellas va Vd. a comprar?
Las dos revistas son buenas. — ¿Cuál de ellas va Vd. a comprar?
Los dos libros son buenos. — ¿Cuál de ellos va Vd. a comprar?
Las dos carteras son buenas. — ¿Cuál de ellas va Vd. a comprar?
Las dos máquinas son buenas. — ¿Cuál de ellas va Vd. a comprar?
Los dos aparatos son buenos. — ¿Cuál de ellos va Vd. a comprar?
Los dos coches son buenos. — ¿Cuál de ellos va Vd. a comprar?

62 ¿Tiene Pablo coche?
    ¿Tiene Pablo cartera?
    ¿Tiene Pablo cigarrillos?
    ¿Tiene Pablo coñac?
    ¿Tiene María maleta?
    ¿Tiene María libros?
    ¿Tiene María cartas?
    ¿Tiene María revistas?

– Sí, ese coche es suyo.
– Sí, esa cartera es suya.
– Sí, esos cigarrillos son suyos.
– Sí, ese coñac es suyo.
– Sí, esa maleta es suya.
– Sí, esos libros son suyos.
– Sí, esas cartas son suyas.
– Sí, esas revistas son suyas.

63 Este aparato, ¿qué es?
    aparatos
    cosas
    libros
    máquinas
    paquete
    caja

– Este aparato, ¿qué es?
– Estos aparatos, ¿qué son?
– Estas cosas, ¿qué son?
– Estos libros, ¿qué son?
– Estas máquinas, ¿qué son?
– Este paquete, ¿qué es?
– Esta caja, ¿qué es?

64 ¿Cuál de las carteras tengo que abrir?
    ¿Cuál de los aparatos tengo que enseñar?
    ¿Cuáles de las maletas tengo que subir?
    ¿Cuáles de los paquetes tengo que llevar?
    ¿Cuál de los libros tengo que leer?
    ¿Cuáles de los cigarrillos tengo que comprar?
    ¿Cuál de las cajas tengo que cerrar?

– Haga el favor de abrir ésa.
– Haga el favor de enseñar ése.
– Haga el favor de subir ésas.
– Haga el favor de llevar ésos.
– Haga el favor de leer ése.
– Haga el favor de comprar ésos.
– Haga el favor de cerrar ésa.

65 ¿Qué hago?
    ¿Qué digo?
    ¿Qué traigo?
    ¿Qué escribo?
    ¿Qué llevo?
    ¿Qué doy?
    ¿Qué compro?

– No hay que hacer nada.
– No hay que decir nada.
– No hay que traer nada.
– No hay que escribir nada.
– No hay que llevar nada.
– No hay que dar nada.
– No hay que comprar nada.

66 Tengo una máquina grande y otra pequeña.
    Tengo un aparato grande y otro pequeño.
    Tengo unos baúles grandes y otros pequeños.
    Tengo unos libros ingleses y otros españoles.
    Tengo una cartera nueva y otra vieja.
    Tengo un pasaporte español y otro inglés.

– ¿Me permite Vd. ver la pequeña?
– ¿Me permite Vd. ver el pequeño?
– ¿Me permite Vd. ver los pequeños?
– ¿Me permite Vd. ver los españoles?
– ¿Me permite Vd. ver la vieja?
– ¿Me permite Vd. ver el inglés?

Un viajero entra en la tienda de un aeropuerto a comprar un regalo y habla con el dependiente. Practíquese varias veces la conversación, formando frases con las palabras y expresiones siguientes y variando las frases según el regalo que elija. Otro alumno puede hacer el papel del dependiente.

CLIENTE   DEPENDIENTE

1. Buenos días, quiero comprar . . . .
2. ¿precio? ....
3. caro ....
4. ¿uno de menos precio? ....
5. ¿marca? ....
6. ¿inglés o español? ....
7. ¿bueno? ....
8. ¿fuerte? ....
9. ¿de buena calidad? ....
10. ¿cuál es más barato, x o y? ....
11. ¿verlo? ....
12. éste (ése) ....

EXPRESIONES DEL DEPENDIENTE

Aquí tiene . . .	Con mucho gusto.	Tenga.
Cuesta . . .	Más grande.	Mire.
Es fortísimo.	Más barato.	¿Nada más?
Es buenísimo.	Más pequeño.	¿Algo más?

Adivinanza

Un alumno piensa en un artículo. Los otros alumnos le hacen preguntas para adivinar lo que es. Sólo se permite contestar: Sí o No.

¿Es grande (pequeño)?
¿Es redondo (cuadrado, etc.)?
¿Es de plata (de oro, de metal, de tela, etc.)?
¿Tiene Vd. uno?
¿Se ve uno aquí?
¿Hay uno en la clase?
¿Cuesta mucho?
¿Es bonito? ¿útil? ¿práctico?
¿Sirve para escribir, para decir la hora, para oír música?
¿Es moderno (antiguo)?
¿Existe ahora?
¿Es típicamente español (inglés)?
¿Se puede comer (beber)?
¿Es blanco (negro, verde, rojo, azul)?
¿Pesa mucho (poco)?

Charla

Cada alumno describe un objeto que ha comprado sin decir lo que es. La clase adivinará por la descripción qué objeto es.

1. Es (cuadrado, redondo, triangular, etc.).
2. Es (de metal, de madera, de tela, de cristal).
3. Es de color (negro, rojo, azul, etc.).
4. Pesa (poco, un kilo, mucho, etc.).
5. Vale (cuesta) . . . pesetas, más o menos.
6. Este objeto sirve para . . .
7. ¿Qué es?

La llegada Arrival

After arrival at Barajas (Madrid) airport from London, Mr Short comes out of the Customs into the Main Hall, picks up his luggage and asks at the information desk whether there is any message for him. He expected Sr. Pérez to be there but cannot see him about. Sr. Pérez has phoned asking him to meet him in town, so Mr Short gets a taxi and proceeds to his hotel, stopping on the way at the post office to send his wife a cable. All this is the subject matter of the first listening passage. It is followed by a second passage, an anecdote about the annual 'fiestas' of Madrid.

The conversation exercise revises five travel scenes by giving a brief synopsis around which dialogues can be acted out by students playing various rôles. Though this may seem somewhat artificial, it is nevertheless useful practice.

The reading passage deals with the climate, or rather climates, of Spain, and with the different kinds of roads found there: main, secondary and local.

The grammar section systematizes what has already been practised in the previous two Units, numbers 7 and 8. It deals principally with the full Present Tense, various common Infinitive constructions and a number of pronoun and adverbial phrases which are simple to learn.

1. La llegada

El avión del Sr. Short llega a Madrid y al salir de la Aduana habla con un mozo:

MR SHORT — ¿Dónde recojo el equipaje?

MOZO — Allí al fondo, donde pone 'Equipaje', ¿lo ve Vd.?

MR SHORT — Ah, sí, ya lo veo. Muchas gracias.

EMPLEADO — ¿Tiene Vd. la etiqueta? Gracias. ¿Cuántas son?

MR SHORT — Tres maletas y una cartera. Mire, ahí están. Aquella grande y las otras dos más pequeñas.

EMPLEADO — ¿Cuál? ¿Esta negra?

MR SHORT — Sí, ésa, y las otras dos marrones.

EMPLEADO — Ah, sí . . . aquí las tiene.

MR SHORT — Gracias, adiós . . . Oiga, espero a un amigo pero no está por aquí. ¿Qué puedo hacer?

EMPLEADO — Pues, pregunte Vd. en Información, allí enfrente.

MR SHORT — Bien, gracias . . . Perdone Vd. Espero a un amigo pero no le encuentro. ¿Hay un recado para mí por casualidad?

EMPLEADA — ¿Cómo se llama Vd.?

MR SHORT — Me llamo Short.

EMPLEADA — ¿Y el nombre de su amigo?

MR SHORT — Pérez.

EMPLEADA — Ah, sí, aquí hay un recado para Vd. El señor Pérez no puede venir al aeropuerto, pero le espera en su hotel.

MR SHORT — Muchas gracias. Voy a buscar un taxi.

MOZO — ¿Quiere Vd. mozo, señor?

MR SHORT — Sí, éstas son las maletas, y búsqueme un taxi, por favor.

MOZO — Enseguida . . . Aquí tiene Vd. el taxi.

MR SHORT — ¿Y las maletas?

MOZO — Ya están dentro.

MR SHORT — Bien . . . Tome . . . Gracias.

MOZO — A Vd., señor, y que lo pase bien.

CHÓFER — ¿Adónde vamos?

MR SHORT — Al centro. Al Hotel Palace.

CHÓFER — . . . Hace buen día ¿eh?

MR SHORT — Espléndido. El tiempo es muy bueno aquí. Mucho mejor que en Londres. Allí llueve y hace frío. Pero, oiga, va Vd. muy de prisa.

CHÓFER	— No, hombre, esto no es nada. Además, casi no hay tráfico en la carretera, luego en el centro va a ver Vd.
MR SHORT	— Sí, ya lo sé, pero de todas formas . . . Si va así siempre, un día de éstos va a tener un accidente.
CHÓFER	— No se preocupe, señor. Enseguida llegamos.
MR SHORT	— Así lo espero. Pare Vd. primero en Correos. Quiero mandar un cable urgente.
CHÓFER	— Bueno . . . Aquí estamos.
MR SHORT	— Espéreme un momento, por favor. Enseguida vengo.
CHÓFER	— Y ahora, al Hotel Palace ¿no ?
MR SHORT	— Eso es.
CHÓFER	— Vale . . .
MR SHORT	— ¡Qué de tráfico hay en Madrid!
CHÓFER	— ¡A mí me lo dice! Además estas horas son terribles. Y la gente que cruza sin mirar. Mire esa señora. ¡Eh, señora! ¿No tiene Vd. ojos ? ¿Por qué no mira por dónde va ? ¡Ay, madre mía! ¡Estas mujeres!
MR SHORT	— ¿Qué quiere, hombre ? Las mujeres son siempre así.
CHÓFER	— Bueno, aquí está. El Hotel Palace.
MR SHORT	— Muy bien. ¿Cuánto es ?
CHÓFER	— Vamos a ver, son . . . 100 pesetas, más 15 de las maletas, son 115 en total.
MR SHORT	— Aquí tiene Vd. 130.
CHÓFER	— Muchas gracias, señor. Adiós, y que Vd. lo pase bien.

Cuestionario

1. What does Mr Short have to give up in order to get his luggage ?
2. How much luggage has he got ?
3. What colour are his bags ?
4. Why does he go to the information desk ?
5. What message do they give him ?
6. How does he manage to get a taxi ?
7. Why does the porter say "A Vd., señor" ?
8. Do you think Mr Short will be wearing an overcoat ?
9. Do you think he will be carrying an overcoat ? Why ?
10. What does Mr Short warn the taxi-driver about ?
11. Why isn't the taxi-driver worried ?
12. What does Mr Short do before going to the hotel ?
13. What does the driver say about the traffic ?
14. And about one person in particular ?
15. How much does Mr Short have to pay ?

2. Las gafas

El 15 de Mayo se celebra todos los años en Madrid la fiesta de San Isidro, Santo Patrón de la capital. Las fiestas continúan durante una semana y a ellas viene mucha gente rústica desde los pequeños pueblos y las aldeas de las dos Castillas, Castilla la Vieja y Castilla la Nueva. Estos hombres y mujeres del campo circulan, llenos de curiosidad por las calles y las plazas de la gran ciudad, miran los grandes edificios modernos, invaden las tiendas y los grandes almacenes para verlo todo, contemplarlo todo y admirarlo todo.

Uno de estos rústicos entra un día en la tienda de un óptico, y ve a una señora anciana que quiere comprar unas gafas. Tiene muchas gafas delante de ella, y primero se pone un par, luego otro y luego otro. Con cada par de gafas mira en un periódico y dice:
– Con éstas no leo.
Siete u ocho veces repite la operación pero al fin se pone un par, mira en el periódico y dice:
– Con éstas leo perfectamente.
Luego las paga y sale de la tienda.
Cuando el rústico ve esto, quiere imitarla, toma varios pares de gafas, se los pone uno por uno, mira el mismo periódico, pero siempre dice:
– Con éstas no leo.
Así se pasa más de media hora; el rústico se pone varias docenas de gafas, pero como no lee con ninguna de ellas, repite siempre:
– No leo con éstas.
El óptico entonces le dice:
– Pero ¿usted sabe leer?
Y el rústico contesta:
– Claro que no, imbécil. ¿Para qué quiere uno las gafas si ya sabe leer?

Cuestionario

1. Who is Saint Isidro?
2. When is his day?
3. What happens then, in Madrid?
4. Who comes to Madrid, then?
5. What do they do?
6. Where did one man go one day?
7. Who did he see in the shop?
8. What was she wanting to do?
9. Why did she take a long time?
10. What did she do with each pair?
11. What did she say each time?
12. What did she do finally?
13. What did the man do then?
14. How long did he take?
15. Why did he take so long?
16. What did the shopkeeper say to him finally?
17. And what did he reply?

Conversación

Escenas de viaje

Un inglés se marcha a España. Háganse conversaciones entre los alumnos en las situaciones siguientes:

EN UNA AGENCIA DE VIAJES
billetes
clase
fecha
lugar
precio
horario

EN EL AEROPUERTO
facturación de equipaje
peso
exceso de equipaje
precio

EN EL AVIÓN
asientos
tomar algo
pedir
comprar

EN LAS ADUANAS
equipaje
número de bultos
contenido
otros objetos
precio y pago
pasaporte

EN INFORMACIÓN
hoteles
categoría
precios
habitaciones
servicios
horarios de comidas

31	treinta y uno	40	cuarenta	200	doscientos
32	treinta y dos	50	cincuenta	300	trescientos
33	treinta y tres	60	sesenta	400	cuatrocientos
34	treinta y cuatro	70	setenta	500	quinientos
35	treinta y cinco	80	ochenta	600	seiscientos
36	treinta y seis	90	noventa	700	setecientos
37	treinta y siete	100	cien	800	ochocientos
38	treinta y ocho	101	ciento uno	900	novecientos
39	treinta y nueve	102	ciento dos	1.000	mil
				2.000	dos mil
				3.000	tres mil

LIBRAS, CHELINES, PENIQUES Y PESETAS

Diga en español los precios de los artículos siguientes y después, súmenlos. Los precios indicados en pesetas no representan precios españoles, sino que son los equivalentes o los precios en libras, al cambio de 168 ptas. e la libra.

	Libras esterlinas	Equivalencia en pesetas (£1 = 168 ptas.)
Un ramo de flores	£0·32	54
Una caja de bombones	£0·75	126
Una botella de coñac	£2·25	378
Un frasco de perfume	£1·75	294
Una cajetilla de 20 cigarrillos	£0·29	40
Un par de gafas de sol	£3·5	588
Una cartera	£3·5	588
Un disco	£0·52	88
Un abanico	£4	672
Total	£16·879	2.828

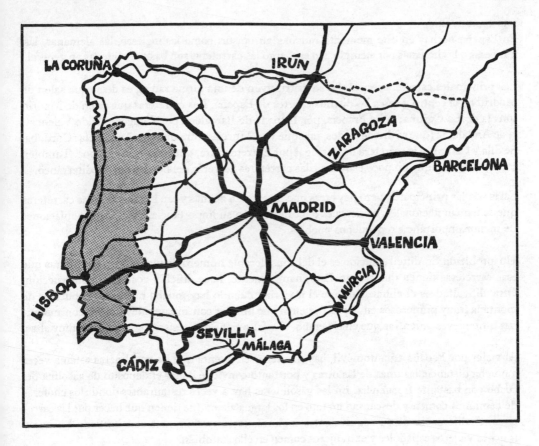

EL CLIMA DE ESPAÑA

Mucha gente cree que el clima de España es paradisíaco. Creen que siempre hace sol y calor. Pero eso no es exacto. En primer lugar, hay que considerar que el clima varía mucho según la región. Y en segundo lugar, hay que recordar también que el clima cambia según la estación del año.

En la parte del Cantábrico, es decir, desde el País Vasco hasta Galicia, el clima es bastante parecido al inglés. Hay humedad, lluvias relativamente abundantes y las temperaturas no son muy altas aunque tampoco son muy bajas en invierno.

En todo el centro de España el clima es continental. Los veranos son muy calurosos y los inviernos muy fríos. Hay pocas lluvias en general. En invierno nieva bastante, sobre todo en las zonas próximas a las montañas.

En la costa mediterránea, el clima es mediterráneo. En la parte norte de esta costa, es decir, en Cataluña, las temperaturas nunca son excesivamente bajas en invierno y tampoco son muy altas en verano. Puede haber bastante humedad en ciertas zonas. En la parte sur, por Andalucía, el clima es muy caluroso en verano y templado en invierno. En la zona del centro, es decir, a la altura de Valencia, el clima es intermedio entre las otras dos zonas.

LAS CARRETERAS

En España no hay en este momento muchas autopistas como las inglesas, las alemanas, las francesas o las italianas por ejemplo, sin embargo las carreteras son bastante buenas en general.

Las principales carreteras españolas se distribuyen de una forma radial, es decir que salen de Madrid en el centro y van a las distintas partes de España. Las carreteras que salen de Madrid son: la de La Coruña; la de Francia, por Irún; la de Barcelona por Zaragoza; la de Valencia; la de Andalucía (que se divide en dos, una que va a Murcia y otra que va a Andalucía: Córdoba, Sevilla y Cádiz); y la carretera de Portugal por Extremadura, que llega hasta Lisboa. También son buenas, aunque un poco estrechas, las carreteras costeras del norte y del Mediterráneo.

Estas son las principales, pero hay otras que no son tan anchas y tan buenas. Son las carreteras que se llaman nacionales, comarcales o locales, según su importancia. Estas unen poblaciones de menor importancia o pequeños pueblos.

Un problema de difícil solución es el del considerable número de montañas y cordilleras que esas carreteras tienen que cruzar. Esto, naturalmente, hace difícil y costosa la construcción. Otra dificultad es el clima. Durante el invierno, cuando hay mucha nieve en los puertos de montaña (muy numerosos en España), tienen que limpiar continuamente la nieve con máquinas quitanieves, mientras que en el verano, el asfalto tiene que resistir temperaturas muy altas.

Al viajar por España en automóvil, hay que tener en cuenta que las gasolineras están a veces a mucha distancia las unas de las otras y por tanto conviene llenar el depósito de gasolina del coche con bastante frecuencia. En las gasolineras hay a veces restaurantes donde los chóferes de camiones comen y descansan un rato en los largos viajes que tienen que hacer por las carreteras. A diferencia de sus equivalentes ingleses, estos restaurantes son bastante buenos y muchos viajeros españoles y extranjeros comen en ellos también.

Gramática

85. Subject pronouns

singular	plural
yo	nosotros/nosotras
tú	vosotros/vosotras
usted	ustedes
él	ellos
ella	ellas

86. Object pronouns: it, them

¿Va Vd. a llevar el baúl?
– Sí, voy a llevarlo.

¿Va Vd. a llevar la maleta?
– Sí, voy a llevarla.

¿Va Vd. a llevar los paquetes?
– Sí, voy a llevarlos.

¿Va Vd. a llevar las cajas?
– Sí, voy a llevarlas.

87. Infinitive

– ar	– er	– ir
hablar	comer	abrir
tomar	beber	vivir
llegar	vender	recibir
comprar	leer	escribir

88. -amos, -emos, -imos (nosotros)

– ar > – amos	– er > – emos	– ir > – imos
hablamos	comemos	abrimos
tomamos	bebemos	vivimos
llegamos	vendemos	recibimos
compramos	leemos	escribimos

89. -áis, -éis, -ís (vosotros)

– ar > – áis	– er > – éis	– ir > – ís
habláis	coméis	abrís
tomáis	bebéis	vivís
llegáis	vendéis	recibís
compráis	leéis	escribís

90. Verb root change e > ie

e	empezar	empezamos	empezáis	
	pensar	pensamos	pensáis	
	querer	queremos	queréis	
	tener	tenemos	tenéis	
	venir	venimos	venís	
	preferir	preferimos	preferís	

ie	empiezo	empiezas	empieza	empiezan
	pienso	piensas	piensa	piensan
	quiero	quieres	quiere	quieren
	(tengo)	tienes	tiene	tienen
	(vengo)	vienes	viene	vienen
	prefiero	prefieres	prefiere	prefieren

91. Verb root change o > ue

o	volar	volamos	voláis	
	poder	podemos	podéis	
	volver	volvemos	volvéis	

ue	vuelo	vuelas	vuela	vuelan
	puedo	puedes	puede	pueden
	vuelvo	vuelves	vuelve	vuelven

92. Verb root change e > i

e	servir	servimos	servís	
	seguir	seguimos	seguís	
	decir	decimos	decís	

i	sirvo	sirves	sirve	sirven
	sigo	sigues	sigue	siguen
	digo	dices	dice	dicen

93. Present Tense (regular forms)

	– ar	– er	– ir
yo	hablo	como	vivo
tú	hablas	comes	vives
Vd. / él / ella	habla	come	vive
nosotros	hablamos	comemos	vivimos
vosotros	habláis	coméis	vivís
Vds. / ellos / ellas	hablan	comen	viven

94. Verb + Infinitive

Quiero	comprar unos cigarrillos.
Prefiero	ir en avión.
¿Me permite	ver su pasaporte?

Vamos a	beber una cerveza.
¿Qué va a	hacer mañana?

Tengo que	ir a casa.
Hay que	estudiar mucho.

¿Hace falta	tener billete?
No hace falta	abrir la maleta.

95. Es (impersonal) + Infinitive

Es difícil	hablar	un idioma.
Es necesario	trabajar	para vivir.
Es interesante	vivir	en otro país.
Es importante	saber	idiomas.

96. Empezar a – terminar de

Empiezo a comer a la una y termino de comer a las dos.
Empiezo a trabajar a las 9 y termino de trabajar a las 7.

97. Por (movement)

¿Por dónde va Vd.? Voy por ahí.
Venga Vd. por aquí.

98. Durante

Trabajo durante todo el día.

99. Preposition + pronoun

	mí	(conmigo)
	ti	(contigo)
para	Vd.	
sin	él	
con	ella	
	nosotros/as	
	vosotros/as	
	ellos/as	

100. Preposition + Infinitive

a	Voy a trabajar en España.
al	Al llegar al aeropuerto, paso por la Aduana.
para	Busco un hotel para dormir.
de	Estoy contento de visitar Madrid. Haga el favor de pasar.
antes de	Antes de viajar, compro el billete.
después de	Después de llegar, voy al hotel.

101. Para (direction)

Ya vamos para Madrid.

102. Algo de, nada de + Infinitive

Algo de comer.	Nada de comer.
Algo de beber.	Nada de beber.

103. Por (in exclamations)

¡ Por Dios!
¡ Por favor!
¡ Por fin!

104. ¡Qué! (in exclamations)

¡ Qué pena!
¡ Qué barbaridad!
¡ Qué señor!
¡ Qué día!

105. Este, éste – esta, ésta – estos, éstos – estas, éstas (this, this one, these)

¿Quiere este periódico ?	– Sí, éste.
¿Quiere esta revista ?	– Sí, ésta.
¿Quiere estos periódicos ?	– Sí, éstos.
¿Quiere estas revistas ?	– Sí, éstas.

106. Esto, eso (this, that)

Hay muchas montañas en España y esto hace difícil y costosa la construcción de las carreteras. Y ahora al Hotel Palace ¿no?—Eso es.

107. Ese, ése – esa, ésa – esos, ésos – esas, ésas (that, that one, those)

¿Prefiere ese periódico ?	– Sí, ése.
¿Prefiere esa revista ?	– Sí, ésa.
¿Prefiere esos periódicos ?	– Sí, ésos.
¿Prefiere esas revistas ?	– Sí, ésas.

108. Aquel, aquél – aquella, aquélla – aquellos, aquéllos – aquellas, aquéllas (that, that one; those)

¿Traigo aquel periódico ?	– Sí, aquél.
¿Traigo aquella revista ?	– Sí, aquélla.
¿Traigo aquellos periódicos ?	– Sí, aquéllos.
¿Traigo aquellas revistas ?	– Sí, aquéllas.

109. Otro – otra – otros – otras

¿Prefiere otro periódico ?	– Sí, prefiero otro.
¿Prefiere otra revista ?	– Sí, prefiero otra.
¿Prefiere otros periódicos ?	– Sí, prefiero otros.
¿Prefiere otras revistas ?	– Sí, prefiero otras.

110. El otro, la otra, los otros, las otras

¿Prefiere este periódico ?
– No, prefiero el otro.

¿Prefiere esta revista ?
– No, prefiero la otra.

¿Prefiere estos periódicos ?
– No, prefiero los otros.

¿Prefiere estas revistas ?
– No, prefiero las otras.

111. Possessive adjectives

mi	mis
tu	tus
su	sus (de Vd.)
su	sus (de Vds.)
su	sus (de él)
su	sus (de ellos)
su	sus (de ella)
su	sus (de ellas)
nuestro	nuestros
nuestra	nuestras
vuestro	vuestros
vuestra	vuestras

9

112. Mío, el mío, etc.

Este coche no es mío.	El mío es nuevo.
Este coche no es tuyo.	El tuyo es nuevo.
Este coche no es suyo.	El suyo es nuevo.
Este coche no es nuestro.	El nuestro es nuevo.
Este coche no es vuestro.	El vuestro es nuevo.
Este coche no es suyo.	El suyo es nuevo.

113. Mía, la mía, etc.

Esta casa no es mía.	La mía es nueva.
Esta casa no es tuya.	La tuya es nueva.
Esta casa no es suya.	La suya es nueva.
Esta casa no es nuestra.	La nuestra es nueva.
Esta casa no es vuestra.	La vuestra es nueva.
Esta casa no es suya.	La suya es nueva.

114. Míos, los míos

Estos libros no son míos.	Los míos son nuevos.
Estos libros no son tuyos.	Los tuyos son nuevos.
Estos libros no son suyos.	Los suyos son nuevos.
Estos libros no son nuestros.	Los nuestros son nuevos.
Estos libros no son vuestros.	Los vuestros son nuevos.
Estos libros no son suyos.	Los suyos son nuevos.

115. Mías, las mías

Estas cosas no son mías.	Las mías son nuevas.
Estas cosas no son tuyas.	Las tuyas son nuevas.
Estas cosas no son suyas.	Las suyas son nuevas.
Estas cosas no son nuestras.	Las nuestras son nuevas.
Estas cosas no son vuestras.	Las vuestras son nuevas.
Estas cosas no son suyas.	Las suyas son nuevas.

116. Suyo

Este coche es de Vd.	Es suyo.
Este coche es de Vds.	Es suyo.
Este coche es de él.	Es suyo.
Este coche es de ellos.	Es suyo.
Este coche es de ella.	Es suyo.
Este coche es de ellas.	Es suyo.

117. El pequeño, la pequeña, los pequeños, las pequeñas

¿Dónde está el baúl pequeño?
¿Dónde está el pequeño?

¿Dónde está la maleta pequeña?
¿Dónde está la pequeña?

¿Dónde están los baúles pequeños?
¿Dónde están los pequeños?

¿Dónde están las maletas pequeñas?
¿Dónde están las pequeñas?

118. ¿Cuál? ¿Cuáles?

¿Cuál de estos baúles es de usted?	– Este.
¿Cuál de estas maletas es de usted?	– Esta.
¿Cuáles de estos baúles son de usted?	– Estos.
¿Cuáles de estas maletas son de usted?	– Estas.

119. ¿De quién? ¿De quiénes?

¿De quién son estos baúles?	– Son de Pablo.
¿De quiénes son estos baúles?	– Son de Pablo y Teresa.

120. ¿Cuánto? ¿Cuántos?

¿Cuánto dinero quiere?	– ¿Cuánto quiere?
¿Cuánta cerveza bebe?	– ¿Cuánta bebe?
¿Cuántos cigarrillos quiere?	– ¿Cuántos quiere?
¿Cuántas revistas lee?	– ¿Cuántas lee?

121. Two determinatives

Quiero este otro periódico.
Quiero esa otra revista.
Quiero aquel otro periódico.
Quiero aquella otra revista.
Quiero estos otros periódicos.
Quiero esas otras revistas.
Quiero el otro periódico.
Quiero las otras revistas.
Quiero otros dos periódicos.
Quiero otras dos revistas.

122. Más

poco más	algo más _something more_
mucho más	nada más
bastante más	otro más

123. Mejor que . . .

En España el tiempo es mejor que en Inglaterra.
Este coche es mejor que ése.

124. Aquí, ahí, allí

Mi periódico está aquí. (near me)
El tuyo está ahí. (near you)
El de Juan está allí. (over there)

125. En absoluto (not . . . at all)

No me molesta en absoluto.
No hablo español en absoluto.
No quiero ir, en absoluto.
¿Le molesta el tabaco? — En absoluto.

126. Tampoco

Las temperaturas no son altas,
    pero tampoco son bajas.
    or pero no son bajas tampoco.

No hace frío,
    pero tampoco hace calor.
    or pero no hace calor tampoco.

Pablo no trabaja,
    pero tampoco trabaja Carlos.
    or pero no trabaja Carlos tampoco.
    or pero no trabaja tampoco Carlos.

127. Tanto . . . como . . . (both . . . and)

En invierno y en verano . . .
Tanto en invierno como en verano . . .

El inglés y el español . . .
Tanto el inglés como el español . . .

Vd. y yo . . .
Tanto Vd. como yo . . .

128. Hace

hace sol	hace viento
hace calor	hace frío
hace mal tiempo	hace buen tiempo

129. Adverbial expressions of time

El lunes voy a la oficina.
El martes voy al teatro.
A veces, hay que pagar derechos.

130. Days of the week

Lunes	Jueves
Martes	Viernes
Miércoles	Sábado
	Domingo

After arrival in Madrid, Mr Short books in at his hotel, where a room has been reserved for him for the night. It is an inside room on the first floor, but he changes it for an outside one on the third floor. The reception clerk informs him that all rooms have a private bathroom. He does not take the full board, but only the room. He then asks to be called in the morning at 7.30 and pays his bill so that he can leave early in the morning.

After this dialogue there is a short exercise to practise several variations on the hotel situation, and another, quite different one, explaining how Mr Short spends a Sunday at the bullfight, of which, unlike some other people (English and Spanish), he is an *aficionado*. The final conversation exercises again revolve around the hotel. There is a half-scripted conversation in which you have to supply the part of the English traveller, suggestions for other rôle-playing conversations between a traveller and a reception clerk, a porter and a chambermaid, and also a plan for describing an hotel that you know.

The most important grammatical words in this Unit are the words for 'me' and 'us' (usually called object pronouns). The Spanish equivalents (*me* and *nos*) are also used as reflexive pronouns, that is, 'myself' and 'ourselves', as in 'I find myself' and 'We find ourselves'. With the Infinitive, the pronoun is 'oneself' as in *to find oneself*. You will find that the Spanish words *me* and *nos* mean not only 'me' and 'us' but also 'to me' and 'to us'. In addition to this grammar, you will meet the Infinitive form of the verb (e.g. *ir*, to go) used after prepositions like 'after', 'before', etc. Spaniards say 'after to go', 'before to come', instead of 'after going' and 'before coming' as in English. One last remark about Spanish reflexive verbs: they are not always equivalent to reflexive verbs in English. For example, English says 'I feel ill', Spanish 'I feel myself ill'. English says 'He wants to sit down', Spanish 'He wants to sit himself down'. Be assured, however, that though it sounds quite wrong in English, you will find it natural in Spanish – provided you accept it and do not translate everything literally in your mind.

1.	RECEPCIONISTA	– Buenas tardes.
2.	MR SHORT	– Buenas tardes. Tengo una habitación reservada.
3.	RECEPCIONISTA	– ¿Cómo se llama Vd.?
4.	MR SHORT	– Me llamo Short.
5.	RECEPCIONISTA	– ¡Ah, sí, aquí está!: habitación ciento doce (112), en el primer piso.
6.	MR SHORT	– ¿Es interior o exterior?
7.	RECEPCIONISTA	– Es interior.
8.	MR SHORT	– ¿No pueden darme una exterior?
9.	RECEPCIONISTA	– Sí. Aquí tengo otra, pero está en el tercer piso.
10.	MR SHORT	– No importa. Tiene cuarto de baño, ¿no?
11.	RECEPCIONISTA	– Sí, señor; todas las habitaciones tienen cuarto de baño.
12.	MR SHORT	– Muy bien. De acuerdo.
13.	RECEPCIONISTA	– ¿Va Vd. a tomar la pensión completa?
14.	MR SHORT	– No. Sólo la habitación.
15.	RECEPCIONISTA	– ¿Cuánto tiempo va a estar aquí?
16.	MR SHORT	– Solamente esta noche.
17.	RECEPCIONISTA	– Perfectamente. ¿Quiere dejarme su pasaporte, por favor?
18.	MR SHORT	– Tenga. ¿Pueden llamarme por la mañana?
19.	RECEPCIONISTA	– Sí, señor. ¡Cómo no! ¿A qué hora?
20.	MR SHORT	– Pues, quiero levantarme a las siete y media.
21.	RECEPCIONISTA	– De acuerdo: ¿Va a desayunar Vd.?
22.	MR SHORT	– Sí, y haga el favor de prepararme la cuenta.
23.	RECEPCIONISTA	– ¿Quiere Vd. pagarla ahora?
24.	MR SHORT	– Sí, prefiero pagarla ahora.

Cuestionario

1. En el hotel

1.	¿Quién llega al hotel?	– El Sr. Short.
2.	¿De dónde viene?	– Viene de Londres.
3.	¿Con quién habla?	– Habla con la recepcionista.
4.	¿Qué dice el Sr. Short?	– Dice que tiene una habitación reservada.
5.	¿Qué pregunta la recepcionista?	– Pregunta que cómo se llama.
6.	¿Está reservada la habitación?	– Sí, está reservada.
7.	¿Qué número es?	– Es la ciento doce.
8.	¿En qué piso está?	– Está en el primer piso.
9.	¿Es interior o exterior?	– Es interior.
10.	¿Qué prefiere el Sr. Short?	– Prefiere una exterior.
11.	¿Pueden darle una exterior?	– Sí, pueden darle una exterior.
12.	¿En qué piso está?	– Está en el tercer piso.
13.	¿Tiene cuarto de baño?	– Sí, todas las habitaciones tienen cuarto de baño.
14.	¿Está de acuerdo el Sr. Short?	– Sí, está de acuerdo.
15.	¿Decide tomar la habitación?	– Sí, decide tomarla.
16.	¿Va a tomar la pensión completa?	– No, no va a tomarla.
17.	¿Qué va a tomar?	– Va a tomar sólo la habitación.
18.	¿Va a estar mucho tiempo?	– No, no va a estar mucho tiempo.
19.	¿Cuánto tiempo va a estar?	– Solamante una noche.
20.	¿Qué tiene que hacer con el pasaporte?	– Tiene que dejarlo en recepción.
21.	¿A qué hora van a llamarle?	– Van a llamarle a las siete y media.
22.	¿Va a desayunar el Sr. Short en el hotel?	– Sí, va a desayunar.
23.	¿Va el Sr. Short a pagar la cuenta?	– Sí, va a pagarla.
24.	¿Cuándo quiere pagarla?	– Quiere pagarla ahora.
25.	¿Qué va a hacer la recepcionista?	– Va a prepararle la cuenta.

Cuestionario

2. En recepción

¿QUÉ PIDEN?

1. ¿Puede Vd. darme una habitación individual en el sexto piso?
2. ¿Puede Vd. darme una habitación individual en el quinto piso?
3. ¿Puede Vd. darme una habitación individual en el cuarto piso?
4. ¿Puede Vd. darnos dos habitaciones individuales en el tercer piso?
5. ¿Puede Vd. darnos dos habitaciones individuales en el segundo piso?
6. ¿Puede Vd. darnos una habitación doble en el primer piso?

7. ¿Quiere Vd. llamarme a las seis y cuarto?
8. ¿Quiere Vd. llamarme a las 7 en punto?
9. ¿Quiere Vd. llamarme a las 7.15?
10. ¿Quiere Vd. llamarnos a las 7.30?
11. ¿Quiere Vd. llamarnos a las 7.45?
12. ¿Quiere Vd. llamarnos a las 8.20?

¿QUÉ VA A HACER EL RECEPCIONISTA?

1. Va a darle una habitación individual en el sexto piso.
2. Va a darle una habitación individual en el quinto piso.
3. Va a darle una habitación individual en el cuarto piso.
4. Va a darles dos habitaciones individuales en el tercer piso.
5. Va a darles dos habitaciones individuales en el segundo piso.
6. Va a darles una habitación doble en el primer piso.

¿QUÉ TIENE QUE HACER EL RECEPCIONISTA?

7. Tiene que llamarle a las seis y cuarto.
8. Tiene que llamarle a las 7 en punto.
9. Tiene que llamarle a las 7.15.
10. Tiene que llamarles a las 7.30.
11. Tiene que llamarles a las 7.45.
12. Tiene que llamarles a las 8.20.

Ampliación

UN BUEN DOMINGO

1. Los Sres. Short y Pérez están muy contentos de encontrarse en Madrid.   2. Para divertirse este domingo, van a los toros.   3. Por la mañana, sacan las entradas.   4. Sacan entradas de sombra para no sentarse al sol.   5. Después, van a un bar a tomar una cerveza y unas tapas. 6. Después de comer y de echarse la siesta, van a la plaza en su coche.   7. Antes de entrar, compran unos puros para fumarlos durante la corrida.   8. Después de ver el primer toro, unos turistas empiezan a sentirse mal y tienen que marcharse.   9. Pero los Sres. Short y Pérez están a gusto,   10. y prefieren quedarse hasta el final.

¿QUÉ DICE EL SR. SHORT?

1. Estoy muy contento de encontrarme en Madrid.   2. Para divertirme este domingo voy a los toros.   3. Por la mañana, saco las entradas.   4. Saco entradas de sombra para no sentarme al sol.   5. Después, voy a un bar a tomar una cerveza y unas tapas.   6. Después de comer y de echarme la siesta, voy a la plaza en mi coche.   7. Antes de entrar, compro unos puros para fumarlos durante la corrida.   8. Después de ver el primer toro, unos turistas empiezan a sentirse mal y tienen que marcharse.   9. Pero yo estoy a gusto,   10. y prefiero quedarme hasta el final.

¿QUÉ DICEN LOS SRES. SHORT Y PÉREZ?

1. Estamos muy contentos de encontrarnos en Madrid.   2. Para divertirnos este domingo, vamos a los toros. 3.   Por la mañana, sacamos las entradas.   4. Sacamos entradas de sombra para no sentarnos al sol.   5. Después, vamos a un bar a tomar una cerveza y unas tapas. 6. Después de comer y de echarnos la siesta, vamos a la plaza en nuestro coche.   7. Antes de entrar, compramos unos puros para fumarlos durante la corrida.   8. Después de ver el primer toro, unos turistas empiezan a sentirse mal y tienen que marcharse.   9. Pero nosotros estamos a gusto,   10. y preferimos quedarnos hasta el final.

67 La cerveza es buena.
El vino es bueno.
La televisión es interesante.
El café es fuerte.
España es bonita.
La economía es difícil.

— No toda la cerveza es buena.
— No todo el vino es bueno.
— No toda la televisión es interesante.
— No todo el café es fuerte.
— No toda España es bonita.
— No toda la economía es difícil.

68 Este hotel es caro.
Este viajero busca pensión.
Este toro es fuerte.
Este turista se encuentra a gusto.
Esta corrida cuesta mucho.
Esta mujer habla mucho.

— Todos los hoteles son caros.
— Todos los viajeros buscan pensión.
— Todos los toros son fuertes.
— Todos los turistas se encuentran a gusto.
— Todas las corridas cuestan mucho.
— Todas las mujeres hablan mucho.

69 Primero me levanto y luego desayuno.
Primero como y luego fumo.
Primero pago la cuenta y luego me marcho.
Primero trabajo y luego vuelvo a casa.

— Desayuno después de levantarme.
— Fumo después de comer.
— Me marcho después de pagar la cuenta.
— Vuelvo a casa después de trabajar.

70 Voy a la corrida pero primero saco una entrada.
Entro en la plaza pero primero compro un puro.
Ceno pero primero tomo un aperitivo.
Me voy a la cama pero primero miro la televisión.

— Saco una entrada antes de ir a la corrida.
— Compro un puro antes de entrar en la plaza.
— Tomo un aperitivo antes de cenar.
— Miro la televisión antes de irme a la cama.

71 ¿Va Vd. a escribir al director?
¿Va Vd. a escribir a su secretaria?
¿Va Vd. a escribirnos a nosotros?
¿Va Vd. a escribir a sus hijos?
¿Va Vd. a escribir a su mujer?
¿Va Vd. a escribirme a mí?
¿Va Vd. a escribir a sus padres?
¿Va Vd. a escribir a sus hermanas?

— Sí, voy a escribirle.
— Sí, voy a escribirle.
— Sí, voy a escribirles.
— Sí, voy a escribirles.
— Sí, voy a escribirle.
— Sí, voy a escribirle.
— Sí, voy a escribirles.
— Sí, voy a escribirles.

72 ¿Puede Vd. decirme la hora?
¿Puede Vd. servirme la comida?
¿Puede Vd. pagarme la cuenta?
¿Puede Vd. reservarme una habitación?
¿Puede Vd. traerme el desayuno?
¿Puede Vd. dejarme el pasaporte?

— No, no puedo decirle la hora.
— No, no puedo servirle la comida.
— No, no puedo pagarle la cuenta.
— No, no puedo reservarle una habitación.
— No, no puedo traerle el desayuno.
— No, no puedo dejarle el pasaporte.

73 ¿Quiere Vd. hacerme un favor?
a mi amigo
a mis amigos
a nosotros
a estos señores
a estas señoras
a mi hermana
a mí

— ¿Quiere Vd. hacerme un favor?
— ¿Quiere Vd. hacerle un favor?
— ¿Quiere Vd. hacerles un favor?
— ¿Quiere Vd. hacernos un favor?
— ¿Quiere Vd. hacerles un favor?
— ¿Quiere Vd. hacerles un favor?
— ¿Quiere Vd. hacerle un favor?
— ¿Quiere Vd. hacerme un favor?

74 ¿Quiere Vd. hacerme un favor a mí?
 a mi amigo
 a mis amigos
 a nosotros
 a estos señores
 a estas señoras
 a mi hermana
 a mí

– ¿Quiere Vd. hacerme un favor a mí?
– ¿Quiere Vd. hacerle un favor a mi amigo?
– ¿Quiere Vd. hacerles un favor a mis amigos?
– ¿Quiere Vd. hacernos un favor a nosotros?
– ¿Quiere Vd. hacerles un favor a estos señores?
– ¿Quiere Vd. hacerles un favor a estas señoras?
– ¿Quiere Vd. hacerle un favor a mi hermana?
– ¿Quiere Vd. hacerme un favor a mí?

75 ¿Va Vd. a sentarse?
 ¿Va Vd. a quedarse?
 ¿Va Vd. a irse?
 ¿Va Vd. a marcharse?
 ¿Va Vd. a echarse la siesta?
 ¿Va Vd. a divertirse?

– Sí, voy a sentarme.
– Sí, voy a quedarme.
– Sí, voy a irme.
– Sí, voy a marcharme.
– Sí, voy a echarme la siesta.
– Sí, voy a divertirme.

76 ¿Van Vds. a quedarse?
 ¿Van Vds. a irse?
 ¿Van Vds. a sentarse?
 ¿Van Vds. a marcharse?
 ¿Van Vds. a echarse la siesta.
 ¿Van Vds. a divertirse?

– Sí, vamos a quedarnos.
– Sí, vamos a irnos.
– Sí, vamos a sentarnos.
– Sí, vamos a marcharnos.
– Sí, vamos a echarnos la siesta.
– Sí, vamos a divertirnos.

77 ¿Va Vd. a la oficina esta mañana?
 ¿Va Vd. al hotel esta tarde?
 ¿Va Vd. al cine esta noche?
 ¿Va Vd. a los toros este domingo?
 ¿Va Vd. a la corrida esta semana?
 ¿Va Vd. a la fábrica hoy?

– Voy a la oficina todas la mañanas.
– Voy al hotel todas las tardes.
– Voy al cine todas las noches.
– Voy a los toros todos los domingos.
– Voy a la corrida todas las semanas.
– Voy a la fábrica todos los días.

78 ¿Por qué va el Sr. Short a los toros?
 ¿Por qué saca entradas de sombra?
 ¿Por qué va a un bar?
 ¿Cuándo se echa la siesta?
 ¿Cuándo compra los puros?
 ¿Por qué compra puros?
 ¿Cuándo se sienten mal los turistas?
 ¿Qué tienen que hacer?
 ¿Qué prefiere hacer el Sr. Short?

– Para divertirse.
– Para no sentarse al sol.
– Para tomar una cerveza.
– Después de comer.
– Antes de entrar en la plaza.
– Para fumarlos durante la corrida.
– Después de ver el primer toro.
– Tienen que marcharse.
– Prefiere quedarse.

Complete estas conversaciones. Un viajero entra en un hotel y habla primero con la recepcionista:

RECEPCIONISTA	VIAJERO
– Buenas tardes.	.........*habitación*..........
– ¿Qué clase de habitación quiere?	.........*doble*..........
– Muy bien; tenemos dos habitaciones posibles, una con cuarto de baño, y otra sin cuarto de baño.	.........*con*..........; *¿exterior?*
– Sí, es exterior.	.........*¿piso?*
– Está en el cuarto piso.	.........*¿ascensor?*
– Sí, sí, el ascensor está allí enfrente.	.........*pensión completa*..........
– Muy bien. ¿Y cuánto tiempo va a estar?	....
– Muy bien. Perfectamente.	.........*¿desayuno, hora?*
– Servimos el desayuno de 8 a 10.	.........*¿dónde?*..........
– Puede tomarlo en el comedor o en su habitación, como quiera.	.........*¿suplemento?*..........
– Sí cobramos un pequeño suplemento de diez pesetas por servirlo en la habitación.	.........*¿llamar a las 8?*..........
– Con mucho gusto. No se preocupe. Buenas noches.	....

Cuando el viajero se marcha al día siguiente llama al botones del hotel.

– Dígame, señor.	.........*bajar las maletas*..........
– Muy bien, señor, ¿Y la cartera?	*No,* ....
– ¿Quiere Vd. un taxi?	*Sí,* ....

EL VIAJERO BAJA A LA RECEPCIÓN

– Buenos días.	.........*cuenta*............................
– Aquí la tiene.	....
– Gracias. Aquí tiene su recibo.	.........*¿botones?*
– Está en la calle, para su taxi.	....

BOTONES

– Su taxi está fuera, señor.	.........*(da propina)*..........
– Gracias señor. Buen viaje.	....

HABLEN DEL TIEMPO EN INGLATERRA Y EN ESPAÑA.

Estación	Mes	Temperatura	Tiempo que hace
Invierno	Enero	¿Grados?	Hace frío o
	Febrero	,,	Hace mucho frío
	Marzo	,,	Hace viento
Primavera	Abril	,,	Llueve
	Mayo	,,	Hace buen tiempo
	Junio	,,	Hace sol
Verano	Julio	,,	Hace calor
	Agosto	,,	Hace mucho calor
	Septiembre	,,	Hace fresco
Otoño	Octubre	,,	Baja la temperatura
	Noviembre	,,	Está nublado
	Diciembre	,,	Nieva.

Charla

Dé Vd. una charla sobre un hotel que conoce:

1 ¿Grande o pequeño?
2 ¿Dónde?
3 número de habitaciones.
4 precio de la habitación.
5 precio de la pensión completa.
6 personal (conserje, botones, camareros, camareras, cocinero, recepcionista, etc.)
7 la comida (buena, mala, poca, abundante, exquisita).
8 las comidas – horas, menús.
9 tiendas, teléfono, televisión, bar.
10 Servicio en general: cómodo, elegante, lujoso, modesto, sencillo, etc.

Mr Short has a field day. The initial dialogue consists of six brief encounters he has in the street and the Underground when trying to find his way to the High Street, a tube station, the number two bus stop, the number five bus stop and the post office. On one occasion he gets into trouble with a traffic policeman for trying to cross the square in the wrong place. (For information; traffic police are strict with pedestrians in Spain.) In the course of these snatches of conversation with passers-by, Mr Short repeats their directions, always a safe thing to do and good practice for one's Spanish.

In the Expansion exercise, more practice is given in the business of getting around, in giving directions and describing what people are doing as they go from one place to another. For example, Mr Short sends the hotel bell-boy out on a number of errands and the practice is on the sentences that Mr Short and the bell-boy say.

Conversation practice at the end is based on a map of the Madrid Underground, and a map of the city of San Sebastián. Finally we suggest lines for a talk about the town where you yourself live.

This Unit presents in a more systematic way certain verb forms which have already been met and which are used when giving orders. You may have already noticed that these 'order' or Imperative forms are different from the statement forms, e.g. *Vd trae* (You bring), *¡Traiga Vd.!* (Bring!). It is a fact that the verb forms, and the ways of using them, are the trickiest part of Spanish, especially for an English person, since English has so few (five in fact: speak, speaks, speaking, spoke, spoken). Experience shows that they can be learnt without strain, by taking them one at a time and practising them frequently. It is important to get them right. Spanish with wrong verb forms is just not Spanish.

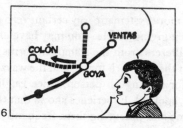

1. MR SHORT   – Perdóneme. ¿Puede decirme por dónde se va a la calle Mayor ?
2. TRANSEÚNTE   – Sí, señor, vaya todo seguido y es la segunda a la izquierda.
3. MR SHORT   – Voy todo seguido y es la segunda a la izquierda.
4. TRANSEÚNTE   – Eso es.

5. MR SHORT   – ¿Qué línea tengo que tomar para ir a Colón ?
6. EMPLEADO   – Tome la linea de Ventas y transborde en Goya.
7. MR SHORT   – ¿No va directo ?
8. EMPLEADO   – No, tiene Vd. que cambiar de tren.

9. MR SHORT   – ¿Es ésta la cola del autobús número dos, por favor ?
10. SEÑORA   – No, ésta es la del uno. La del dos es al otro lado.
11. MR SHORT   – ¿Sabe Vd. si el dos pasa por la Plaza de España ?
12. SEÑORA   – Sí, efectivamente. ¡Mire! Ahí viene.

13. MR SHORT   – Perdóneme, ¿puede decirme dónde está la parada del autobús número cinco ?
14. TRANSEÚNTE   – Sí, está muy cerca. Mire Vd. Siga por esta calle hasta el semáforo. Cruce la calle y la parada está en la primera esquina.
15. MR SHORT   – Vamos a ver. Sigo por esta calle hasta el semáforo, cruzo la calle y la parada está en la primera esquina. ¿Es eso ?
16. TRANSEÚNTE   – Exactamente.

17. MR SHORT   – Perdóneme. ¿Puede decirme por dónde se va a Correos ?
18. TRANSEÚNTE   – Sí, señor. Vaya Vd. todo seguido. Métase por la primera calle a la izquierda, luego doble a la derecha, y Correos está al otro lado de la plaza.
19. MR SHORT   – Vamos a ver. Voy todo seguido. Me meto por la primera calle a la izquierda, luego doblo a la derecha, y Correos está al otro lado de la Plaza.
20. TRANSEÚNTE   – Eso es.

21. GUARDIA   – ¡Oiga! No cruce por el centro de la Plaza. Está prohibido.
22. MR SHORT   – Entonces ¿por dónde cruzo ?
23. GUARDIA   – Tiene Vd. que dar la vuelta y cruzar por el paso de peatones.
24. MR SHORT   – Muy bien. Perdone.

Plano de Madrid

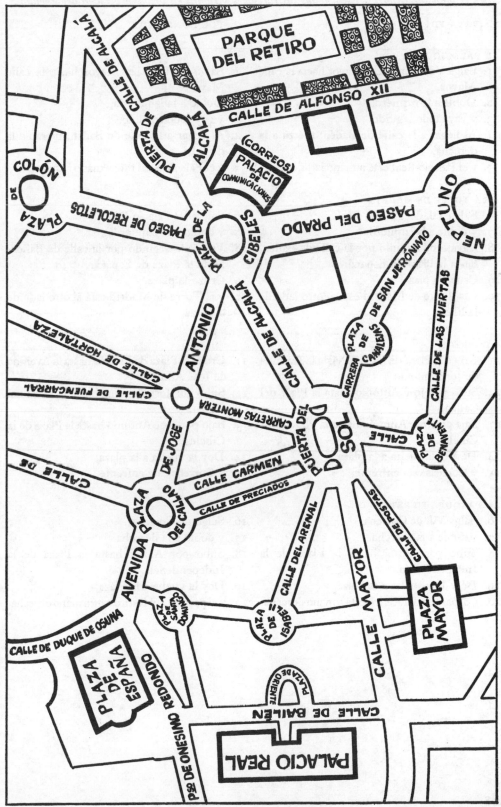

Mire el plano de Madrid. Escuche las instrucciones y repita en primera persona del singular:

1. ¡VAYA VD!   2. POR DÓNDE VOY

AL PALACIO REAL
1. Salga Vd. de la Plaza Mayor hacia la calle Mayor.
2. Doble a la izquierda,
3. y vaya todo seguido.
4. Al llegar a la calle de Bailén, tuerza a la derecha,
5. y el Palacio Real está a mano izquierda.

1. Salgo de la Plaza Mayor hacia la calle Mayor.
2. Doblo a la izquierda,
3. y voy todo seguido.
4. Al llegar a la calle de Bailén, tuerzo a la derecha,
5. y el Palacio Real está a mano izquierda.

A LA TORRE DE MADRID
6. Salga Vd. del Palacio Real,
7. y doble a la izquierda.
8. Vaya todo seguido por la calle de Bailén, hasta la Plaza de España.
9. Cruce la plaza,
10. y la Torre de Madrid está al otro lado de la Plaza.

6. Salgo del Palacio Real,
7. y doblo a la izquierda.
8. Voy todo seguido por la calle de Bailén, hasta la Plaza de España.
9. Cruzo la plaza,
10. y la Torre de Madrid está al otro lado de la Plaza.

A CORREOS
11. Cruce la Plaza de España hasta la Avenida de José Antonio.
12. Suba por José Antonio hasta la Plaza del Callao.
13. Baje por José Antonio hasta la Plaza de la Cibeles.
14. Dé Vd. la vuelta a la plaza,
15. y Correos está enfrente.

11. Cruzo la Plaza de España hasta la Avenida de José Antonio.
12. Subo por José Antonio hasta la Plaza del Callao.
13. Bajo por José Antonio hasta la Plaza de la Cibeles.
14. Doy la vuelta a la plaza,
15. y Correos está enfrente.

AL PARQUE DEL RETIRO
16. Salga Vd. de Correos,
17. y doble a la derecha.
18. Suba por Alcalá hasta la Plaza de la Independencia.
19. Dé Vd. la vuelta a la Plaza,
20. y el parque del Retiro está a mano derecha.

16. Salgo de Correos,
17. y doblo a la derecha.
18. Subo por Alcalá hasta la Plaza de la Independencia.
19. Doy la vuelta a la Plaza,
20. y el parque del Retiro está a mano derecha.

Escuche y diga por dónde se va, usando la forma impersonal del verbo con 'se':

3. ¿POR DÓNDE VA EL SR. SHORT ? 4. ¿POR DÓNDE SE VA ?

AL PALACIO REAL
1. Sale de la Plaza Mayor hacia la calle Mayor.
2. Dobla a la izquierda,
3. y va todo seguido.
4. Al llegar a la calle de Bailén, tuerce a la derecha,
5. y el Palacio Real está a mano izquierda.

A LA TORRE DE MADRID
6. Sale del Palacio Real,
7. y dobla a la izquierda.
8. Va todo seguido por la calle de Bailén, hasta la Plaza de España.
9. Cruza la plaza,
10. y la Torre de Madrid está al otro lado de la plaza.

A CORREOS
11. Cruza la Plaza de España hasta la Avenida de José Antonio.
12. Sube por José Antonio hasta la Plaza del Callao.
13. Baja por José Antonio hasta la Plaza de la Cibeles.
14. Da la vuelta a la plaza,
15. y Correos está enfrente.

AL PARQUE DEL RETIRO
16. Sale de Correos,
17. y dobla a la derecha.
18. Sube por Alcalá hasta la Plaza de la Independencia.
19. Da la vuelta a la plaza,
20. y el Parque del Retiro está a mano derecha.

1. Se sale de la Plaza Mayor hacia la calle Mayor.
2. Se dobla a la izquierda,
3. y se va todo seguido.
4. Al llegar a la calle de Bailén, se tuerce a la derecha,
5. y el Palacio Real está a mano izquierda.

6. Se sale del Palacio Real,
7. y se dobla a la izquierda.
8. Se va todo seguido por la calle de Bailén, hasta la Plaza de España.
9. Se cruza la plaza,
10. y la Torre de Madrid está al otro lado de la plaza.

11. Se cruza la Plaza de España hasta la Avenida de José Antonio.
12. Se sube por José Antonio hasta la Plaza del Callao.
13. Se baja por José Antonio hasta la Plaza de la Cibeles.
14. Se da la vuelta a la plaza,
15. y Correos está enfrente.

16. Se sale de Correos,
17. y se dobla a la derecha.
18. Se sube por Alcalá hasta la Plaza de la Independencia.
19. Se da la vuelta a la Plaza,
20. y el Parque del Retiro está a mano derecha.

Ampliación Unos recados   **11**

Hoy el Sr. Short no puede salir de su hotel y manda a un botones a hacerle unos recados en el centro.

Mire los dibujos. Escuche las instrucciones del Sr. Short y diga lo que hace el botones.

1. LO QUE DICE EL SR. SHORT
   1. Tome Vd. el autobús en esta calle.
   2. Bájese Vd. delante del Banco de Bilbao.
   3. Cobre Vd. este cheque en el Banco de Bilbao.
   4. Tráigame el dinero en billetes de cien pesetas.
   5. Compre sellos en Correos.
   6. Ponga los sellos en estas cartas.
   7. Eche las cartas en Correos.
   8. Pague esta factura en el garaje.
   9. Pida el recibo al empleado.
   10. Saque dos entradas para el cine.

2. LO QUE HACE EL BOTONES
   1. Toma el autobús en la calle.
   2. Se baja delante del Banco de Bilbao.
   3. Cobra el cheque en el Banco de Bilbao.
   4. Le trae el dinero en billetes de cien pesetas.
   5. Compra sellos en Correos.
   6. Pone los sellos en las cartas.
   7. Echa las cartas en Correos.
   8. Paga la factura en el garaje.
   9. Pide el recibo al empleado.
   10. Saca dos entradas para el cine.

Escuche las preguntas del botones y conteste por el Sr. Short.

3. LO QUE PREGUNTA EL BOTONES:
   1. ¿Tengo que tomar el autobús en la plaza?
   2. ¿Tengo que bajarme en el Banco de Vizcaya?
   3. ¿Tengo que cobrar el cheque en el Banco de Vizcaya?
   4. ¿Tengo que traer el dinero en billetes de mil pesetas?
   5. ¿Tengo que comprar sellos en el estanco?
   6. ¿Tengo que poner los sellos en las postales?
   7. ¿Tengo que echar las cartas en el estanco?
   8. ¿Tengo que pagar la factura en la tienda?
   9. ¿Tengo que pedir el recibo al jefe?
   10. ¿Tengo que sacar las entradas para el teatro?

4. LO QUE CONTESTA EL SR. SHORT
   1. – No, no lo tome en la plaza, tómelo en esta calle.
   2. – No, no se baje en el Banco de Vizcaya, bájese en el Banco de Bilbao.
   3. – No, no lo cobre en el Banco de Vizcaya, cóbrelo en el Banco de Bilbao.
   4. – No, no lo traiga en billetes de mil pesetas. Tráigalo en billetes de cien pesetas.
   5. – No, no los compre en el estanco, cómprelos en Correos.
   6. – No, no los ponga en las postales, póngalos en las cartas.
   7. – No, no las eche en el estanco, échelas en Correos.
   8. – No, no la pague en la tienda, páguela en el garaje.
   9. – No, no lo pida al jefe, pídalo al empleado.
   10. – No, no las saque para el teatro, sáquelas para el cine.

79
¿Puedo fumar?	– Sí, fume Vd.
¿Puedo hablar?	– Sí, hable Vd.
¿Puedo cruzar?	– Sí, cruce Vd.
¿Puedo pasar?	– Sí, pase Vd.
¿Podemos llamar?	– Sí, llamen Vds.
¿Podemos mirar?	– Sí, miren Vds.
¿Podemos bajar?	– Sí, bajen Vds.
¿Podemos cobrar?	– Sí, cobren Vds.

80
Voy a beber agua.	– No, no beba Vd. agua.
Voy a comer pan.	– No, no coma Vd. pan.
Voy a leer esto.	– No, no lea Vd. eso.
Voy a recoger el paquete.	– No, no recoja Vd. el paquete.
Vamos a poner un telegrama.	– No, no pongan Vds. un telegrama.
Vamos a ver la televisión.	– No, no vean Vds. la televisión.
Vamos a traer el magnetofón.	– No, no traigan Vds. el magnetofón.
Vamos a hacer esto.	– No, no hagan Vds. eso.

81
¿Tengo que escribir?	– Sí, escriba Vd.
¿Tengo que venir?	– Sí, venga Vd.
¿Tengo que seguir?	– Sí, siga Vd.
¿Tengo que salir?	– Sí, salga Vd.
¿Tenemos que subir?	– Sí, suban Vds.
¿Tenemos que ir?	– Sí, vayan Vds.
¿Tenemos que abrir?	– Sí, abran Vds.

82
¿Puedo marcharme?	– Sí, márchese Vd.
¿Puedo quedarme?	– Sí, quédese Vd.
¿Puedo irme?	– Sí, váyase Vd.
¿Podemos sentarnos?	– Sí, siéntense Vd.
¿Podemos divertirnos?	– Sí, diviértanse Vds.
¿Podemos servirnos?	– Sí, sírvanse Vds.

83
Voy a marcharme.	– No, no se marche Vd.
Voy a irme.	– No, no se vaya Vd.
Voy a servirme.	– No, no se sirva Vd.
Vamos a quedarnos.	– No, no se queden Vds.
Vamos a sentarnos.	– No, no se sienten Vds.
Vamos a levantarnos.	– No, no se levanten Vds.

84
¿Pago este billete?	– Sí, páguelo.
¿Pago esta factura?	– Sí, páguela.
¿Pago estos billetes?	– Sí, páguelos.
¿Pago estas facturas?	– Sí, páguelas.
¿Ponemos los sellos?	– Sí, pónganlos.
¿Cobramos la factura?	– Sí, cóbrenla.
¿Pedimos el recibo?	– Sí, pídanlo.
¿Sacamos las entradas?	– Sí, sáquenlas.

85 ¿Pago este billete ?   – No, no lo pague.
    ¿Pago esta factura ?   – No, no la pague.
    ¿Pago estos billetes ?   – No, no los pague.
    ¿Pago estas facturas ?   – No, no las pague.
    ¿Ponemos los sellos ?   – No, no los pongan.
    ¿Cobramos las facturas ?   – No, no las cobren.
    ¿Pedimos el recibo ?   – No, no lo pidan.
    ¿Sacamos las entradas ?   – No, no las saquen.

86 ¡ Pase Vd.!   – ¿Por dónde se pasa ?
    ¡ Entre Vd.!   – ¿Por dónde se entra ?
    ¡ Salga Vd.!   – ¿Por dónde se sale ?
    ¡ Baje Vd.!   – ¿Por dónde se baja ?
    ¡Vaya Vd.!   – ¿Por dónde se va ?
    ¡ Suba Vd.!   – ¿Por dónde se sube ?
    ¡ Cruce Vd.!   – ¿Por dónde se cruza ?

87 Este hotel es muy bueno.   – Prefiero el de Barcelona
    Esta oficina es muy grande.   – Prefiero la de Barcelona.
    Estas calles son muy largas.   – Prefiero las de Barcelona.
    Esta plaza es muy ancha.   – Prefiero la de Barcelona.
    Estos edificios son muy altos.   – Prefiero los de Barcelona.
    Este parque es muy bonito.   – Prefiero el de Barcelona.
    Estos taxis son muy rápidos.   – Prefiero los de Barcelona.
    Estas chicas son muy guapas.   – Prefiero las de Barcelona.

88 ¿Quiere Vd. traerme la cuenta ?   – Tráigame la cuenta, por favor.
    ¿Quiere Vd. dictarme la carta ?   – Dícteme la carta, por favor.
    ¿Quiere Vd. traernos el menú ?   – Tráiganos el menú, por favor.
    ¿Quiere Vd. servirnos de prisa ?   – Sírvanos de prisa, por favor.
    ¿Quiere Vd. decirme su nombre ?   – Dígame su nombre, por favor.
    ¿Quiere Vd. darnos un recibo ?   – Dénos un recibo, por favor.

89 ¡ Tráigame la cuenta!   – Aquí la tiene Vd.
    ¡ Tráigame el desayuno!   – Aquí lo tiene Vd.
    ¡ Tráigame veinte cigarrillos!   – Aquí los tiene Vd.
    ¡ Tráigame mermelada!   – Aquí la tiene Vd.
    ¡ Tráiganos dos cervezas!   – Aquí las tienen Vds.
    ¡ Tráiganos el recibo!   – Aquí lo tienen Vds.
    ¡ Tráiganos dos sándwiches!   – Aquí los tienen Vds.
    ¡ Tráiganos unas revistas!   – Aquí las tienen Vds.

90 ¿Qué tal se come en este restaurante ?   – En este restaurante se come muy bien.
    ¿Qué tal se trabaja en esta oficina ?   – En esta oficina se trabaja muy bien.
    ¿Qué tal se estudia en esta clase ?   – En esta clase se estudia muy bien.
    ¿ Qué tal se va en este coche ?   – En este coche se va muy bien.
    ¿Qué tal se escribe con esta máquina ?   – Con esta máquina se escribe muy bien.
    ¿Qué tal se oye con este magnetofón ?   – Con este magnetofón se oye muy bien.

Conversación

1. En el Metro

En este ejercicio dos alumnos miran el plano del Metro. Uno da instrucciones para un trayecto, el otro lo sigue en el plano y contesta las preguntas. Por ejemplo:

Tome Vd. el Metro en Delicias.
Pase por tres estaciones.
Bájese en la cuarta.
¿Cómo se llama esta estación?

Ahora vaya Vd. en dirección Ventas.
Bájese esta vez en la quinta estación.
¿Dónde está Vd. ahora?

Cambie Vd. de línea y tome la de Argüelles.
Pase por cinco estaciones.
Bájese en la sexta.
¿Cuál es ésta?

Ahora cambie Vd. de línea otra vez.
Esta vez pase por Quevedo.
Bájese en la estación siguiente que es final de línea.
¿Cómo se llama esta estación?

Ahora, tome Vd. la línea de Legazpi.
Termine Vd. su viaje en la estación número once.
¿Dónde está Vd. por fin?

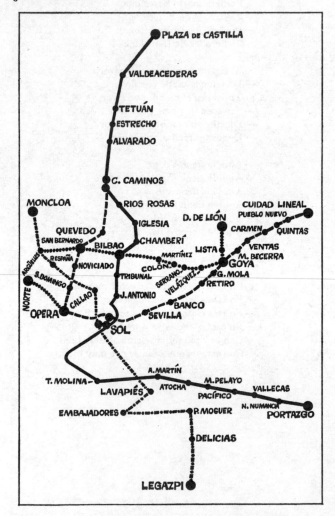

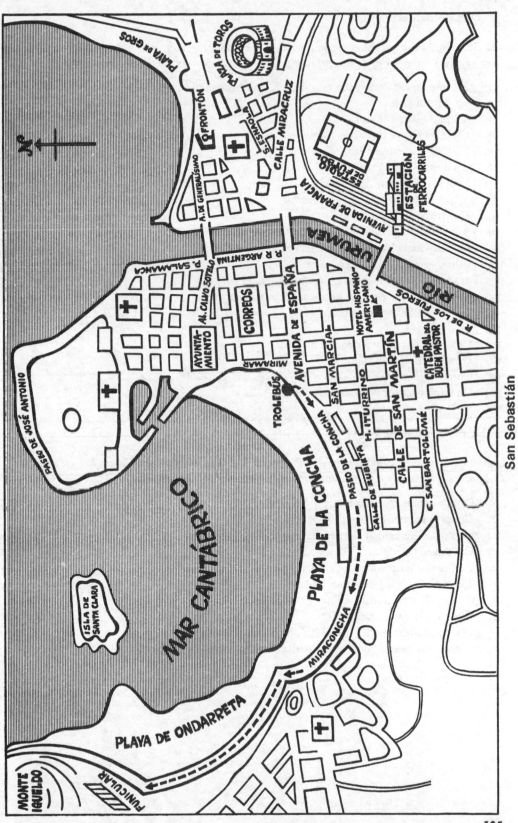

San Sebastián

2. Una ciudad española

El Sr. Short tiene que hacer un viaje a San Sebastián y se aloja en el hotel señalado en el plano con una X. Conteste Vd. a estas preguntas sobre San Sebastián, mirando el plano.

1. ¿En qué región de España está situada San Sebastián?
2. ¿Es puerto de mar?
3. ¿Cómo se llama el mar?
4. ¿Cuántas playas tiene San Sebastián?
5. ¿Cuál es la mayor de las tres playas?
6. ¿Cuál es la más pequeña?
7. ¿Está la playa lejos del hotel?
8. ¿A qué distancia está, más o menos?
9. ¿Cuánto se tarda en llegar?
10. ¿A qué distancia está el hotel de la estación de ferrocarril?
11. ¿Qué distancia hay del hotel hasta el Monte Igueldo?
12. ¿Cómo se llega hasta allí?
13. Para ir a la plaza de toros ¿hay que cruzar el río?
14. ¿A qué distancia está del hotel, aproximadamente?
15. ¿Tiene San Sebastián catedral?
16. ¿Dónde está?
17. ¿Cuántas iglesias ve Vd. en el plano?
18. ¿Dónde está el Ayuntamiento?
19. ¿Cómo se llama el río?
20. ¿Cuántos puentes lo cruzan?

3. La ciudad donde Vd. vive

Contestando a las preguntas siguientes, prepare Vd. una charla sobre la ciudad en que vive. O bien, los otros alumnos pueden hacerle las preguntas y Vd. las contesta.

1. ¿Dónde está la ciudad en que Vd. vive?
2. ¿Cuántos habitantes tiene?
3. ¿Cómo son las calles? (largas, cortas, anchas, estrechas)
4. ¿Cómo son las plazas?
5. ¿Cuáles son los principales edificios?
6. ¿Tiene sitios de interés especial?
7. ¿Qué medios de transporte hay?
8. ¿Hay problemas de tráfico?
9. ¿Qué tiempo hace allí? (hace frío, hace calor, llueve)
10. ¿Cómo es la gente? (buena, simpática, trabajadora, alegre, seria)

Las tres cosas del tío Juan

The three tasks (things) of old John

This 'extensive' Unit contains three listening passages, three situational oral exercises and a conversation exercise, a short story (with the above title) for reading practice and a summary of the grammar of Units 10, 11 and 12.

The first listening passage is of rapid conversation, and the second and third are short stories. This is to accustom you gradually to sustained speech, as distinct from the short sentences of day to day conversation.

The three short oral exercises give practice in the use of numbers and the conversation takes place between two friends who, in discussing a journey one of them is going to make, use the familiar form *tú* to each other instead of *usted*.

The short story, *Las tres cosas del tío Juan*, should be read not just once, but first for the meaning, and then several times more, practising faster and faster until you can read it with ease.

The grammar section deals particularly with the Imperative forms of the verb which have been introduced in the last few lessons.

Comprensión

1. El Sr. Pérez tiene prisa

Hoy el Sr. Pérez se levanta tarde y tiene que darse mucha prisa para llegar a la oficina.

SR. PÉREZ	– Oye, Carmen. ¿Está listo el desayuno? ... Es muy tarde y hoy tengo mucho trabajo.
SRA. DE PÉREZ	– No, todavía no está, falta un poco ... sólo cinco minutos ... ¡Espera un momento, hombre!
SR. PÉREZ	– ¡Ni cinco minutos, no puedo perder tiempo! ¡Hasta luego!
SRA. DE PÉREZ	– Pero tómate algo, luego puedes coger un taxi ...
SR. PÉREZ	– ¡Que no, que no tengo tiempo! ... Adiós, que no llego. De todas formas, tengo que tomar un taxi ...
SR. PÉREZ	– ¡Taxi ... taxi ...! Nada, ni uno, ... pero, bueno, ¿qué pasa hoy ...? ¡Con la prisa que yo tengo ...! ¡Eh, taxi ...! ¡Vaya, al fin! Por favor, a la Calle Mayor ... pero muy de prisa.
CHÓFER	– ¡Pues no quiere Vd. nada! Mire, mire el tráfico que hay.
SR. PÉREZ	– Vamos por donde Vd. quiera, pero lo que quiero es llegar pronto.
CHÓFER	– Sí, claro, Vds. sólo quieren correr, y si luego pasa algo nosotros tenemos la culpa.
SR. PÉREZ	– Y ahora ¿por qué se para?
CHÓFER	– ¿Cómo que por qué me paro? ¿No ve Vd. que hay un semáforo?
SR. PÉREZ	– Pero, hombre, ¡ahora va marcha atrás! ¿No se da cuenta de que esos coches están ahí parados? ¡Vaya, y ahora viene el guardia!
GUARDIA	– Buenos días. ¿Es que Vd. no se da cuenta de los coches que tiene detrás? ¡Vaya manera de conducir que tienen estos hombres! ¡Qué manera es ésa de ir por la calle! ... Pues a pagar una multa y a ver si aprende.
CHÓFER	– ¡No, si lo digo yo, siempre pasa igual ...!
SR. PÉREZ	– Oiga, guardia, por favor. ¿Va a tardar Vd. mucho? Es que no llego a la oficina, ¿sabe?
GUARDIA	– Oiga Vd., señor, Vd. tiene que hacer su trabajo, y yo el mío, así es que más respeto a la autoridad y si no discutimos, acabamos antes. Ya está, y ahora circulen ... a ver, circulen. ¡Hale!
SR. PÉREZ	– Vamos, deprisa, por favor, deprisa.
CHÓFER	– Mire, no empiece Vd. otra vez ... una multa a estas horas ya es bastante.
SR. PÉREZ	– Por fin. ¡Ya son las diez menos cuarto! ¿Qué le debo?
CHÓFER	– Son 35 pesetas.
SR. PÉREZ	– Tome.
CHÓFER	– ¡Vaya con éste! Tantas prisas y luego ni cinco de propina. ¡Vaya vida que llevamos los taxistas!

El Sr. Short ya está en la oficina, y cuando va a empezar a trabajar ...

SR. PÉREZ	– Bueno y ahora ¿dónde tengo yo mi agenda? Nada, que no la encuentro. ¡Vaya día! Voy a llamar a casa, a ver ... Pues anda, que si no está en casa, está en el taxi entonces.
SRA. DE PÉREZ	– ¡Dígame!
SR. PÉREZ	– ¿Carmen? Quieres ver si está mi agenda en el despacho, porque no está por aquí.
SRA. DE PÉREZ	– ¿Es una verde?
SR. PÉREZ	– Sí.
SRA. DE PÉREZ	– Sí, aquí está.

138

SR. PÉREZ — ¡Vaya memoria que tengo! Ahora mismo mando al botones a por ella. Gracias ... (cuelga el teléfono ...) ¡Señorita! Mire, mande enseguida al botones a mi casa, a recoger la cartera, y luego tráigame el informe que tenemos preparado para hoy?

SECRETARIA — Lo siento mucho, pero todavía no está terminado. Es que estoy con la correspondencia ... pero ahora se lo llevo.

SR. PÉREZ — ¡Deje eso inmediatamente y prepárelo ahora mismo! Vd. sabe lo importante que es y sin embargo se pone a hacer otra cosa. ¡Vamos, eso es el colmo! ¡Hay que terminarlo hoy por la mañana y no quiero tener que repetírselo!

SECRETARIA — Sí, señor. En seguida está hecho.

La secretaria lo prepara durante la mañana y una hora después se lo da al Sr. Pérez.

SECRETARIA — Aquí tiene Vd. el informe.

SR. PÉREZ — ¿Pero qué es lo que tengo? Esto no puede salir así, mujer ... ¿Vd. se cree que se puede presentar como está? No es la primera vez que pasa esto y voy a tener que tomar otras medidas. Haga el favor de repetirlo inmediatamente sin faltas y tráigamelo antes de enviarlo. ¡Ay, Dios mío! ¡Vaya un día que llevo hoy! ¡Una cosa tras otra sin parar! ¡Qué paciencia hay que tener!

Cuestionario

1. What does Sr. Pérez ask his wife in the morning?
2. Will it be very long before breakfast is ready?
3. Why doesn't Sr. Pérez have breakfast?
4. What does his wife advise him to do?
5. Why doesn't Sr. Pérez find a taxi immediately?
6. What does he tell the taxi-driver to do?
7. Why is the taxi-driver not very willing to go too quickly?
8. Why does the policeman fine the taxi-driver?
9. Do you think the taxi-driver is a nice fellow? Why?
10. What time does Sr. Pérez arrive at his office?
11. Where is Sr. Pérez's diary?
12. How do you know?
13. Is he going to do anything about it?
14. What does he ask his secretary for?
15. Why doesn't she bring it to him?
16. When does Sr. Pérez want it finished?
17. When she brings it to him what does Sr. Pérez say about it?
18. What has she got to do about it?

2. El Sr. 'Que Aproveche'

John Brown es un técnico inglés que trabaja en una empresa en Bilbao. Vive en una pensión y va a comer todos los días a la una. No habla español todavía y apenas conoce las costumbres españolas.

Otro señor, que vive en la misma pensión va a comer todos los días a la una y media. Este señor no habla inglés. Se sienta en la misma mesa que el inglés cuando éste está en la mitad de la comida. El español llega, separa la silla de la mesa, sonríe y dice:
– ¡Que aproveche!

El inglés no entiende lo que le dicen, pero cree que ése es el nombre del español y contesta:
– ¡John Brown!

Al día siguiente el español vuelve a encontrar a su compañero en la mesa y vuelve a decir lo mismo:
– ¡Que aproveche!

A lo que el inglés vuelve a contestar:
– ¡John Brown!

Esto ocurre todos los días durante una semana. El inglés está muy extrañado y no comprende por qué el español le saluda todos los días con su nombre. El español está aun más extrañado y no comprende por qué el inglés contesta al saludo con su nombre propio.
Por fin el inglés decide preguntar al camarero el significado de la expresión. Cuando el camarero le da la explicación el inglés decide sorprender a su compañero español. Un día va a comer tarde, a las dos, en vez de ir a la una. Cuando llega, el español está en la mitad de la comida. El inglés se acerca a la mesa, separa la silla, sonríe y dice:

– ¡Que aproveche!

El español, sorprendido, se levanta de prisa y contesta cortésmente:
– José García.

3. !Eso sí que es!

Juan López es un turista español que viene a Londres para las vacaciones. No habla inglés Este señor quiere comprarse un par de calcetines. Entra en una tienda y el dependiente le saluda así.

DEPENDIENTE	– Good morning, sir. Can I help you?
ESPAÑOL	– Buenos días, ¿habla Vd. español?
DEPENDIENTE	– ¡Oh! Un poco solamente.
ESPAÑOL	– Bueno vamos a ver, yo quiero comprar un par de calcetines.
DEPENDIENTE	– Yes, now, let me see, calcetines. What would that be . . . ?
ESPAÑOL	– Sí, calcetines, esas dos cosas que se ponen . . .
DEPENDIENTE	– Ah, yes, you mean gloves. Now, here's a very nice pair . . .
ESPAÑOL	– No, hombre, guantes no. ¡Calcetines! De lana. Lana . . . como esto . . .
DEPENDIENTE	– Ah, comprendo, it's a pair of trousers you want. Do you like these?
ESPAÑOL	– ¡No, no, no! ¡No quiero pantalones, quiero calcetines! Calcetines ¿no comprende? ¡Para los pies! ¡Esas cosas que se ponen en los pies!
DEPENDIENTE	– Ah, yes, for the feet. Now I get you, you mean shoes. What about these?
ESPAÑOL	– ¡No, hombre, zapatos no! Lo que quiero son calcetines – dos cosas de lana que se ponen en los pies, debajo de los zapatos!
DEPENDIENTE	– Well, let's think again: not a pair of gloves, not a pair of trousers, not a pair of shoes, ah . . . do you mean these?
ESPAÑOL	– ¡Eso sí que es!
DEPENDIENTE	– That's right. S-o-c-k-s, socks. Why didn't you say so before?

1. En la Aduana

Ocho viajeros pasan por la Aduana. Cada uno lleva un regalo y tiene que pagar derechos de Aduana. El oficial habla con cada viajero.

Viajero	Regalo	Valor	Derechos
Sr. Morilla	Un reloj nuevo	£30	? (en ptas.)
Sr. Gómez	10 discos	£15	?
Sr. López	seis botellas	£10	?
Sr. Domínguez	2 máquinas fotográficas	£24	?
Sr. Fernández	Un transistor japonés	£16	?
Sr. Rodríguez	2.000 cigarrillos	£25	?
Sr. Lozano	una máquina de escribir	£40	?
Sr. Jiménez	un magnetófono	£62	?

2. Horario de avión

Diga las horas de salida y llegada de los siguientes aviones y sus puntos de salida y llegada:

	IB. 451 Metrop.	IB. 423 Carav. ① ③ ⑤	IB. 501 Carav. ⑦	BE. 022 Visc. ② ④ ⑦	BE. 004 Visc. ① ② ③ ④	BE. 004 Vang. ① ③ ⑤ ⑥ ⑦
		jet	jet		(a)	(b)
Valencia . . . Lle.	22.15	...	...	...	...	...
Palma . . . Lle.		20.20	19.20	...	15.00	14.30
Barcelona . . . Sal.	21.20	19.50		...		
Barcelona . . . Lle.		19.05		15.10		
Londres . . . Sal.	...	16.05	16.05	11.15	10.45	10.45

3. Aritmética

Diga los siguientes números:

1.000 – 1.100 – 1.150 – 1.152	6	7	3
2.000 – 2.400 – 2.470 – 2.476	76	87	43
3.000 – 3.700 – 3.740 – 3.748	476	687	943
6.000 – 6.900 – 6.980 – 6.983	5.476	8.687	6.943
8.000 – 8.500 – 8.530 – 8.534	65.476	48.687	26.943

Conversación Un viaje

*Vd. va a hacer un viaje y le cuenta los detalles a un amigo. Vd. y su amigo se tratan de 'tú'.
Decida primero adónde va y luego conteste a las preguntas.*

¿A dónde vas?
¿Para cuánto tiempo te marchas?
¿Cómo vas?
¿En qué clase vas?
¿Tienes ya el billete?
¿Cuánto cuesta?
¿De dónde sales?
¿A qué hora sales?
¿A qué hora tienes que salir de casa para llegar al punto de partida?
¿Qué equipaje llevas?
¿Qué llevas en él?
¿Cómo piensas ir hasta el sitio de salida?
¿Vas solo o con otras personas?
¿Cuánto dura el viaje?
¿Cómo son los asientos?
¿Cómo vas a pasar el tiempo durante el viaje?
¿De qué vas a hablar?
¿Qué vas a hacer para comer?
¿A qué hora llegas a tu destino?
¿A dónde piensas ir después de llegar?
¿Cómo vas a ir?
¿Por qué vas a ese sitio?
¿Vas con mucha frecuencia?
Bueno, pues, que lo pases bien.

Apolinar quiere casarse con Lucía. Apolinar es un joven elegante de veinticinco años, con dinero pero todavía no está acostumbrado a trabajar. Lucía es bonita, trabajadora y sobre todo rica. Lo único que necesitan para casarse es el consentimiento del tío Juan que así es como le llaman en el pueblo al padre de Lucía. El tío Juan es un hombre gordo, fuerte y de gran carácter. La verdad es que Apolinar le tiene miedo al tío Juan pero quiere pedirle la mano de su hija.

Al presentarse Apolinar en casa del tío Juan, está tan nervioso que empieza a tartamudear. "Bu-buenos dí-días tí-tí-tío Juan . . ." El tío Juan apenas puede entender lo que Apolinar dice. Cuando al fin consigue entenderle, el tío Juan se sienta en silencio y mira al joven.
– Bueno, Apolinar, dice, si haces tres cosas te puedes casar con mi hija.
– Tre-Tre-Tres co-co-sas y má-á-s, tío Ju-u-an . . .
– No, no, tres son bastantes, añade el tío Juan, con una sonrisa. En primer lugar, tienes que coger una pluma del primer gallo que cante todas las mañanas. Sufro del estómago y estas plumas pueden ayudarme a curarlo. En segundo lugar tienes que coger un trozo de hierba del suelo con los dientes sin doblar las rodillas, y finalmente quiero encender la pipa el día de mi santo con la llama que tú tienes que traerme en la palma de la mano.

Al día siguiente, Apolinar se levanta muy pronto para llevar a cabo su primera tarea. Esto es sencillo, piensa. Coge la pluma sin dificultad y al volver a casa ve a algunos agricultores que están preparando los utensilios para empezar a trabajar. Le sorprende mucho pues es la primera vez que ve esto en su vida.
– Buenos días, les dice. ¿Podéis vosotros coger del suelo un trozo de hierba sin doblar las rodillas? Los agricultores se sonríen y lo hacen sin dificultad. Apolinar intenta hacerlo pero cae en el suelo.
– ¿Cómo podéis hacerlo tan fácilmente?
– Porque trabajamos de sol a sol, para cultivar la tierra y los músculos de las piernas los tenemos de acero. ¿Quieres venirte a trabajar unos cuantos días con nosotros? Te vas a poner fuerte en pocos días y entonces seguro que puedes coger la hierba del suelo sin doblar las rodillas.

Apolinar sigue su consejo. Todas las mañanas después de coger la pluma trabaja con los obreros. Al acabar el primer día se siente muy cansado, pero al final de una semana se encuentra más fuerte que un roble. Empieza también a interesarse por el trabajo y está orgulloso de sí mismo.
Cuando al fin llega el santo del tío Juan el joven está absolutamente cambiado. El tío Juan apenas si reconoce a este joven fuerte y vigoroso, seguro de sí mismo. Ya no está nervioso. Ya no tartamudea.
– Buenos días, tío Juan, dice Apolinar. Antes de darle la pluma, mire . . . Y Apolinar tira al suelo unas pajas, luego las recoge una a una con los dientes sin doblar las rodillas. Luego toma las pajas, las enciende, se las coloca en la palma de la mano y se acerca sonriente y firme a encender la pipa del tío Juan.
– Debo decirle, tío Juan, dice, que tengo la piel de las manos tan dura que ésta es la tarea más fácil. Y aquí tiene Vd. las plumas del gallo para curarle el dolor de estómago.
El tío Juan se ríe a carcajadas.
– Yo no tengo dolores de estómago, dice.
– No entiendo, dice Apolinar.
– Es fácil, contesta el tío Juan. Yo no tengo ni dolores de estómago, ni de cabeza, ni de nada.

Soy más fuerte que un toro, y ahora sé que tú también eres fuerte y trabajador. Mi hija es tuya. ¿Entiendes ahora, muchacho?
En este momento Lucía entra en la habitación y se dirige hacia Apolinar.
– Y pudes agradecer a los gallos el conseguir a Lucía.

Apolinar se queda asombrado de la respuesta del viejo, pero enseguida sonríe al comprender que por la astucia de éste, ahora tiene lo más importante en la vida para él – el amor de Lucía.

131. Imperative (usted, ustedes)

Infinitive	Imperative	Present Tense	Affirmative Imperative	Negative Imperative
– ar	– e	Vd. habla inglés. Vds. hablan inglés.	Hable (Vd.) inglés. Hablen (Vds.) inglés.	No hable (Vd.) inglés. No hablen (Vds.) inglés.
– er	– a	Vd. come mucho. Vds. comen mucho.	Coma (Vd.) mucho. Coman (Vds.) mucho.	No coma (Vd.) mucho. No coman (Vds.) mucho.
– ir	– a	Vd. sube aquí. Vds. suben aquí.	Suba (Vd.) aquí. Suban (Vds.) aquí.	No suba (Vd.) aquí. No suban (Vds.) aquí.

132. Imperative (tú, vosotros)

		Present Tense	Affirmative Imperative	Negative Imperative
– ar	– a, – es – ad, – éis	Tú hablas inglés. Vosotros habláis inglés.	Habla (tú) inglés. Hablad (vosotros) inglés.	No hables (tú) inglés. No habléis (vosotros) inglés.
– er	– e, – as – ed, – áis	Tú comes mucho. Vosotros coméis mucho.	Come (tú) mucho. Comed (vosotros) mucho.	No comas (tú) mucho. No comáis (vosotros) mucho.
– ir	– e, – as – id, – áis	Tú subes aquí. Vosotros subís aquí.	Sube (tú) aquí. Subid (vosotros) aquí.	No subas (tú) aquí. No subáis (vosotros) aquí.

133. Imperative of reflexive verbs (usted, ustedes)

	Present Tense	Affirmative Imperative	Negative Imperative
– arse	Vd. se levanta. Vds. se levantan.	Levántese (Vd.). Levántense (Vds.)	No se levante (Vd.). No se levanten (Vds.)
– erse	Vd. se mete. Vds. se meten.	Métase (Vd.). Métanse (Vds.)	No se meta (Vd.) No se metan (Vds.)
– irse	Vd. se sube. Vds. se suben.	Súbase (Vd.). Súbanse (Vds.).	No se suba (Vd.). No se suban (Vds.)

134. Imperative of reflexive verbs (tú, vosotros)

	Present Tense	Affirmative Imperative	Negative Imperative
– arse	Tú te levantas. Vosotros os levantáis.	Levántate (tú). Levantaos (vosotros).	No te levantes (tú). No os levantéis (vosotros).
– erse	Tú te metes. Vosotros os metéis.	Métete (tú). Meteos vosotros.	No te metas (tú). No os metáis (vosotros).
– irse	Tú te subes. Vosotros os subís.	Súbete (tú) Subíos (vosotros).	No te subas (tú). No os subáis (vosotros).

135. More examples of the Imperative

		Vd. (Vds.)		tú		vosotros	
–ar	Tome(n).	No tome(n).	Toma.	No tomes.	Tomad.	No toméis.
	Entre(n).	No entre(n).	Entra.	No entres.	Entrad.	No entréis.
	Baje(n).	No baje(n).	Baja.	No bajes.	Bajad.	No bajéis.
	Doble(n).	No doble(n).	Dobla.	No dobles.	Doblad.	No dobléis.
–er	Beba(n).	No beba(n).	Bebe.	No bebas.	Bebed.	No bebáis.
	Lea(n).	No lea(n).	Lee.	No leas.	Leed.	No leáis.
	Crea(n).	No crea(n).	Cree.	No creas.	Creed.	No creáis.
	Sea(n).	No sea(n).	Sé.	No seas.	Sed.	No seáis.
–ir	Abra(n).	No abra(n).	Abre.	No abras.	Abrid.	No abráis.
	Escriba(n).	No escriba(n).	Escribe.	No escribas.	Escribid.	No escribáis.
	Reciba(n).	No reciba(n).	Recibe.	No recibas.	Recibid.	No recibáis.
	Permita(n).	No permita(n).	Permite.	No permitas.	Permitid.	No permitáis.

136. Imperative + direct object pronoun

	Affirmative	Negative
a mí	Llámeme a las 9.	No me llame a las 9.
a nosotros	Llámenos a las 9.	No nos llame a las 9.
a él	Llámele a las 9.	No le llame a las 9.
a ellos	Llámeles a las 9.	No les llame a las 9.
a ella	Llámela a las 9.	No la llame a las 9.
a ellas	Llámelas a las 9.	No las llame a las 9.
a él	Llámelo a las 9.	No lo llame a las 9.
a ellos	Llámelos a las 9.	No los llame a las 9.

137. Imperative + indirect object pronoun

	Affirmative	Negative
a mí	Deme una habitación.	No me dé una habitación.
a nosotros	Denos una habitación.	No nos dé una habitación.
a él	Dele una habitación.	No le dé una habitación.
a ellos	Deles una habitación.	No les dé una habitación.
a ella	Dele una habitación.	No le dé una habitación.
a ellas	Deles una habitación.	No les dé una habitación.

138. El de, la de, los de, las de

¿Es ésta la cola del dos?	– Sí, ésta es la del dos.
¿Es éste el coche del director?	– Sí, éste es el del director.
¿Son éstas las entradas del cine?	– Sí, éstas son las del cine.
¿Son éstos los recibos del médico?	– Sí, éstos son los del médico.

139. Se (impersonal)

Trabajan mal aquí. Trabaja uno mal aquí.	Se trabaja mal aquí.
Estudian mucho aquí. Estudia uno mucho aquí.	Se estudia mucho aquí.
Aquí viven muy bien. Aquí vive uno muy bien.	Aquí se vive muy bien.
En este hotel comen muy bien. En este hotel come uno muy bien.	En este hotel se come muy bien.

140. Todo el, toda la, todos los, todas las

todo el día	todos los días
todo el mes	todos los meses
todo el año	todos los años
toda la tarde	todas las tardes
toda la noche	todas las noches
toda la semana	todas las semanas

141. Infinitive of reflexive verbs

yo	Quiero sentarme.	Me quiero sentar.
nosotros	Queremos sentarnos.	Nos queremos sentar.
tú	Quieres sentarte.	Te quieres sentar.
vosotros	Queréis sentaros.	Os queréis sentar.
Vd., él, ella	Quiere sentarse.	Se quiere sentar.
Vds., ellos, ellas	Quieren sentarse.	Se quieren sentar.

142. Infinitive + direct object pronoun

El va a llamarme.	a mí	Me va a llamar.
El va a llamarnos	a nosotros	Nos va a llamar.
El va a llamarte	a ti	Te va a llamar.
El va a llamaros	a vosotros	Os va a llamar.
El va a llamarle	a Vd.	Le va a llamar.
El va a llamarles	a Vds.	Les va a llamar.
El va a llamarle	a él	Le va a llamar.
El va a llamarles	a ellos	Les va a llamar.
El va a llamarla	a ella	La va a llamar.
El va a llamarlas	a ellas	Las va a llamar.

The following two forms are also used, but less frequently:

El va a llamarlo	a él	Lo va a llamar.
El va a llamarlos	a ellos	Los va a llamar.

143. Infinitive + indirect object pronoun

Va a darme una habitación.	a mí	Me va a dar una habitación.
Va a darnos una habitación.	a nosotros	Nos va a dar una habitación.
Va a darte una habitación.	a ti	Te va a dar una habitación.
Va a daros una habitación.	a vosotros	Os va a dar una habitación.
Va a darle una habitación.	a Vd.	Le va a dar una habitación.
Va a darles una habitación.	a Vds.	Les va a dar una habitación.
Va a darle una habitación.	a él	Le va a dar una habitación.
Va a darles una habitación.	a ellos	Les va a dar una habitación.
Va a darle una habitación.	a ella	Le va a dar una habitación.
Va a darles una habitación.	a ellas	Les va a dar una habitación.

144. Adverbial expressions of place

a la izquierda	–	El banco está a la izquierda.
a la derecha	–	El banco está a la derecha.
a mano izquierda	–	El banco está a mano izquierda.
a mano derecha	–	El banco está a mano derecha.
abajo	–	El cine está abajo.
debajo	–	El cine está debajo.
por dónde	–	¿Por dónde se va al banco?
al otro lado	–	Correos está al otro lado.
enfrente	–	Correos está enfrente.
delante	–	Correos está delante.
dentro	–	En invierno, comemos dentro, en el comedor.
fuera	–	En verano, comemos fuera, en el jardín.
al sol	–	Prefiero sentarme al sol, en el invierno.
a la sombra	–	En el verano, prefiero sentarme a la sombra.

145. Adverbial expressions of manner

seguido	–	Vaya Vd. todo seguido por esta calle.
directo	–	El tren va directo. No hay que cambiar.
a gusto	–	Estoy a gusto aquí.
de verdad	–	¿De verdad que no quiere nada?
de veras	–	¿De veras que no quiere nada?
de tren	–	Tiene Vd. que cambiar de tren.
de línea	–	Hay que cambiar de línea.
de prisa	–	No conduzca Vd. tan de prisa.

146. Ordinal numbers

1º primero	4º cuarto	7º séptimo	10º décimo
2º segundo	5º quinto	8º octavo	11º undécimo
3º tercero	6º sexto	9º noveno	12º duodécimo

147. Sólo = solamente

Quiero sólo la habitación.
Quiero solamente la habitación.
Es sólo para una noche.
Es solamente para una noche.

148. Articles used as pronouns

¿Va Vd. a comprar un coche inglés?
– No, prefiero uno francés.
¿Quiere Vd. una habitación interior?
– No, prefiero una exterior.

149. Lo que (that, what)

Pérez tiene lo que se dice un mal día.
Todo lo que hace sale mal.
No sé lo que Vd. quiere.
No entiendo lo que Vd. dice.

150. Lo (neuter article)

Lo único que necesitan es el
consentimiento del tío Juan.
Lo importante para Apolinar
es el amor de Lucía.
Lo más difícil es levantarse
por la mañana.

151. ¡Vaya! = ¡Qué! (What a . . .!)

¡Vaya manera de conducir!
¡Qué manera de conducir!

¡Vaya tiempo que hace!
¡Qué tiempo hace!

¡Vaya día! – ¡Qué día!

¡Vaya memoria! – ¡Qué memoria!

152. Exclamations

Ahora sale el tren.   –   ¡Por fin!
No tengo los billetes   –   ¡Vaya!
¡Ah, ahí está Juan!   –   ¡Anda!
Vd. es rico, ¿verdad?   –   ¡Qué va!
Vd. es tonto, ¿verdad?   –   ¡Oiga!

153. Ni, ni un (not a . . ., not even)

Estoy sin dinero. No tengo ni
cinco céntimos.
Tengo mucho trabajo. No tengo
ni un segundo para hablar.
¡No hay ni un taxi!

154. Apenas, apenas si (hardly)

Habla Vd. muy mal. Apenas puedo
entenderle a Vd.
Tengo mucho trabajo. Apenas si
tengo tiempo para comer.

155. Emphatic reflexive pronouns

Yo estoy orgulloso de mí mismo.
Tu estás orgulloso de ti mismo.
El está orgulloso de sí mismo.
Ella está orgullosa de sí misma.
Ellos están orgullosos de sí mismos.
Vd. está orgulloso de sí mismo.
Vds. están orgullosos de sí mismos.
Estamos orgullosos de nosotros mismos.
Estáis orgullosos de vosotros mismos.

156. Faltar

¿Está el desayuno? – No, falta un poco.
¿Cuándo sale el tren? – Faltan 5 minutos.
Estos cigarrillos cuestan 10 pesetas.
Tengo 8 pesetas – Me faltan 2.

157. Ya no (no longer)

Ya no está nervioso.
Ya no tartamudea.
Es viejo. Ya no trabaja.

158. Al + Infinitive (= when)

Al presentarse Apolinar, . . .
Al salir el tren, . . .
Al llegar el día, . . .
Al entrar Lucía, . . .

159. Negative Infinitive

Sacan entradas de sombra para no
sentarse al sol.
Voy a tomar un taxi para no
llegar tarde.
Estoy contento de no tener que
trabajar hoy.

En el restaurante In the restaurant

Today, Mr Short and an English friend of his are having lunch out. They go into a restaurant, choose a quiet table in a corner and ask for the menu. Mr Short orders the food, hors d'œuvres for his friend, soup for himself, then a steak and salad and fresh fruit. After the meal, they pay the bill and leave.

This is followed, in the Expansion section, by a story about an Englishman, a German, a Frenchman, a Spaniard and a Chinaman in a café.

The Conversation exercises give further practice in ordering meals in restaurants and reading menus. You are not required to learn the names of all the dishes on the menu by heart! They are presented here chiefly to help you practise the new forms and patterns of sentence introduced in the Unit. The last exercise of the Unit consists of giving a short talk about your own likes and dislikes in food and drink.

Apart from the vocabulary of eating and drinking, this Unit deals again with the pronouns 'it, them, me, us, him, her, you' that have been brought into previous Units. You will notice that in ordinary statements, these words (*me, nos, lo, las,* etc.) are placed before the verb (How them do you want? I it will bring straight away) instead of after the verb as in English. As has been noted in other cases, although these sentences sound impossible when translated literally into English, you will soon take them for granted in Spanish. You will also notice in this Unit a second Spanish word for 'that'. Spaniards distinguish between 'that' near you and 'that' a long way away from both of us, either in space or in time. Other words included and which you will often be needing are the words for 'afterwards, then, still, not yet' and 'what' in exclamations.

13

14

15

16

17

18

19

20

21

22

23

24

El Sr. Short y un amigo entran en un restaurante.

1.	CAMARERO	– Buenos días.
2.	MR SHORT	– Buenos días. Una mesa para dos, por favor.
3.	CAMARERO	– ¿Le parece bien aquélla del rincón?
4.	MR SHORT	– Sí, me parece muy bien. (*Se sientan*).
5.	CAMARERO	– Un momentito, por favor.
6.	MR SHORT	– ¿Nos trae la carta?
7.	CAMARERO	– Aquí la tienen.
8.	MR SHORT	– Vamos a tomar el cubierto del día.
9.	CAMARERO	– ¿Para empezar?
10.	MR SHORT	– Entremeses para mi amigo y sopa de tomate para mí.
11.	CAMARERO	– ¿Después?
12.	MR SHORT	– Tráiganos dos filetes de solomillo.
13.	CAMARERO	– ¿Cómos los quieren? ¿Muy hechos?
14.	MR SHORT	– Yo lo quiero muy hecho, y mi amigo poco hecho.
15.	CAMARERO	– ¿Les traigo unas patatas fritas?
16.	MR SHORT	– No, no nos gustan las patatas, tráiganos ensalada.
17.	CAMARERO	– ¿Para beber les traigo algo?
18.	MR SHORT	– Nos puede traer una botella de vino tinto de la casa, y una jarra de agua fresca.
19.	CAMARERO	– ¿Qué desean de postre?
20.	MR SHORT	– ¿Hay uvas?
21.	CAMARERO	– Sí, pero no las recomiendo todavía; están verdes.
22.	MR SHORT	– ¡Qué lástima! Pues traiga unas peras entonces.
23.	CAMARERO	– Muy bien, en seguida las traigo.
24.	MR SHORT	– Y después, haga el favor de traernos la cuenta.

Cuestionario

1. ¿Está solo el Sr. Short?   – No, no está solo.
2. ¿Cuántas personas son?   – Son dos.
3. ¿Qué sitio quiere el Sr. Short?   – Quiere un sitio tranquilo.
4. ¿Le parece bien la mesa?   – Sí, le parece muy bien.
5. ¿Qué les traen primero?   – Les traen la carta.
6. ¿Toman entremeses?   – Los toma su amigo.
7. ¿Toman sopa?   – La toma el Sr. Short.
8. ¿Qué sopa toma?   – Sopa de tomate.
9. ¿Qué pide después?   – Pide dos filetes de solomillo.
10. ¿Cómo quiere el Sr. Short el filete?   – Lo quiere muy hecho.
11. ¿Cómo lo quiere su amigo?   – Su amigo lo quiere poco hecho.
12. ¿Les traen patatas?   – No, no les traen patatas.
13. ¿Por qué?   – Porque no les gustan.
14. ¿Pide vino?   – Sí, lo pide.
15. ¿Qué les traen de beber?   – Les traen una botella de vino tinto de la casa.
16. ¿Hay uvas?   – Sí, las hay.
17. ¿Las toman?   – No, no las toman.
18. ¿Las recomienda el camarero?   – No, no las recomienda el camarero.
19. ¿Por qué no las recomienda?   – Porque están verdes.
20. ¿Qué fruta piden?   – Piden peras.

Ampliación Historia de una mosca

Este es un cuento internacional. Un día, cinco hombres se sientan en un café. Son un inglés, un francés, un alemán, un español y un chino. Cuando viene el camarero, todos le piden un vaso de cerveza. El camarero les trae las cinco cervezas y las pone en la mesa. Los cinco amigos toman sus vasos, los levantan para beber y ven en cada vaso – ¡una mosca grande! ¿Qué hacen? Pues . . .

1. El español se levanta muy enfadado,
2. . . . y sale del café sin decir una palabra.
3. El francés se pone furioso y grita.
4. Pide inmediatamente otra cerveza.
5. El inglés, con mucha calma, saca la mosca del vaso,
6. . . . la tira al suelo y después se bebe la cerveza.
7. El alemán mira el vaso y lo levanta.
8. Luego, sin preocuparse de nada, se bebe la cerveza con mosca y todo.
9. El chino, con gran delicadeza, coge la mosca con los dedos,
10. . . . la saca del vaso, la mira con gran interés y curiosidad durante un momento,
11. . . . luego se la mete en la boca, la come con gusto,
12. . . . y tira la cerveza al suelo.

Preguntas

1. ¿Qué hace el español cuando la ve?   – Se levanta.
   ¿Está contento?   – No, está muy enfadado.
2. ¿Qué hace?   – Sale del café.
   ¿Qué dice?   – No dice una palabra.
3. ¿Cómo se pone el francés?   – Se pone furioso.
   ¿Qué hace?   – Grita.
4. ¿Qué le pide al camarero?   – Le pide otra cerveza.
   ¿Cuándo?   – Inmediatamente.
5. ¿Qué hace el inglés con la mosca?   – La saca del vaso.
   ¿Cómo lo hace?   – Con mucha calma.
6. ¿Qué hace después con la mosca?   – La tira al suelo.
   ¿Qué hace con la cerveza?   – Se la bebe.
7. ¿Qué mira el alemán?   – Mira el vaso.
   ¿Qué hace con él?   – Lo levanta.
8. ¿Qué hace con la cerveza?   – Se la bebe.
   ¿Qué hace con la mosca?   – Se la come.
9. ¿Qué hace el chino con la mosca?   – La coge con los dedos.
   ¿Cómo lo hace?   – Con gran delicadeza.
10. ¿La saca del vaso?   – Sí, la saca.
    ¿Cómo la mira?   – La mira con gran interés y curiosidad.
11. ¿Dónde mete la mosca?   – Se la mete en la boca.
    ¿Qué hace con ella?   – La come con gusto.
12. ¿Qué hace con la cerveza?   – La tira.
    ¿Dónde?   – Al suelo.

trae la carta, por favor? — Aquí la tiene.
¿Me trae el menú, por favor? — Aquí lo tiene.
¿Me trae vino, por favor? — Aquí lo tiene.
¿Me trae la sopa, por favor? — Aquí la tiene.
¿Me trae naranjas, por favor? — Aquí las tiene.
¿Me trae uvas, por favor? — Aquí las tiene.
¿Me trae entremeses, por favor? — Aquí los tiene.
¿Me trae plátanos, por favor? — Aquí los tiene.

92 ¿Hay uvas? — Sí, hay uvas, pero no las recomiendo.
¿Hay sopa? — Sí, hay sopa, pero no la recomiendo.
¿Hay entremeses? — Sí, hay entremeses, pero no los recomiendo.
¿Hay manzanas? — Sí, hay manzanas, pero no las recomiendo.
¿Hay plátanos? — Sí, hay plátanos, pero no los recomiendo.
¿Hay ensalada? — Sí, hay ensalada, pero no la recomiendo.
¿Hay café? — Sí, hay café, pero no lo recomiendo.
¿Hay vino blanco? — Sí, hay vino blanco, pero no lo recomiendo.

93 ¿Le gusta la fruta? — Sí, la fruta me gusta mucho.
¿Le gustan las patatas? — Sí, las patatas me gustan mucho.
¿Le gustan los tomates? — Sí, los tomates me gustan mucho.
¿Le gusta la sopa? — Sí, la sopa me gusta mucho.
¿Le gusta el queso? — Sí, el queso me gusta mucho.
¿Le gustan las manzanas? — Sí, las manzanas me gustan mucho.
¿Le gusta la leche? — Sí, la leche me gusta mucho.

94 A mí me gusta la música. — A mí me gusta la música.
A mi padre — A mi padre le gusta la música.
Los toros — A mi padre le gustan los toros.
A nosotros — A nosotros nos gustan los toros.
el campo — A nosotros nos gusta el campo.
A mis padres — A mis padres les gusta el campo.
Las naranjas — A mis padres les gustan las naranjas.
A mi hermana — A mi hermana le gustan las naranjas.
A mí — A mí me gustan las naranjas.
el teatro — A mí me gusta el teatro.

95 ¿Qué le parece a Vd. esta mesa? — Me parece muy bien.
¿Qué le parece a Juan esta mesa? — Le parece muy bien.
¿Qué le parece a Teresa esta mesa? — Le parece muy bien.
¿Qué les parece a Vds. esta mesa? — Nos parece muy bien.
¿Qué les parece a sus amigos esta mesa? — Les parece muy bien.
¿Qué les parece a sus amigas esta mesa? — Les parece muy bien.

96 ¿Quiere Vd. los filetes fritos? — Sí, los quiero muy fritos.
¿Quiere Vd. el solomillo muy hecho? — Sí, lo quiero muy hecho.
¿Quiere Vd. el agua fresca? — Sí, la quiero muy fresca.
¿Quiere Vd. la leche fría? — Sí, la quiero muy fría.
¿Quiere Vd. las uvas dulces? — Sí, las quiero muy dulces.
¿Quiere Vd. el café fuerte? — Sí, lo quiero muy fuerte.

97 Las uvas están muy verdes.   – ¡ Qué lástima !
No hay entradas para el cine.   – ¡ Qué pena !
Tiene Vd. que trabajar el domingo.   – ¡ Qué fastidio !
Hay una mosca en su cerveza.   – ¡ Qué asco !
Esa señora tiene veinte hijos.   – ¡ Qué horror !
Mi casa cuesta 4 millones de pesetas.   – ¡ Qué barbaridad !

98 Deme una peseta.   – ¿ Me da una peseta, por favor ?
Déjeme su pasaporte.   – ¿ Me deja su pasaporte, por favor ?
Búsqueme un taxi.   – ¿ Me busca un taxi, por favor ?
Dígame su nombre.   – ¿ Me dice su nombre, por favor ?
Tráigame el periódico.   – ¿ Me trae el periódico, por favor ?
Póngame un coñac.   – ¿ Me pone un coñac, por favor ?
Sírvame la cena.   – ¿ Me sirve la cena, por favor ?

99 ¿ Habla Vd. español ?   – Todavía no lo hablo.
¿ Escribe Vd. español ?   – Todavía no lo escribo.
¿ Lee Vd. español ?   – Todavía no lo leo.
¿ Comprende Vd. español ?   – Todavía no lo comprendo.
¿ Entiende Vd. español ?   – Todavía no lo entiendo.
¿ Sabe Vd. español ?   – Todavía no lo sé.

100 ¿ Le gusta este coche ?   – Sí, pero prefiero aquél.
¿ Le gusta esta mesa ?   – Sí, pero prefiero aquélla.
¿ Le gustan estos plátanos ?   – Sí, pero prefiero aquéllos.
¿ Le gustan estas uvas ?   – Sí, pero prefiero aquéllas.
¿ Le gusta esta cerveza ?   – Sí, pero prefiero aquélla.
¿ Le gustan estos vasos ?   – Sí, pero prefiero aquéllos.
¿ Le gusta esto ?   – Sí, pero prefiero aquello.
¿ Le gustan estas copas ?   – Sí, pero prefiero aquéllas.

101 ¿ Puede pasar mi amigo ?   – Sí, que pase.
¿ Pueden pasar mis amigos ?   – Sí, que pasen.
¿ Pueden venir mis amigos ?   – Sí, que vengan.
¿ Puede ir mi amigo ?   – Sí, que vaya.
¿ Pueden subir mis amigos ?   – Sí, que suban.
¿ Puede entrar mi amigo ?   – Sí, que entre.
¿ Puede salir mi amigo ?   – Sí, que salga.
¿ Pueden sentarse mis amigos ?   – Sí, que se sienten.

102 ¿ A qué hora se levanta Vd. ?   – Me levanto muy pronto.
¿ A qué hora se levantan Vds. ?   – Nos levantamos muy pronto.
¿ A qué hora se levanta su padre ?   – Se levanta muy pronto.
¿ A qué hora se levantan los chicos ?   – Se levantan muy pronto.
¿ A qué hora se marcha Vd. ?   – Me marcho muy pronto.
¿ A qué hora se marcha el jefe ?   – Se marcha muy pronto.
¿ A qué hora se marchan los empleados ?   – Se marchan muy pronto.
¿ A qué hora se marchan Vds. ?   – Nos marchamos muy pronto.

El camarero habla con el cliente, y el cliente con el camarero, formando frases con las expresiones siguientes. Usan frases enteras, no sólo la palabra del texto. Practíquese por parejas de alumnos.

CAMARERO	CLIENTE
El desayuno	*El desayuno*
1. ¿Qué va a desayunar?	1. . . . un huevo.
2. ¿Cómo . . .?	2. . . . (elige)
3. ¿. . . mantequilla con el pan?	3. Sí . . .
4. ¿. . . pan tostado? (tostadas)	4. . . . por favor . . .
5. ¿. . . algo más?	5. . . . mermelada . . .
6. ¿. . . té o café?	6. . . . té
7. ¿. . . leche . . .?	7. Sí . . .
8. Aquí tiene Vd. . . .	8. (protesta) . . . leche caliente . . .
9. Lo siento. ¿Le traigo . . .?	9. Sí . . .
10. En seguida.	

La comida	*La comida*
1. ¿. . . para empezar?	1. ¿. . . qué sopas . . .?
2. ¿. . . ajo . . . tomate?	2. No me gustan . . . ¿. . . otras?
3. No . . .	3. . . . entremeses . . .
4. Sí ¿. . . primer plato?	4. No sé . . .
5. . . . pescado muy bueno, por ejemplo . . .	5. No me gusta . . .
6. ¿. . . entonces . . . huevos?	6. Sí . . . tortilla . . .
7. ¿Cómo . . .? ¿. . . española?	7. ¿Cómo es . . .?
8. . . . patatas . . . cebolla . . .	8. Sí . . .
9. ¿. . . segundo plato?	9. ¿. . . cochinillo?
10. No hay . . .	10. ¿. . . qué . . .?
11. . . . carne muy buena, por ejemplo . . .	11. . . . filete de . . .
12. ¿. . . patatas? . . . verduras?	12. . . . fritas y . . .
13. ¿. . . de postre?	13. ¿Qué fruta . . .?
14. . . . del tiempo, por ejemplo.	14. ¿. . . uvas . . .?
15. . . . verdes . . .	15. ¿. . . helados . . .?
16. . . . vainilla, chocolate . . .	16. Tráigame . . .
17. ¿. . . vino . . .?	17. . . . media . . .
18. ¿. . . café?	18. . . . puro . . .
19. ¿. . . licor?	19. . . . coñac . . .
20. ¿. . . marca?	20. . . . Fundador . . .

El camarero resume el pedido antes de marcharse.

2. Una cena

Un alumno es el camarero, otro es el cliente en un restaurante de barrio. Este pide una cena con el siguiente menú:

– MINUTA –	Pesetas
COCIDO A LA MADRILEÑA	60,–
SOPA DE COCIDO	30,–
JUDIAS BLANCAS O PINTAS	25,–
JUDIAS VERDES REHOGADAS	30,–
COLIFLOR REHOGADA AL AJO O EN ENSALADA	30,–
ENSALADILLA DE PIMIENTOS CON HUEVO	35,–
ESPÁRRAGOS CON VINAGRETA O MAYONESA	45,–
BEREJENAS REBOZADAS	25,–
TORTILLA A LA PAISANA	25,–
TORTILLA CON ESCABECHE	25,–
HUEVO FRITO CON PIMIENTO	25,–
HUEVOS A LA FLAMENCA	30,–
HUEVOS AL PLATO O FRITOS	20,–
CALAMARES EN SU TINTA	40,–
MERLUZA REBOZADA O CON VINAGRETA	45,–
MERO CON TOMATE	50,–
ALBÓNDIGAS CON PATATAS	30,
MENUDILLOS DE GALLINA SALTEADOS	25,
SESOS DE CORDERO REBOZADOS	35,–
CONEJO CON TOMATE	45,–
CHULETAS DE CORDERO CON PATATAS	50,–
ESCALOPE DE TERNERA	60,–
ENTRECOT DE LOMO DE VACA CON PATATAS	80,–
BISTEC DE SOLOMILLO	75,–
ENSALADA DE LECHUGA Y TOMATE	20,–
PATATAS FRITAS	10,–

POSTRES VARIADOS

FLAN 15,–   ARROZ CON LECHE 30,–   NATA CON GUINDAS 30,–   MELOCOTON EN ALMÍBAR 15,–   QUESO MANCHEGO 15,–   MEMBRILLO 10,–   PLÁTANO 10,– MELON 15,–   MANZANA 8,–   UVAS 15,–   PERA DE AGUA 10,–

VINO CORRIENTE BLANCO O TINTO BOTELLA 30,–   MEDIA 15,– CERVEZA "EL AGUILA" BOTELLA 15,–

---

1. Desayuno a las . . .
   Como a las . . .
   Meriendo a las . . .
   Ceno a las . . .

2. Para el desayuno, tomo siempre . . .
   bebo . . .
   me gusta(n) . . .

3. Para la comida tomo . . . platos.
   De primer plato, tomo a veces . . .
   otras veces . . .
   De segundo plato, me gusta(n) . . .
   Siempre como . . .
   Nunca como . . .
   Me gusta(n) . . . Me encanta(n) . . .
   No me gusta(n) nada . . .
   De postre prefiero . . .

4. Tomo la merienda a las . . .
   Casi siempre tomo . . .

5. Para la cena . . .

Vocabulario

Caliente	Adelgazar	Hacer la digestión
Frío	Engordar	Tener indigestión
Comida abundante	Estar a régimen	Tener hambre
Comida ligera	Guardar la línea	Tener sed

Un plato de . . .	Guisar
Un vaso de . . .	Cocer
Una copa de . . .	Asar
Una taza de . . .	Freír

El cocido tiene mucho alimento

¡Que aproveche!
¡Buen provecho!

En correos At the post office   14

Today, Mr Short goes to the General Post Office (*Correos*) to send a cable to the U.K. and post a few letters. He fills up a form and sends the cable by the ordinary rate. He posts two letters to England, each costing eight pesetas (about 5 *np*), or eighteen pesetas (about 11 *np*) if registered. He drops them in the letter-box (*el buzón*) outside and is told that they usually take two days to get there. He asks where he can send a money order from and is told which window to go to. Finally, he wants to make a telephone call and inquires where the telephone boxes are.

After this we return to Sr. Pérez who has another bad day. At the office, the letters are not finished, the addresses not written on the envelopes, the stamps not stuck on. When he gets home the dinner has not been prepared, and he catches a cold because the windows have been left open. Here we are practising that part of the verb known as the Past Participle, e.g. 'finished, written, stuck, prepared, left'. Some examples in Spanish are presented here with the verb 'to be' (are finished, is written), which is the easiest way to learn them. They will, however, appear more frequently later on with other tenses, for example the Perfect: 'I have written', and the Pluperfect: 'I had written'. Another grammatical pattern introduced is the pronoun *se*, which has already been met as a reflexive (*se divierte* – he enjoys himself) but is here used as an equivalent of the Passive voice (*las tiendas se abren:* the shops are opened, i.e. the shops open). A third and extremely common use of this pronoun is the impersonal one (*se puede telefonear:* one can telephone, or, you can telephone, or, it is possible to telephone). These three uses of *se* are all practised in this Unit.

In the conversation exercises there is practice in sending telegrams (including a telephonic alphabet which can be used in Spain), conversation about postal rates, and a discussion with an imaginary Spaniard about the British postal system.

1. MR SHORT   – ¿Me da un impreso de telegrama?
2. EMPLEADO   – Están ahí, en esa mesa.
3. MR SHORT   – Ah, ya los veo. Perdón . . .
4. EMPLEADO   – ¿Cómo quiere mandarlo? ¿Urgente?
5. MR SHORT   – No, no vale la pena. Ordinario.
6. EMPLEADO   – Entonces, son cuarenta y dos pesetas.
7. MR SHORT   – Tenga. (*Da un billete de 50 pesetas.*)
8. EMPLEADO   – ¿ Tiene Vd. las dos pesetas?
9. MR SHORT   – No, no las tengo. Lo siento.
10. EMPLEADO   – No importa. Tenga, ocho pesetas de vuelta.

11. MR SHORT   – Dos cartas para Inglaterra.
12. EMPLEADA   – Son doce pesetas.
13. MR SHORT   – Quiero enviarlas certificadas.
14. EMPLEADA   – Entonces son seis pesetas más cada una, veinticuatro pesetas en total.
15. MR SHORT   – ¿Cuánto tiempo tardan en llegar?
16. EMPLEADA   – A Londres tardan unos dos días.
17. MR SHORT   – ¿Dónde está el buzón, dentro o fuera?
18. EMPLEADA   – Ahí fuera.

19. MR SHORT   – Perdone Vd. la molestia, pero ¿dónde debo ir para mandar un giro postal?
20. EMPLEADA   – Aquí al lado, a la ventanilla número diez.
21. MR SHORT   – Está cerrada.
22. EMPLEADA   – Entonces vaya Vd. a la doce, la última a la derecha. Siempre está abierta.
23. MR SHORT   – Y una última pregunta, por favor. ¿Se puede telefonear desde aquí?
24. EMPLEADA   – Sí, señor, ahí enfrente, en las cabinas.

1. ¿Qué le pide el Sr. Short al empleado? — Le pide un impreso de telegrama.
2. ¿Dónde están los impresos? — Están en una mesa.
3. ¿Manda el telegrama urgente? — No, no lo manda urgente.
4. ¿Cómo lo manda? — Lo manda ordinario.
5. ¿Cuánto cuesta? — Cuesta cuarenta y dos pesetas.
6. ¿Cuánto dinero le da al empleado? — Le da cincuenta pesetas.
7. ¿Es el dinero exacto? — No, no es el dinero exacto.
8. ¿Qué le da el empleado al Sr. Short? — Le da 8 pesetas de vuelta.
9. ¿Qué manda después? — Manda dos cartas.
10. ¿Adónde las manda? — Las manda a Londres.
11. ¿Cuánto cuestan dos cartas a Londres? — Cuestan dieciseis pesetas.
12. ¿Cuánto cuesta cada una? — Cada una cuesta ocho pesetas.
13. ¿Cómo envía el Sr. Short las cartas? — Las envía certificadas.
14. ¿Cuesta más así? — Sí, así cuesta más.
15. ¿Cuánto? — Diez pesetas más cada una.
16. Entonces ¿cuánto paga en total por las dos cartas? — Paga treinta y seis pesetas en total.
17. ¿Cuánto tiempo tardan en llegar a Londres? — Tardan unos dos días.
18. ¿Cuánto tardan las cartas en llegar a Australia por avión? — Tardan unos cinco días.
19. ¿Dónde echa las cartas el Sr. Short? — Las echa en el buzón.
20. ¿Dónde está el buzón? — Está fuera.
21. ¿Qué quiere mandar después? — Quiere mandar un giro postal.
22. ¿En dónde dice la empleada que se mandan los giros? — En la ventanilla No. 10.
23. ¿Por qué no se puede mandar desde esa ventanilla? — Porque está cerrada.
24. ¿Adónde tiene que ir? — A la doce.
25. ¿Cuándo está abierta la 12? — Siempre está abierta.
26. ¿Cuál es la ventanilla 12? — Es la última a la derecha.
27. ¿Qué quiere hacer el Sr. Short después? — Quiere telefonear.
28. ¿Se puede telefonear desde Correos? — Sí, se puede telefonear.
29. ¿Hay teléfonos? — Sí, hay teléfonos.
30. ¿Desde dónde se telefonea? — Desde las cabinas.

Hoy martes y trece, el Sr. Pérez se levanta con el pie izquierdo. Todo le sale muy mal y está muy enfadado.

1. En la oficina se enfada porque a la hora de salir, la correspondencia no está terminada.
2. No se pueden echar las cartas porque las direcciones no están escritas en los sobres.   3. Los sellos no están puestos.   4. No puede telefonear porque la línea está ocupada.   5. De camino a casa, no puede cruzar por el paso de peatones porque la luz roja está encendida.   6. No puede cruzar por el centro de la plaza porque está prohibido.   7. Al llegar a casa, tiene mucha hambre pero no puede comer porque la comida no está hecha.   8. Las ventanas están abiertas y coge un constipado.   9. La radio no funciona porque está estropeada.   10. Como está desesperado se va al bar.   11. Después de tomar dos copas está un poquito bebido y quiere cantar.   12. Pero no le dejan cantar porque no está permitido.

Preguntas

1. ¿Por qué se enfada el Sr. Pérez en la oficina?
– Porque la correspondencia no está terminada.

2. ¿Por qué no se pueden echar las cartas?
– Porque las direcciones no están escritas en los sobres.

3. ¿Están puestos los sellos?
– No, no están puestos.

4. ¿Por qué no puede telefonear?
– Porque la línea está ocupada.

5. ¿Por qué no puede cruzar por el paso de peatones?
– Porque la luz roja está encendida.

6. ¿Por qué no puede cruzar por el centro de la plaza?
– Porque está prohibido.

7. ¿Por qué no puede comer?
– Porque la comida no está hecha.

8. ¿Por qué coge un constipado?
– Porque las ventanas están abiertas.

9. ¿Por qué no funciona la radio?
– Porque está estropeada.

10. ¿Por qué se va al bar?
– Porque está desesperado.

11. ¿Cómo está después de tomar dos copas?
– Está un poquito bebido.

12. ¿Por qué no le dejan cantar?
– Porque no está permitido.

103 ¿Cuándo se va a terminar el trabajo? — El trabajo ya está terminado.
¿Cuándo se va a terminar la reunión? — La reunión ya está terminada.
¿Cuándo se van a terminar los libros? — Los libros ya están terminados.
¿Cuándo se van a terminar las conversaciones? — Las conversaciones ya están terminadas.
¿Cuándo se van a pedir las máquinas? — Las máquinas ya están pedidas.
¿Cuándo se van a pedir los periódicos? — Los periódicos ya están pedidos.
¿Cuándo se va a pedir la revista? — La revista ya está pedida.
¿Cuándo se va a pedir el billete? — El billete ya está pedido.

104 Voy a comprar el billete. — Está comprado ya.
Voy a encender la luz. — Está encendida ya.
Voy a cerrar la ventana. — Está cerrada ya.
Voy a pagar la factura. — Está pagada ya.
Voy a meter la carne. — Está metida ya.
Voy a servir las patatas. — Están servidas ya.
Voy a levantar a los niños. — Están levantados ya.

105 ¿Por qué no abre Vd. la puerta? — Porque está abierta ya.
¿Por qué no escribe Vd. el telegrama? — Porque está escrito ya.
¿Por qué no hace Vd. el trabajo? — Porque está hecho ya.
¿Por qué no pone Vd. el cable? — Porque está puesto ya.
¿Por qué no abre Vd. los sobres? — Porque están abiertos ya.
¿Por qué no hace Vd. los ejercicios? — Porque están hechos ya.
¿Por qué no pone Vd. las direcciones? — Porque están puestas ya.
¿Por qué no escribe Vd. las cartas? — Porque están escritas ya.

106 ¿Están cerradas las tiendas? — No, las tiendas no se cierran hasta las 8.
¿Está cerrada la oficina? — No, la oficina no se cierra hasta las 8.
¿Están puestos los cables? — No, los cables no se ponen hasta las 8.
¿Está puesta la radio? — No, la radio no se pone hasta las 8.
¿Están encendidas las luces? — No, las luces no se encienden hasta las 8.
¿Está encendida la luz? — No, la luz no se enciende hasta las 8.

107 ¿En qué país se habla español? — Se habla español en España.
¿En qué país se hablan inglés y francés? — Se hablan inglés y francés en el Canadá.
¿En qué país se bebe mucha cerveza? — Se bebe mucha cerveza en Inglaterra.
¿En qué país se hace el whisky? — Se hace el whisky en Escocia.
¿A qué hora se abren las tiendas? — Se abren las tiendas a las 9.
¿A qué hora se cierran las tiendas? — Se cierran las tiendas a las 7.
¿A qué hora se come en Inglaterra? — Se come a la 1 en Inglaterra.
¿A qué hora se cena en España? — Se cena a las 10 en España.

108 ¿Hablan mucho alemán en España? — No, en España no se habla mucho alemán.
¿Beben mucho whisky en España? — No, en España no se bebe mucho whisky.
¿Cultivan muchas uvas en España? — Sí, en España se cultivan muchas uvas.
¿Comen mucha fruta en España? — Sí, en España se come mucha fruta.
¿Toman mucho té en España? — No, en España no se toma mucho té.
¿Enseñan mucho inglés en España? — Sí, en España se enseña mucho inglés.
¿Cantan mucho flamenco en España? — Sí, en España se canta mucho flamenco.

109 ¿Está permitido telefonear? — No, no se puede telefonear.
¿Está permitido cantar? — No, no se puede cantar.
¿Está permitido subir? — No, no se puede subir.
¿Está permitido fumar? — No, no se puede fumar.
¿Está permitido cruzar? — No, no se puede cruzar.
¿Está permitido entrar? — No, no se puede entrar.

110 Voy a comprar sellos.   – ¿Sabe Vd. dónde se compran?
    Voy a comprar carne.   – ¿Sabe Vd. dónde se compra?
    Voy a pagar la cuenta.   – ¿Sabe Vd. dónde se paga?
    Voy a pagar unas facturas.   – ¿Sabe Vd. dónde se pagan?
    Voy a echar unas cartas.   – ¿Sabe Vd. dónde se echan?
    Voy a echar una postal.   – ¿Sabe Vd. dónde se echa?

111 ¿Me conoce Vd.?   – No, no le conozco.
    ¿Conoce Vd. a mi padre?   – No, no le conozco.
    ¿Conoce Vd. a mi madre?   – No, no la conozco.
    ¿Conoce Vd. a mis padres?   – No, no les conozco.
    ¿Conoce Vd. a mi hermano?   – No, no le conozco.
    ¿Conoce Vd. a mi hermana?   – No, no la conozco.
    ¿Conoce Vd. a mis hijas?   – No, no las conozco.

112 ¿Tiene Vd. las pesetas?   – No, no las tengo.
    ¿Tiene Vd. los sobres?   – No, no los tengo.
    ¿Tiene Vd. el dinero?   – No, no lo tengo.
    ¿Tiene Vd. mi dirección?   – No, no la tengo.
    ¿Tiene Vd. mis señas?   – No, no las tengo.
    ¿Tiene Vd. los billetes?   – No, no los tengo.
    ¿Tiene Vd. mi nombre?   – No, no lo tengo.
    ¿Tiene Vd. mi correspondencia?   – No, no la tengo.

113 ¿Ve Vd. los impresos?   – Sí, ya los veo.
    ¿Oye Vd. la radio?   – Sí, ya la oigo.
    ¿Comprende Vd. las frases?   – Sí, ya las comprendo.
    ¿Sabe Vd. el teléfono?   – Sí, ya lo sé.
    ¿Conoce Vd. a mis amigas?   – Sí, ya las conozco.
    ¿Tiene Vd. los periódicos?   – Sí, ya los tengo.
    ¿Está Vd. contento?   – Sí, ya lo estoy.
    ¿Ve Vd. la luz?   – Sí, ya la veo.

114 ¿Está Vd. enfadado?   – No, yo no me enfado nunca.
    ¿Están Vds. enfadados?   – No, nosotros no nos enfadamos nunca.
    ¿Está enfadado Don Antonio?   – No, Don Antonio no se enfada nunca.
    ¿Están enfadados sus jefes?   – No, mis jefes no se enfadan nunca.
    ¿Está Vd. preocupado?   – No, yo no me preocupo nunca.
    ¿Están Vds. preocupados?   – No, nosotros no nos preocupamos nunca.
    ¿Está preocupado Don Antonio?   – No, Don Antonio no se preocupa nunca.
    ¿Están preocupados sus jefes?   – No, mis jefes no se preocupan nunca.

Situación

1. Unos cables o telegramas

El Sr. Short quiere enviar a Inglaterra los cables que Vd. ve en la página de enfrente. El primero lo dirige a su mujer y el segundo a su compañia. Primero el Sr. Short aprende el alfabeto telefónico, luego llama a la central, habla con la telefonista y da los cables por letras. Practiquense las conversaciones entre la telefonista y el Sr. Short, trabajando por parejas de alumnos.

ALFABETO TELEFÓNICO

A	de Almería	J	de Jaén	R	de Roma
B	de Barcelona	K	de Kilo	S	de Sevilla
C	de Carmen	L	de Lérida	T	de Toledo
CH	de Chocolate	LL	de Llobregat	U	de Úbeda
D	de Domingo	M	de Madrid	V	de Valladolid
E	de España	N	de Navarra	W	de Washington
F	de Francia	O	de Oviedo	X	de Xiquena
G	de Gerona	P	de Pamplona	Y	de Yegua
H	de Huelva	Q	de Queso	Z	de Zamora
I	de Italia				

La 'ñ' no se usa telegráficamente

EL SR. SHORT PONE DOS CABLES

TELEFONISTA	SR. SHORT
1. ¡Dígame!	1. – Quiero poner un telegrama.
2. ¿Tiene Vd. carnet?	2. – No, no tengo.
3. ¿Su nombre, por favor?	3. – Short, S-H-O-R-T.
4. ¿Su teléfono?	4. – 2.35.85.50.
5. Cuelgue, por favor. Ahora le llamo.	5. – Muy bien.
6. Ring . . . Ring . . .	6. – ¿Dígame?
7. ¿Mr. Short?	7. – Sí, al habla.
8. ¿Para dónde es el telegrama?	8. – Para ....
9. ¿Quiere deletrearlo?	9. ....
10. ¿Cómo lo manda: ELT, ordinario o urgente?	10. ....
11. ¿Tiene dirección telegráfica?	11. – No. ....
12. ¿Nombre del destinario?	12. ....
13. ¿Señas?	13. ....
14. ¿Tiene teléfono?	14. ....
15. ¿Texto?	15. ....
16. ¿Quién lo firma?	16. ....

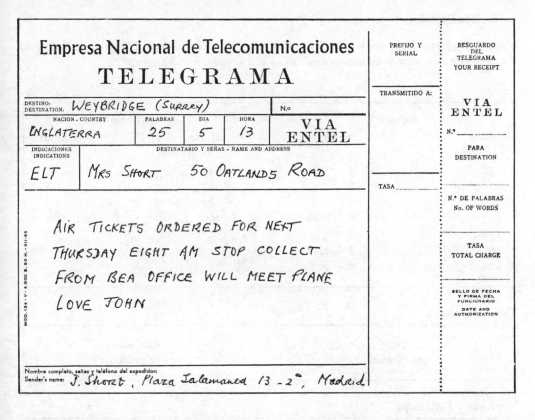

Empresa Nacional de Telecomunicaciones

TELEGRAMA

DESTINO: DESTINATION:	WEYBRIDGE (SURREY)				N.º	
NACION - COUNTRY	PALABRAS	DIA	HORA	VIA ENTEL		
ENGLATERRA	25	5	13			

INDICACIONES INDICATIONS	DESTINATARIO Y SEÑAS - NAME AND ADDRESS
ELT	MRS SHORT 50 OATLANDS ROAD

AIR TICKETS ORDERED FOR NEXT
THURSDAY EIGHT AM STOP COLLECT
FROM BEA OFFICE WILL MEET PLANE
LOVE JOHN

Nombre completo, señas y teléfono del expedidor:
Sender's name: J. Short, Plaza Salamanca 13 - 2º, Madrid.

PREFIJO Y SERIAL

TRANSMITIDO A:

RESGUARDO DEL TELEGRAMA YOUR RECEIPT

VIA ENTEL

N.º

PARA DESTINATION

TASA

N.º DE PALABRAS No. OF WORDS

TASA TOTAL CHARGE

SELLO DE FECHA Y FIRMA DEL FUNCIONARIO DATE AND AUTHORIZATION

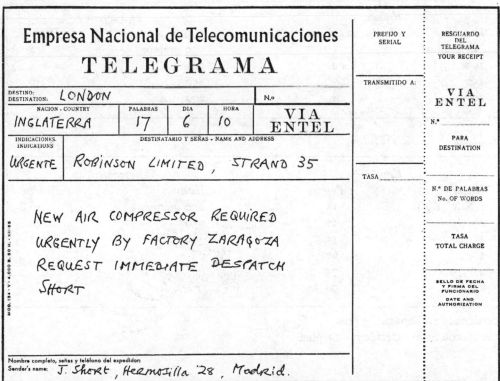

Empresa Nacional de Telecomunicaciones

TELEGRAMA

DESTINO: DESTINATION:	LONDON				N.º	
NACION - COUNTRY	PALABRAS	DIA	HORA	VIA ENTEL		
INGLATERRA	17	6	10			

INDICACIONES. INDICATIONS	DESTINATARIO Y SEÑAS - NAME AND ADDRESS
URGENTE	ROBINSON LIMITED, STRAND 35

NEW AIR COMPRESSOR REQUIRED
URGENTLY BY FACTORY ZARAGOZA
REQUEST IMMEDIATE DESPATCH
SHORT

Nombre completo, señas y teléfono del expedidor:
Sender's name: J. Short, Hermosilla 28, Madrid.

PREFIJO Y SERIAL

TRANSMITIDO A:

RESGUARDO DEL TELEGRAMA YOUR RECEIPT

VIA ENTEL

N.º

PARA DESTINATION

TASA

N.º DE PALABRAS No. OF WORDS

TASA TOTAL CHARGE

SELLO DE FECHA Y FIRMA DEL FUNCIONARIO DATE AND AUTHORIZATION

2. Tarifas Postales

Háganse preguntas y respuestas sobre las tarifas postales indicadas abajo. Por ejemplo: "¿Cuánto cuesta enviar una carta de 60 gramos desde Madrid a Londres? – 18 pesetas."

Cartas

España		Extranjero	
Hasta	*Pesetas*	*Hasta*	*Pesetas*
25 gramos	2	20 gramos	8
50 ,,	4	40 ,,	13
75 ,,	6	60 ,,	18
100 ,,	8	80 ,,	23
125 ,,	8 + 1,50	100 ,,	28
150 ,,	8 + 3		
175 ,,	8 + 4,50		
200 ,,	8 + 6		

Tarjetas Postales

España	Extranjero
1,50 pesetas	5 pesetas

Impresos y Periódicos

España		Extranjero	
Hasta	*Pesetas*	*Hasta*	*Pesetas*
50 gramos	1	50 gramos	2
100 ,,	2	100 ,,	4
150 ,,	3	150 ,,	6
200 ,,	4	200 ,,	8

Paquetes

España		Extranjero	
Hasta	*Pesetas*	*Hasta*	*Pesetas*
1 Kilo (Kg.)	15	200 gramos	16
2 ,,	30	250 ,,	20
3 ,,	45	300 ,,	24
4 ,,	60		
5 ,,	75		
6 ,,	90		

Certificado en España   5 ptas.
Certificado en el extranjero   10 ptas.

Correos en Gran Bretaña

Un amigo español que trabaja en Correos en España, desea hacerle ciertas preguntas sobre Correos en Inglaterra. Contéstele con frases y explicaciones.

1. ¿Dónde está la Oficina Central de Correos de Gran Bretaña?
2. ¿Hay una oficina de correos principal en cada ciudad o pueblo inglés?
3. ¿Y en cada barrio?
4. ¿Las oficinas de correos ocupan edificios dedicados especialmente a este fin?
5. ¿Cuáles son las tarifas para mandar cartas dentro de Gran Bretaña?
6. ¿Y para el extranjero?
7. ¿Llevan uniforme los carteros ingleses?
8. ¿Puede describirme los sellos ingleses, color, precio, ilustraciones, etc.?
9. ¿Hacen aquí a veces emisiones especiales de sellos?
10. ¿En qué ocasiones?
11. ¿Se coleccionan sellos en Inglaterra?
12. ¿Para qué colecciona la gente sellos?
13. ¿Sabe Vd. qué tipos de sellos son más interesantes?
14. ¿Colecciona Vd. sellos?
15. ¿Por qué?
16. Además de sellos, ¿qué venden en Correos?
17. ¿Qué hay que hacer para mandar un telegrama desde Correos?
18. ¿Se puede telefonear desde Correos?
19. ¿Qué hay que hacer?
20. ¿Puede decirme cuáles son las monedas en uso corriente actualmente en Inglaterra?
21. ¿Cuánto cuesta el abono del teléfono en Inglaterra?
22. ¿Se pueden dar telegramas por teléfono aquí?
23. Bueno, y si no tiene teléfono, ¿está Correos abierto por la noche y en domingo?
24. ¿Cuáles son las horas de Correos para el público?
25. ¿Se puede guardar dinero en una oficina de Correos aquí?
26. ¿Qué hay que hacer para abrir una cartilla?
27. ¿Está Vd. contento en general con los servicios de Correos en Gran Bretaña?
28. ¿De qué forma cree Vd. que pueden mejorarse?

Calles y tascas Streets and pubs 15

In the first listening exercise of this Unit, we are in the streets of Barcelona. The Davis Cup tennis championships are being held there and a reporter of the TVE (*Televisión Española*) is out recording the comments of the man in the street. We hear him talk to one man, then enter a pub and have a few words with a customer and with the boss of the place. – Nothing transcendental, but certainly the language of everyday life: *Vamos a ver, ¿Quién yo? ¿Yo qué sé? Digo yo*, and other expressions typical of the small change of daily chit-chat.

In the second conversation, Mr Short and Sr. Pérez are having something like a pub crawl, and in the course of it, in answer to Short's questions, Pérez expounds on the virtues and variety of Spanish food and drink. Spaniards, unlike the people of some other countries, still treat food and drink with a great deal of respect. They appreciate it, and discriminate clearly between good and bad food. It is well, therefore, to be forearmed with the knowledge that the snacks of shell-fish, of ham, and of cooked tripe which Pérez and Short eat on this occasion to accompany their glasses of *tintorro, ribeiro, sidra, chacolí*, are taken merely to whet the appetite for the serious work that comes afterwards. It is clear that the visitor should prepare himself for his trip in other matters besides the language. A small but important point to notice is that the two friends do not take it in turns to pay. Pérez has invited Short and would be offended if the latter offered to pay. At the end, however, Short responds with: 'Right, now to finish up with I invite you to a glass of champagne'. Such is the usual drill. The invitations are clearly made and there is no petty calculation of whose turn it is to pay the next round.

The conversation exercise calls for some elementary interpreting between an English person and a Spaniard, neither of whom can speak the other's language. The scenes are set in an hotel and in the post office.

The reading passage consists of some anecdotes which can be learnt as well as read, and passed on to any Spanish-speaking acquaintance. The grammar ties up the new patterns of Units 13 and 14, in particular reflexive verbs, Past Participles and the position of pronoun objects in the sentence.

1. En la calle

Un equipo de la T.V.E. está en Barcelona para televisar los encuentros de la Copa Davis del campeonato mundial de tenis. Un reportero recoge impresiones de la gente de la calle sobre este acontecimiento deportivo.

PRESENTADOR	– Vamos a ver, caballero. ¿Vd. es tan amable de decirnos su opinión del equipo español ?
SEÑOR A	– Pues a mí me parece francamente bueno. Todo el mundo está muy contento de la victoria sobre los americanos.
PRESENTADOR	– ¿Qué piensa Vd. del tenis español ?
SEÑOR A	– Mire, yo creo que es tan bueno como el mejor. Además, el mérito que tiene, porque, fíjese Vd., que aquí no es un deporte de los más populares y hay muy pocos jugadores.
PRESENTADOR	– ¿Y Vd. cree que van a llegar a la final ?
SEÑOR A	– Hombre, eso nunca se puede decir seguro, pero por otro lado yo creo que es casi seguro ... Sí, sin duda alguna, yo creo que sí.
PRESENTADOR	– Muy bien, pues muchísimas gracias por sus palabras. Buenos días.

... y continuamos estas rápidas entrevistas. Entramos en un bar:

PRESENTADOR	– Vamos a ver. ¿Vd., señor, es aficionado al tenis ?
SEÑOR B	– ¿Quién, yo ? No, no soy aficionado, me gusta pero nada más.
PRESENTADOR	– Pero sabe Vd. que ahora en Barcelona se celebran ...
SEÑOR B	– Ah, eso sí. No voy al campo, pero veo los encuentros por la televisión.
PRESENTADOR	– Y dígame, ¿qué le parecen ?
SEÑOR B	– Tampoco entiendo mucho de tenis, pero todos ellos me parecen muy buenos jugadores, y el equipo español es de los mejores ...
PRESENTADOR	– ¿Qué equipo le gusta más ?
SEÑOR B	– ¿De todos ? Bueno, pues los españoles los que más, pero no conozco a los otros tan bien.
PRESENTADOR	– ... y Vd., jefe, ya veo que tiene Vd. su buen aparato de televisión aquí. ¿Ve Vd. los partidos ?
DUEÑO	– ¡Uy, sí! pero más que por mí por los clientes que vienen a verlo. ... Y mire Vd. que hace calor, pero esto se llena de gente.
PRESENTADOR	– ¿Y a Vd. le gustan ?
DUEÑO	– ¿Yo qué sé? Si yo no entiendo nada de eso, pero veo y oigo que la gente habla y dice que los españoles son muy buenos, y que juegan como nadie. Digo yo que cuando ganan es porque valen, ¿no cree Vd. ?
PRESENTADOR	– Sí, señor, tiene Vd. mucha razón. También nosotros tenemos esa opinión. Bueno, muchas gracias, señores. Adiós.
DUEÑO	– De nada, encantado. Oiga, no se vaya sin tomar una copa.
PRESENTADOR	– Bueno, muy amable. Vamos a brindar por el tenis español. Que tenga mucho éxito. Bueno, les repito, muchas gracias a todos, y hasta otro día. Adiós.

2. La gastronomía

El Sr. Short y el Sr. Pérez están en una tasca típica. Como es costumbre, hay mucho ruido y bastante alegría. Mientras comen y beben con gusto, el Sr. Pérez le habla a su amigo de la cocina típica española.

SHORT — ¡Qué bueno está esto! ¿Qué es?

PÉREZ — Es centollo. Uno de los muchos mariscos que hay en nuestras costas.

SHORT — !Lo difícil es comerlo sin mancharse las manos!

PÉREZ — Difícil no, imposible. Pero otro día tenemos que probarlo como lo hacen en Asturias. Lo cortan en trocitos y lo mezclan con sidra. Allí tienen mucha y le aseguro que eso sí que está delicioso. Otra cosa que nos gusta mucho a los españoles es la sopa de pescado. En Cataluña la hacen de maravilla.

SHORT — Ah, eso sí que no me va a gustar nada.

PÉREZ — ¡Hombre, no diga que no le gusta antes de comerla! ¿No ve que la hacen con mariscos y con pescado blanco? No vaya Vd. a pensar que la hacen con sardinas. Las sardinas bien asaditas y con un vasito de ribeiro ¡ay, qué ricas están!

SHORT — ¿Qué es el ribeiro?

PÉREZ — Pues, mire, vamos a salir de esta tasca, y en esta calle, va Vd. a ver, representada en otras muchas tascas, casi toda la geografía española. ... Entremos aquí. ¡Camarero! Dos ribeiros, por favor. — Y una ración de lacón.

SHORT — Mm. Muy bueno que es este vino. ¿De qué región es?

PÉREZ — Es de Galicia, en el norte. Y el lacón con verdura es uno de sus platos típicos de cada día. En toda la España del norte, en León y en Castilla, suelen hacer una olla, que varía algo de región a región, pero que suele contener legumbres, verduras, patatas y carne, generalmente de cerdo, y a veces de vaca. Por ejemplo, la fabada asturiana es famosa; son judías blancas con cerdo. El plato típico de Madrid y del centro se llama cocido.

SHORT — ¿Cómo es el cocido?

PÉREZ — Se cuecen garbanzos, patatas, verduras y carne todo junto y luego se separa en tres platos, sopa, legumbres y carne. Si es que no estoy equivocado creo que sólo se comen garbanzos en España y en Méjico, que son los dos países donde los toros son oficiales.

SHORT — ¡Ja, Ja! Pues no voy a comerlos, no quiero verme en el ruedo.

PÉREZ — No me tome Vd. en serio, hombre. Ahora vamos a otra tasca a probar el chacolí. Es el vino típico del País Vasco. Los vascos son grandes cocineros y grandes comedores. Hacen concursos y llegan a comerse kilos de carne o de cualquier otra cosa. Y no le digo nada de la bebida.

SHORT — ¿Tienen algún plato típico?

PÉREZ — Sí, ya lo creo, el bacalao y la merluza a la vasca.

SHORT — Parece que comen mucho pescado Vds. ¿no?

PÉREZ — Sí, claro, en toda la costa y en las poblaciones principales, pero lo que no tiene Vd. que perderse son los asados del centro de España. El cordero y el cochinillo asados de Castilla, ni los famosos embutidos de Salamanca, ni el jamón serrano de distintas regiones, y las aves y la caza.

SHORT — Lo que me gustan mucho son los callos.

PÉREZ — Bueno, pues vamos a otra tasquita a por una ración. Todavía hay apetito ¿no?

SHORT — Pues, parece que sí. Confieso que esto de las tapas me gusta mucho.

PÉREZ — Oiga, oiga, todavía no estamos para confesarnos. Esto no es pecado ... Aquí, vamos a entrar aquí. ¿Le gustan muy picantes los callos o poco picantes?

SHORT	– Los prefiero poco picantes. A veces la comida española me resulta un poco fuerte.
PÉREZ	– Sí, sólo es cuestión de tiempo. Mire, los callos hechos de esta manera son típicos de España. ¿Le gusta la paella?
SHORT	– ¿La qué?
PÉREZ	– ¡Hombre, el famoso plato de arroz con pollo y con gambas o almejas o con lo que Vd. quiera.
SHORT	– Ah, la 'pallela'.
PÉREZ	– No, 'pallela' no, – paella.
SHORT	– Bueno, hombre, como se diga, pues, sí, me gusta mucho. Es de Valencia ¿verdad?
PÉREZ	– Exactamente, pero por supuesto se come en toda España.
SHORT	– Y en el sur ¿qué comen?
PÉREZ	– Allí son más frugales. Hacen una sopa fría que se llama gazpacho. Tiene pan y varias verduras, principalmente tomate y pepinos. Cuando hace calor, es muy agradable. También les gusta mucho el 'pehcaíto' frito, como dicen ellos.
SHORT	– ¿Y qué me dice Vd. de los vinos?
PÉREZ	– Ya conoce Vd. el ribeiro, la sidra y el chacolí, que son del norte. Luego, los vinos de mesa más conocidos son los de Valdepeñas y Rioja. Naturalmente toda la gama de vinos de Jerez desde muy secos, pasando por semi-secos a olorosos hasta muy dulces.
SHORT	– ¿Tienen Vds. aguardiente y licores?
PÉREZ	– Sí, hay muchas clases y marcas de coñac. El coñac español es mucho más barato que el francés. No es tan fino tal vez, pero tiene más sabor y es muy bueno. Luego tiene Vd. el anís seco, por ejemplo, el de Chinchón es famoso, es muy fuerte. Hay también anís dulce. Es más bien para las mujeres. Todo esto es bastante barato en España – más que en Inglaterra o Estados Unidos. En Cataluña se hace también champán, no comparable con el francés, pero muy aceptable al bolso y al paladar.
SHORT	– Bueno, pues ahora le invito yo a una copa de champán para acabar nuestra excursión.
PÉREZ	– Con mucho gusto, pero primero vamos a cenar.
SHORT	– ¡Cómo! ¿A cenar? ¡Yo no puedo comer más!
PÉREZ	– Sí, hombre, sí. Las tapas sólo sirven para abrir el apetito. Mire, aquí hay un buen restaurante, pase Vd. ...
SHORT	– No, pase Vd. ...
PÉREZ	– No, Vd. primero ...
SHORT	– No, no, Vd., por favor ...
PÉREZ	– Por favor, amigo ...
SHORT	– No, insisto ...

1. En Londres

Un amigo suyo español, que no habla inglés, llega a Londres. Vd. le acompaña a un hotel e interpreta entre él y la recepcionista:

RECEPCIONISTA INGLÉS	VIAJERO ESPAÑOL
Have you got a room booked?	– No, no tengo habitación reservada.
What kind of room do you want, sir?	– Quiero una habitación individual con baño particular si es posible.
Well, at the moment we don't have any single rooms with a private bathroom.	– Pero ¿puedo bañarme?
Oh, yes, of course. There's a bathroom on each floor.	– Bueno, entonces, está bien.
What do you prefer, bed and breakfast or full board?	– ¿Cuánto cuesta la habitación y el desayuno?
Three pounds.	– ¿Por semana?
No, per night.	– ¡Qué caro!
Of course, we serve an English breakfast.	– ¿Es diferente? ¿En qué consiste?
Well, porridge, eggs and bacon or fish, with toast, butter and marmalade, and tea or coffee.	– Eso es toda una comida.
All right, sir?	– Sí, sí, me parece bien.
What's your name, please?	– Antonio González.
How do you spell it, please?	– G-O-N-Z-A-L-E-Z.
How long will you be staying?	– Tres semanas.
In that case, at the end of this week, you can change into a room with a bathroom.	– Magnífico. Me gusta mucho la idea.
Room 15, on the first floor.	– ¿Pueden Vds. informarme aquí en el hotel sobre los sitios de interés en Londres?
Yes, sir, everything. If you come here after lunch, the young lady at the information desk can tell you all you want to know.	– Bien, ¿y para cambiar cheques de viajero?
There's a bank two streets away. They're open until 3.30.	– Muchas gracias por la información. Puedo ir mañana. Ahora estoy cansado. Voy a mi habitación. ¿Dónde están mis maletas?
They're already in your room, sir.	– Bien, hasta la tarde entonces.

2. En Madrid

Su amigo inglés, que no habla español, quiere ir a Correos.
Interprete Vd. entre su amigo y la empleada de Correos.

VIAJERO INGLÉS	EMPLEADA ESPAÑOLA
Six letters to England, please.	– Bueno, cinco ¿no? porque la pequeña es para Avila.
Oh, yes, of course, only the big ones are for England.	– Son 31 pesetas con 50 céntimos en total.
But I want to send the Avila letter registered.	– En ese caso, son 2 pesetas más. Así que son 33,50.
And I've also got this parcel, to go to England.	– ¿Cómo lo quiere mandar? ¿Por avión o por correo ordinario?
By plane, if it costs the same.	– No, no cuesta lo mismo.
What difference is there?	– ¿Me deja el paquete? Ahora se lo digo . . . Pues, por avión son 45 pesetas, y por correo ordinario 15.
Oh, send it by plane, then, please.	
How long does it take?	– Pues, depende, unos cinco días.
Right. Where do I post the letters, please?	– Ahí tiene el buzón, al lado de la puerta.
Thanks. Much obliged.	

Cosas de niños y de mayores

CÁLCULO INÚTIL
Los niños están en clase y el maestro dice al pequeño Pedro:
– Vamos a ver, Pedrito, si tú tienes seis manzanas y yo te pido tres, ¿cuántas te quedan?
– Seis.
– ¿Cómo puedes decir eso? Tienes seis manzanas y te pido tres. ¿Cómo te pueden quedar seis?
– Sí, señor, es que yo no le doy ni una.

HIJO MODELO
En una reunión charlan dos invitados:
– ¿Tiene Vd. hijos, señor?
– Sí, tengo uno.
– ¿Fuma?
– No, no fuma nunca.
– Muy bien. ¿Va al café?
– No, no va nunca al café.
– ¡Estupendo! ¿Se acuesta tarde?
– Se acuesta inmediatamente después de cenar.
– ¡Magnífico! Es un hijo modelo. ¿Qué edad tiene?
– Seis meses.

UN DETALLE
El papá decide ayudar a mamá y bañar a la nena mientras la esposa prepara la comida. Prepara el baño cuidadosamente, desnuda a la nena y la sumerge.
– ¿Eh? ¿Qué tal? – le dice –. Ya ves que yo sé bañarte también, lo mismo que mamá.
– Sí, pero ella me quita los zapatos.

HISTORIA DE UNA PREPOSICIÓN
Una señora inglesa que se llama Mrs Jones, estudia español en Inglaterra porque su marido, que es un hombre de negocios, tiene que ir a España para dirigir su compañía y ella va a acompañarle. La señora lee mucho, estudia mucho, usa mucho el diccionario y en él mira todas las palabras que no sabe. Después de estudiar durante varios meses, va al fin con su marido a España. Primero viven en un hotel y van a muchas fiestas que sus amigos dan. Más tarde alquilan un piso y entonces ellos también organizan una fiesta. Va mucha gente a esa fiesta pero no hay sillas para sentarse tantas personas. Mrs Jones habla con todo el mundo y está muy orgullosa de su español. De pronto ve que en un rincón está de pie el Sr. García. Se acerca a él y le pregunta.
– Hola, Sr. García, ¿se divierte Vd. en la fiesta?
– Sí, mucho, señora, es una fiesta estupenda.
– ¿Le sirvo más ginebra?
– No, gracias, todavía tengo. ¿Quiere Vd. un cigarrillo?
– Bien, gracias.
El Sr. García enciende el cigarrillo a la señora y ella le pregunta:
– Veo que está Vd. de pie toda la noche, Sr. García. ¿No tiene Vd. con qué sentarse?
– Bueno, señora, sí, tengo con qué sentarme. Lo que no tengo es dónde sentarme.

QUIEN NO TRABAJA, NO GANA

Hay personas a quienes no les gusta trabajar mucho. A otras no les gusta trabajar nada. A unas pocas les gusta trabajar mucho. Esta es la historia de un hombre del primer grupo. Un día ese hombre se queda sin trabajo y tiene que buscar uno nuevo. Compra el periódico y lee los anuncios. Ve uno interesante: IMPORTANTE EMPRESA DE CONSTRUC-CIONES NECESITA OBREROS. SALARIO EXCELENTE. TRABAJO POR HORAS. PRESENTARSE CALLE PRINCIPE NUMERO 85. Al hombre de la historia le gusta la idea de TRABAJAR POR HORAS. Piensa: "Voy a trabajar dos o tres horas con SALARIO EXCELENTE y el resto descanso." Se presenta en la obra, pregunta por la persona encargada del trabajo y habla con él.

– ¿Hay trabajo?
– Sí.
– ¿Y qué tal lo pagan?
– Es por horas y le voy a pagar de acuerdo con su trabajo.

El hombre saca un papel, hace números, calcula durante un rato y al fin dice:
– Lo siento. Muchas gracias pero no me conviene. Yo no trabajo por tan poco dinero.

Gramática

160. Reflexive verbs

(Yo)	me marcho.	No me marcho.	¿Me marcho (yo)?
(Nosotros)	nos marchamos.	No nos marchamos.	¿Nos marchamos (nosotros)?
(Tú)	te marchas.	No te marchas.	¿Te marchas (tú)?
(Vosotros)	os marcháis.	No os marcháis.	¿Os marcháis (vosotros)?
(El, ella, Vd.)	se marcha.	No se marcha.	¿Se marcha (él, ella, Vd.)?
(Ellos, ellas, Vds.)	se marchan.	No se marchan.	¿Se marchan (ellos, ellas, Vds.)?

161. Reflexive verbs (intransitives)

marcharse	dormirse	irse	parecerse	volverse
quedarse	morirse	caerse	reírse	callarse

162. Reflexive verbs (transitives)

levantarse	acercarse	casarse	meterse	divertirse
llamarse	preocuparse	despertarse	molestarse	vestirse
enfadarse	llenarse	acostarse	ponerse	despedirse
sentarse	mejorarse	encontrarse	reunirse	dirigirse
interesarse	cansarse	enterarse	sentirse	fijarse

163. Reflexive verbs (transitives with indirect object)

comerse algo	echarse la siesta
beberse algo	meterse algo en la boca

164. Past participles

hablar	hablado	comer	comido	poner	puesto
terminar	terminado	encender	encendido	ver	visto
ocupar	ocupado	meter	metido	hacer	hecho
comprar	comprado	partir	partido	decir	dicho
fumar	fumado	prohibir	prohibido	abrir	abierto
tomar	tomado	permitir	permitido	escribir	escrito
viajar	viajado	servir	servido	volver	vuelto

165. Agreement of adjectival past participle

El trabajo está terminado.	Los ejercicios están terminados.
La correspondencia está terminada.	Las cartas están terminadas.

166. Passive 'se'

Se echa la correspondencia.	Se echan las cartas.
Se enciende la luz.	Se encienden las luces.
Se habla español.	Se hablan 4 idiomas en España.

167. *Deber* (*have to, owe*)

¿Adónde debo ir para mandar un giro, por favor?
¿A qué hora debo venir mañana para trabajar?

¿Cuánto le debo? – Me debe Vd. 100 pesetas.

168. *Irregular verbs* (*Present Tense*)

	dar	poner	pedir
Yo	*doy*	*pongo*	*pido*
tú	das	pones	*pides*
Vd., él, ella	da	pone	*pide*
nosotros	damos	ponemos	pedimos
vosotros	dais	ponéis	pedís
Vds., ellos, ellas	dan	ponen	*piden*

169. *Parecer*

Esta mesa me parece muy bien.	– Me parece muy bien esta mesa.
Esta mesa te parece muy bien.	– Te parece muy bien esta mesa.
Esta mesa le parece muy bien.	– Le parece muy bien esta mesa.
Esta mesa nos parece muy bien.	– Nos parece muy bien esta mesa.
Esta mesa os parece muy bien.	– Os parece muy bien esta mesa.
Esta mesa les parece muy bien.	– Les parece muy bien esta mesa.
Esta mesas me parecen muy bien.	– Me parecen muy bien estas mesas.
Estas mesas te parecen muy bien.	– Te parecen muy bien estas mesas.
Estas mesas le parecen muy bien.	– Le parecen muy bien estas mesas.
Estas mesas nos parecen muy bien.	– Nos parecen muy bien estas mesas.
Estas mesas os parecen muy bien.	– Os parecen muy bien estas mesas.
Estas mesas les parecen muy bien.	– Les parecen muy bien estas mesas.

170. *Gustar*

La fruta me gusta.	Me gusta la fruta.
La fruta te gusta.	Te gusta la fruta.
La fruta le gusta.	Le gusta la fruta.
La fruta nos gusta.	Nos gusta la fruta.
La fruta os gusta.	Os gusta la fruta.
La fruta les gusta.	Les gusta la fruta.
Las uvas me gustan.	Me gustan las uvas.
Las uvas te gustan.	Te gustan las uvas.
Las uvas le gustan.	Le gustan las uvas.
Las uvas nos gustan.	Nos gustan las uvas.
Las uvas os gustan.	Os gustan las uvas.
Las uvas les gustan.	Les gustan las uvas.

171. *Use of 'de'*

El tenis no es un deporte de los más populares.
El equipo español es de los mejores.
Un día de éstos . . . (= Uno de estos días).

172. Direct object pronouns

Juan me conoce a mí.
Juan nos conoce a nosotros.
Juan te conoce a ti.
Juan os conoce a vosotros.
Juan le conoce a Vd., a él.
Juan les conoce a Vds., a ellos.
Juan la conoce a ella.
Juan las conoce a ellas.
Juan se conoce a sí mismo.

173. Indirect object pronouns

Juan me habla a mí.
Juan nos habla a nosotros.
Juan te habla a ti.
Juan os habla a vosotros.
Juan le habla a Vd., a él, a ella.
Juan les habla a Vds., a ellos, a ellas.
Juan se habla a sí mismo.

174. Redundant direct object

Esta carta *la* envío a mi mujer.
Este cable *lo* mando a España.
Los músculos *los* tengo de acero.
Las cervezas las queremos frescas.

175. Redundant indirect object

Le pide un impreso al empleado.
Le da 50 pesetas a la empleada.
Les envía unos folletos a los clientes.
Les voy a dar trabajo a Vds.

176. Nada (*pronoun=nothing*)

No quiero nada de comer.
La secretaria nunca dice nada.
No leo nada estos días.

177. Nada (*adverb=not at all*)

Ella no trabaja nada.
Tú no hablas nada.
Este café no me gusta nada.

178. De (*in adverbial expressions*)

¿Qué desean de postre?
De esta forma llegamos antes.
De esta manera llegamos antes.
Mañana me voy de viaje.

179. Con (*in adverbial expressions*)

Los empleados trabajan con interés.
Coma Vd. con calma.
Para Vd. lo hago con gusto.

180. Todavía no (*not yet*)

Todavía no les recomiendo las uvas.
No les recomiendo las uvas todavía.
No les recomiendo todavía las uvas.

Todavía no está el director.
No está el director todavía.
No está todavía el director.

181. Casi (*nearly, almost*)

Casi todos están aquí. Sólo falta Juan.
Son casi las once.
Casi siempre llegan pronto.

182. Ya

Ya está comprado el billete.
El billete ya está comprado.
El billete está ya comprado.
El billete está comprado ya.

183. ¿Cuánto? (*How long? how much?*)

¿Cuánto tardan en llegar las cartas?
¿Cuánto cuesta el billete?

184. Cada (*each*)

Cada hombre.
Cada uno de los hombres.
Cada mujer.
Cada una de las mujeres.

185. El, la, los, las (*with parts of the body = his, your, her, etc.*)

Saca la mosca con el dedo.
Abre la boca.
Cierra los ojos.
Se lava las manos.

186. Sin + negative

Sin decir nada.
Sin hablar nunca.
Sin ver a nadie.
Sin comprar ninguno.

187. Desde (*place and time=from*)

Se puede telefonear desde Correos.
Trabajo desde las 9 hasta las 5.

188. Siempre (*always*)

La ventanilla está siempre abierta.
La ventanilla siempre está abierta.
La ventanilla está abierta siempre.
Siempre está abierta la ventanilla.

189. Nunca (*never*)

La ventanilla no está abierta nunca.
La ventanilla nunca está abierta.
No está abierta nunca la ventanilla.
Nunca está abierta la ventanilla.

190. Prepositions

dentro de: ¿Cuánto cuesta mandar cartas dentro de Gran Bretaña?
además de: Además de sellos, ¿qué más venden en Correos?

191. Primero, luego, después (*first, then, then*)

Primero llamo a la central, luego hablo con la telefonista, después mando el telegrama.

192. A por (*purpose*)

Vamos a por una ración de callos.
Voy a por agua.

193. Numbers

1.000	mil
2.000	dos mil
3.000	tres mil
4.000	cuatro mil
5.000	cinco mil
6.000	seis mil
7.000	siete mil
8.000	ocho mil
9.000	nueve mil
10.000	diez mil
1.000.000	un millón
2.000.000	dos millones
3.000.000	tres millones
4.000.000	cuatro millones

El Sr. Short monta una oficina 16

Mr Short sets up an office

It has been decided that Mr Short is to stay for a period in Spain. He therefore needs an office, not a large one, just enough for himself, a secretary and an office boy. After scanning the newspaper advertisements he calls on an estate agent. He would like a place near the centre, but they have nothing available, so he takes a flat in a good-class district not far out. In the dialogue we have Mr Short's interview with the agent and the expansion exercise describes how he furnishes the office and installs the equipment and material. The conversation section practises renting an office yourself, describing the other firms in the building and interviewing a young lady who has applied for a job as your secretary. In place of the Cuestionario this time, there is a dictation practised in two parts, first an oral repetition of the sentences built up phrase by phrase (the idea being to get you used to hearing and saying fairly long utterances) and then writing down the same sentences as each one is dictated as a whole, not broken up into phrases. This exercise requires an effort of concentration but it will help to increase your auditory and oral span. The exercise will appear again in the next few Units.

The new grammar of this Unit consists principally of the Perfect Tense of the verb (I have seen, he has spoken). It is formed as in English with the auxiliary verb 'has' and 'have' (in Spanish: *he, ha, hemos, han*) and the Past Participles, which have already been studied (*prohibido, hecho, terminado, escrito*, etc.). It has already been noticed that there are regular forms of the Past Participle: the endings *-ado* and *-ido*, and a small number of irregular ones. Among other new forms practised here are the personal pronouns used after prepositions (Spanish uses the subject pronouns *nosotros, él, ella, ellos*, whereas English uses object pronouns 'us, him, her, them', etc.) and the words for 'some' and 'several'.

13

14

15

16

17

18

19

20

.21

22

23

24

El Sr. Short alquila una oficina

1.	SR. DUARTE	– Buenos días. ¿En qué puedo servirle?
2.	MR SHORT	– He leído su anuncio sobre alquileres de oficinas.
3.	SR. DUARTE	– Ah, sí. ¿Qué clase de oficina necesita Vd.?
4.	MR SHORT	– Una habitación para mí, y otra más pequeña para la secretaria.
5.	SR. DUARTE	– ¿Le interesa algún barrio particular?
6.	MR SHORT	– Me gustaría el centro, pero me han dicho que es difícil.
7.	SR. DUARTE	– Sí, efectivamente. Ayer mismo hemos alquilado una oficina allí, pero ya no tenemos en el centro.
8.	MR SHORT	– ¡Fíjese, qué lástima!
9.	SR. DUARTE	– El barrio de Salamanca es muy bueno.
10.	MR SHORT	– ¿Bueno para los negocios?
11.	SR. DUARTE	– Sí, varias firmas importantes han abierto oficinas allí.
12.	MR SHORT	– Me parece muy bien.
13.	SR. DUARTE	– ¿De qué tamaño necesita Vd. la oficina?
14.	MR SHORT	– Aproximadamente treinta metros cuadrados para mí.
15.	SR. DUARTE	– ¿Y para la secretaria?
16.	MR SHORT	– Para ella unos veinte metros cuadrados.
17.	SR. DUARTE	– Aquí tengo varios locales.
18.	MR SHORT	– ¿Me puede dar alguna idea de los precios?
19.	SR. DUARTE	– Varían entre seis y diez mil pesetas al mes.
20.	MR SHORT	– Bien y ¿cuándo puedo verlos?
21.	SR. DUARTE	– Ahora mismo si Vd. quiere.
22.	MR SHORT	– Me es más fácil mañana.
23.	SR. DUARTE	– Bien, cuando Vd. quiera. ¿Le conviene a las diez?
24.	MR SHORT	– Sí, esa hora me conviene. Hasta mañana entonces. Ha sido Vd. muy amable.

Dictado

1. Repetición verbal

Repita de oído las frases siguientes

1. El Sr. Short ha leído un anuncio.
   El Sr. Short ha leído un anuncio de la Agencia Duarte.
   El Sr. Short ha leído un anuncio de la Agencia Duarte sobre alquileres de oficinas.

2. Lo ha leído.
   Lo ha leído en un periódico.
   Lo ha leído en un periódico español.
   Lo ha leído en un periódico español de Madrid.

3. El Sr. Short necesita una oficina.
   El Sr. Short necesita una oficina con dos habitaciones.
   El Sr. Short necesita una oficina con dos habitaciones de unos cincuenta metros cuadrados.

4. Quiere una habitación para él.
   Quiere una habitación para él y otra para la secretaria.
   Quiere una habitación para él y otra más pequeña para la secretaria.

5. Le gustaría tener una oficina.
   Le gustaría tener una oficina en el centro de la ciudad.
   Le gustaría tener una oficina en el centro de la ciudad pero le han dicho que es difícil.

6. El Sr. Duarte recomienda el barrio de Salamanca.
   El Sr. Duarte recomienda el barrio de Salamanca porque es bueno.
   El Sr. Duarte recomienda el barrio de Salamanca porque es bueno para los negocios.

7. Hay varias firmas allí.
   Hay varias firmas importantes allí.
   Hay varias firmas importantes que han abierto oficinas allí.

8. Los pisos varían entre seis y diez mil pesetas.
   Los pisos varían entre seis y diez mil pesetas al mes.
   Los pisos que tiene el Sr. Duarte varían entre seis y diez mil pesetas al mes.

9. Puede verlos hoy mismo.
   Puede verlos hoy mismo pero le es más fácil mañana.
   Puede verlos hoy mismo pero le es más fácil mañana a las diez.

2. Dictado escrito

Escriba el siguiente párrafo, dictado por frases enteras:

El Sr. Short ha leído un anuncio de la agencia Duarte sobre alquileres de oficinas. / Lo ha leído en un periódico español de Madrid. / El Sr. Short necesita una oficina con dos habitaciones de unos cincuenta metros cuadrados. / Quiere una habitación para él y otra más pequeña para la secretaria. / Le gustaría tener una oficina en el centro de la ciudad pero le han dicho que es difícil. / El Sr. Duarte recomienda el barrio de Salamanca porque es bueno para los negocios. / Hay varias firmas importantes que han abierto oficinas allí. / Los pisos que tiene el Sr. Duarte varían entre seis y diez mil pesetas al mes. / Puede verlos hoy mismo pero le es más fácil mañana a las diez.

Cuestionario

Conteste con varias frases largas:

1. ¿Qué ha leído el Sr. Short?
2. ¿Dónde lo ha leído?
3. ¿Qué necesita?
4. ¿Qué habitaciones quiere?
5. ¿Qué le gustaría tener?
6. ¿Qué recomienda el Sr. Duarte?
7. ¿Qué hay en ese barrio?
8. ¿Cuánto cuesta el alquiler de los pisos?
9. ¿Cuándo puede verlos?

El Sr. Short instala la oficina

1. EL LOCAL

El Sr. Short ha alquilado una oficina en un sexto piso. Su despacho tiene siete metros de largo, por cuatro de ancho, por tres y medio de alto. El de la secretaria tiene cinco metros de largo, por tres de ancho, por tres y medio de alto.

2. LOS MUEBLES

Ha comprado algunos muebles: una mesa de despacho para él y otras dos más pequeñas para la secretaria y el botones. Además, para guardar el material de oficina, ha tenido que comprar un armario, tres archivadores y algunos estantes. No se ha olvidado de las visitas, y para ellas ha comprado un sofá y dos sillones además de las sillas de oficina corrientes.

3. EL MATERIAL DE OFICINA

De Inglaterra ha recibido papel de escribir pero ha pedido a una papelería española todo el resto del material necesario: sobres, carpetas, lápices, gomas, clips, etcétera. Además ha comprado una máquina de escribir Hispano-Olivetti. Le han prometido el teléfono pero no lo han instalado todavía. Le han avisado que van a tardar unas tres semanas.

4. EL PERSONAL

Para encontrar una secretaria ha puesto un anuncio en el periódico. Varias señoritas han escrito en contestación al anuncio. El Sr. Short va a contratar a una de ellas. También tiene un puesto para un botones para hacer recados, recoger paquetes, etc., pero todavía no ha encontrado ninguno. Como ve, el Sr. Short ha estado muy ocupado esta semana.

1. EL LOCAL
   1. ¿Ha alquilado Vd. su oficina, Sr. Short?   – Sí, ya la he alquilado.
   2. ¿En qué piso está?   – Está en el sexto piso.
   3. ¿Qué tamaño tiene su despacho?   – Tiene siete metros de largo, por cuatro de ancho, por tres y medio de alto.
   4. ¿Y él de la secretaria?   – El de la secretaria tiene cinco metros de largo, por tres de ancho, por tres y medio de alto.

2. LOS MUEBLES
   5. ¿Qué ha comprado Vd.?   – He comprado algunos muebles.
   6. ¿Qué clase de mesa ha comprado para Vd. mismo?   – He comprado una mesa de despacho.
   7. ¿Y para la secretaria y el botones?   – He comprado otras dos mesas más pequeñas.
   8. ¿Qué ha tenido que comprar además?   – Además he tenido que comprar un armario, tres archivadores, algunos estantes, sillas de oficina, un sofá y dos sillones para las visitas.

3. EL MATERIAL DE OFICINA
   9. ¿De dónde ha recibido el papel de escribir?   – Lo he recibido de Inglaterra.
   10. ¿Para el resto del material, qué ha hecho?   – Lo he pedido a una papelería española.
   11. ¿De qué consiste?   – De sobres, carpetas, lápices, gomas, clips, etc.
   12. ¿Ha comprado una máquina de escribir?   – Sí, he comprado una Hispano-Olivetti.
   13. ¿Tiene teléfono ya?   – No, no tengo teléfono todavía.
   14. ¿Qué pasa con el teléfono?   – No lo han instalado todavía.

4. EL PERSONAL
   15. ¿Tiene secretaria?   – No, no tengo secretaria todavía.
   16. ¿Qué ha hecho para encontrar una?   – He puesto un anuncio en el periódico.
   17. ¿Ha escrito alguna señorita en contestación al anuncio?   – Sí, varias señoritas han escrito.
   18. ¿Qué otro empleado necesita?   – Necesito un botones.
   19. ¿Para qué necesita un botones?   – Para hacer recados, recoger paquetes, etc.
   20. ¿Ha encontrado ya algún botones?   – No, todavía no he encontrado ninguno.
   21. ¿Ha trabajado Vd. mucho esta semana?   – Sí, he trabajado mucho.
   22. ¿Ha estado muy ocupado?   – Sí, he estado muy ocupado.

115 He alquilado una oficina. — He alquilado una oficina.
   El Sr. Short — El Sr. Short ha alquilado una oficina.
   Nosotros — Nosotros hemos alquilado una oficina.
   Estos señores — Estos señores han alquilado una oficina.
   Mi compañía — Mi compañía ha alquilado una oficina.
   Vd. — Vd. ha alquilado una oficina.

116 He leído el anuncio. — He leído el anuncio.
   El Sr. Short — El Sr. Short ha leído el anuncio.
   La secretaria — La secretaria ha leído el anuncio.
   Nosotros — Nosotros hemos leído el anuncio.
   Vd. — Vd. ha leído el anuncio.
   Mis jefes — Mis jefes han leído el anuncio.

117 Hemos pedido el teléfono. — Hemos pedido el teléfono.
   Vd. — Vd. ha pedido el teléfono.
   Todos ellos — Todos ellos han pedido el teléfono.
   El Sr. Short — El Sr. Short ha pedido el teléfono.
   Yo — Yo he pedido el teléfono.
   Nosotros — Nosotros hemos pedido el teléfono.

118 ¿Ha visto Vd. mi despacho? — ¿Ha visto Vd. mi despacho?
   ellos — ¿Han visto ellos mi despacho?
   el periódico — ¿Han visto ellos el periódico?
   Vds. — ¿Han visto Vds. el periódico?
   los sobres — ¿Han visto Vds. los sobres?
   escrito — ¿Han escrito Vds. los sobres?
   el botones — ¿Ha escrito el botones los sobres?
   las señas — ¿Ha escrito el botones las señas?
   puesto — ¿Ha puesto el botones las señas?
   nosotros — ¿Hemos puesto nosotros las señas?
   la dirección — ¿Hemos puesto nosotros la dirección?

119 ¿Cuándo va Vd. a escribir la carta? — Ya he escrito la carta.
   ¿Cuándo va Vd. a hacer el trabajo? — Ya he hecho el trabajo.
   ¿Cuándo va Vd. a ver los muebles? — Ya he visto los muebles.
   ¿Cuándo va Vd. a poner el anuncio? — Ya he puesto el anuncio.
   ¿Cuándo va Vd. a abrir el correo? — Ya he abierto el correo.
   ¿Cuándo va Vd. a traer el paquete? — Ya he traído el paquete.

120 ¿Ha comprado Vd. la mesa ya? — No, no la he comprado todavía.
   ¿Ha pedido Vd. el teléfono ya? — No, no lo he pedido todavía.
   ¿Ha instalado Vd. la oficina ya? — No, no la he instalado todavía.
   ¿Ha recibido Vd. los sobres ya? — No, no los he recibido todavía.
   ¿Ha traído Vd. los muebles ya? — No, no los he traído todavía.
   ¿Ha enviado Vd. las cartas ya? — No, no las he enviado todavía.
   ¿Ha mandado Vd. el telegrama ya? — No, no lo he mandado todavía.
   ¿Ha visto Vd. las sillas ya? — No, no las he visto todavía.

121 ¿Han instalado los muebles? — Han instalado algunos muebles pero no todos.
   ¿Han comprado las sillas? — Han comprado algunas sillas pero no todas.
   ¿Han traído los sillones? — Han traído algunos sillones pero no todos.
   ¿Han pedido las carpetas? — Han pedido algunas carpetas pero no todas.
   ¿Han puesto los armarios? — Han puesto algunos armarios pero no todos.
   ¿Han comprado las mesas de despacho? — Han comprado algunas mesas de despacho pero no todas.

122 ¿Podemos ir ahora ?   – Sí, ahora mismo.
    ¿Se va Vd. mañana ?   – Sí, mañana mismo.
    ¿Vive Vd. allí ?   – Sí, allí mismo.
    ¿Trabaja Vd. aquí ?   – Sí, aquí mismo.
    ¿Viene el director ?   – Sí, el director mismo.
    ¿Va Vd. ?   – Sí, yo mismo.
    ¿Lo han hecho Vds. ?   – Sí, nosotros mismos.
    ¿Lo ha dicho ella ?   – Sí, ella misma.

123 ¿Es de Vds. esta oficina ?   – Sí, es nuestra.
    ¿Es de Vds. este despacho ?   – Sí, es nuestro.
    ¿Son de Vds. estas oficinas ?   – Sí, son nuestras.
    ¿Son de Vds. estos despachos ?   – Sí, son nuestros.
    ¿Es para mí este despacho ?   – Sí, es suyo.
    ¿Es para mí esta oficina ?   – Sí, es suya.
    ¿Son para mí estas gomas ?   – Sí, son suyas.
    ¿Son para mí estos lápices ?   – Sí, son suyos.

124 ¿Esta mesa es para Vd. ?   – Sí, es para mí.
    ¿Esta mesa es para mí ?   – Sí, es para Vd.
    ¿Esta mesa es para el jefe ?   – Sí, es para él.
    ¿Esta mesa es para los botones ?   – Sí, es para ellos.
    ¿Esta mesa es para Vds. ?   – Sí, es para nosotros.
    ¿Este mesa es para nosotros ?   – Sí, es para Vds.
    ¿Esta mesa es para la secretaria ? – Sí, es para ella.
    ¿Esta mesa es para las empleadas ? – Sí, es para ellas.

125 ¿Ha dicho algo el jefe ?   – No, se ha marchado sin decir nada.
    ¿Ha hecho algo el jefe ?   – No, se ha marchado sin hacer nada.
    ¿Ha firmado algo el jefe ?   – No, se ha marchado sin firmar nada.
    ¿Ha escrito algo el jefe ?   – No, se ha marchado sin escribir nada.
    ¿Ha preguntado algo el jefe ?   – No, se ha marchado sin preguntar nada.
    ¿Ha contestado algo el jefe ?   – No, se ha marchado sin contestar nada.

126 ¿Ha comprado Vd. algún libro ?   – No, no he comprado ninguno.
    ¿Ha leído Vd. alguna novela ?   – No, no he leído ninguna.
    ¿Ha vendido Vd. alguna máquina ?   – No, no he vendido ninguna.
    ¿Ha recibido Vd. los archivadores ? – No, no he recibido ninguno.
    ¿Ha puesto Vd. los anuncios ?   – No, no he puesto ninguno.
    ¿Ha hecho Vd. los recados ?   – No, no he hecho ninguno.

Un señor quiere alquilar para oficina uno de los locales indicados en la página de enfrente. Habla en una agencia con el encargado. Desarrollan la conversación, ayudándose con las siguientes preguntas y observaciones. Primero el encargado pregunta y el cliente explica lo que quiere. Luego el cliente hace unas preguntas y el encargado contesta.

ENCARGADO   CLIENTE

1. ¿Necesita Vd. una oficina grande o pequeña?
2. ¿Cuántas habitaciones necesita Vd.?
3. ¿Tiene Vd. idea de las dimensiones totales?
4. ¿Qué personal tiene?
5. ¿Cómo lo va a distribuir?
6. ¿Necesita Vd. una habitación especialmente grande?
7. ¿De qué tamaño quiere Vd. las habitaciones?
8. ¿Necesita habitaciones exteriores o interiores?
9. ¿Qué le parece este local (A)?
10. ¿Y éste (B)?

CLIENTE   ENCARGADO

1. ¿Qué precios tienen estos dos locales?
2. ¿Cómo se paga el alquiler, a la semana o al mes?
3. ¿Se paga por adelantado o a fin de mes (semana)?
4. ¿Tengo que dejar una fianza?
5. ¿Me devuelven la fianza al marcharme?
6. ¿Puedo ver los pisos?
7. ¿Cuándo?
8. Me conviene más pasado mañana.

Despedidas de cortesía.

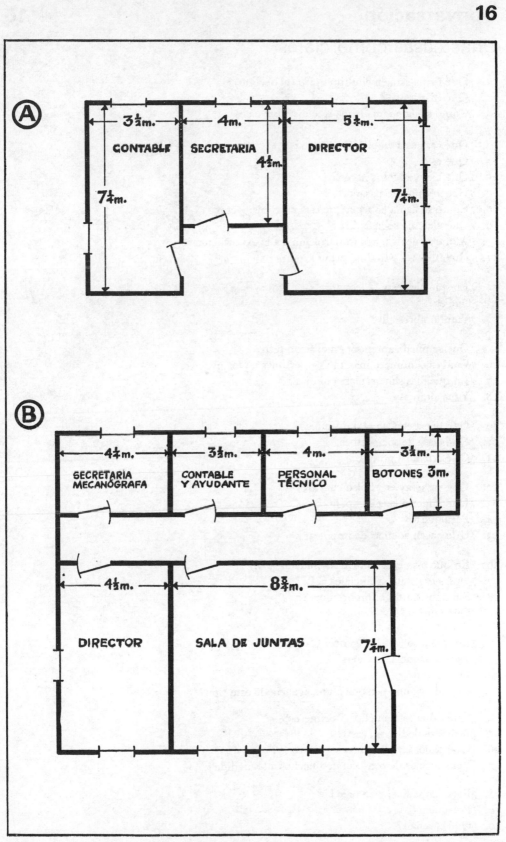

Unas casas comerciales

1. ¿Qué firma está en el último piso (el décimo)?
2. ¿Qué distribuye?
3. ¿Cómo se llama una firma que distribuye cosas?

4. ¿Qué casa está en el piso noveno?
5. ¿Qué es?
6. ¿Qué clase de fotos hacen?
7. ¿Hacen fotos de pasaporte?
8. ¿Cómo se llama la firma que está en el piso octavo?
9. ¿Qué clase de sociedad es?
10. ¿A qué se dedica, a la importación o a la exportación?
11. ¿Qué importa y qué exporta?

12. ¿En qué piso está 'Cleopatra'?
13. ¿Qué es?
14. ¿Van hombres allí?

15. ¿Qué se puede aprender en el sexto piso?
16. ¿Cuál es el número máximo de personas en los grupos?
17. ¿En qué días son las clases diarias?
18. ¿Y las alternas?

19. ¿Qué firma está en el quinto piso?
20. ¿Qué clase de sociedad es?
21. ¿Qué artículos produce?

22. ¿Qué casa hay en el piso cuarto?
23. ¿Qué importa esta compañía?
24. ¿Para qué?
25. ¿Qué hacen además de importar?

26. ¿En qué piso está Industrias Badalona, S.L.?
27. ¿Qué significan las iniciales S.L.?
28. ¿Son fabricantes o importadores?
29. ¿Qué fabrican?

30. ¿En qué piso está la Agencia García?
31. ¿Es una agencia de viajes?
32. ¿Qué hacen?
33. ¿Cuándo va una persona a una agencia de este tipo?

34. ¿Qué firma está en el piso primero?
35. ¿A qué se dedica un sastre?
36. ¿Qué paños emplean en esta sastrería?
37. ¿Vende trajes de confección o hechos a la medida?

38. ¿Está ocupado el piso bajo?
39. ¿Por quién?
40. ¿Qué enseñan?

PISO		FIRMA
10°	**FILMESA**	Distribuidora de películas nacionales y extranjeras.
9°	**ARTIS**	Estudio fotográfico. Fotos artísticas, teatro, bodas, etc., y toda clase de fotos.
8°	**L. SÁNCHEZ, S.A.** (1)	Importadores de maquinaria agrícola. Exportadores de aceite de oliva, aceitunas, etc.
7°	**CLEOPATRA**	Salón de belleza y peluquería de señoras.
6°	**INSTITUTO LOGOS**	Instituto de idiomas. Grupos limitados a ocho personas. Clases diarias y alternas (L.M.V. o M.J.S.).
5°	**CAMPS Y LLORET, S.A.**	Productos químicos y farmacéuticos.
4°	**COMPAÑÍA GENERAL DE CARBONES S.A.**	Importadores y distribuidores de combustibles sólidos para la industria, navegación, consumos domésticos.
3°	**INDUSTRIAS BADALONA S.L.** (2)	Fabricantes de tejidos.
2°	**AGENCIA GARCÍA**	Publicidad. Anuncios de todas clases, trabajo, alquileres, compras, ventas.
1°	**SASTRERÍA BARCA**	Sastre. Paños ingleses, australianos y nacionales. Trajes hechos a la medida.
Bajo	**ACADEMIA TRIANA**	Academia de baile – español, flamenco y clásico.

(1) *Sociedad Anónima*
(2) *Sociedad Limitada*

Solicitando un puesto

Vd. solicita y acepta un puesto en una de las casas mencionadas en la página anterior. Se entrevista con el jefe que le hace las preguntas siguientes:

1. ¿Ha leído Vd. nuestro anuncio en el periódico?
2. Bien. ¿Por qué desea Vd. este empleo?
3. Vd. habla muy bien español. ¿Dónde lo ha aprendido?
4. ¿Ha estudiado Vd. mucho tiempo?
5. ¿Qué ha estudiado Vd. además de español?
6. ¿Dónde? ¿En España?
7. ¿Qué experiencia tiene Vd. en esta profesión?
8. ¿En qué otras casas ha trabajado Vd.?
9. Bien, pues si es tan amable de darme algunos datos . . .Su apellido ¿Cuál es?
10. ¿Y su nombre?
11. ¿De dónde es Vd.?
12. ¿Ha vivido mucho tiempo en España?
13. ¿Cuánto tiempo piensa Vd. quedarse en España?
14. ¿Está Vd. casado?
15. ¿Qué familia tiene?
16. ¿Cuánto gana Vd. ahora?
17. ¿Cuánto quiere Vd. ganar?
18. Pues está bien. Su horario de trabajo es de 9 a 2 y de 4 a 7. ¿Le parece bien?
19. ¿Quiere Vd. hacer alguna pregunta . . .?
20. Bueno. ¿Puede Vd. empezar el lunes próximo?
21. Bien, entonces hasta el lunes.

Mr Short is having a routine day at the office. He calls for the mail but it has arrived rather late and the secretary is still opening it. Certain publicity pamphlets Mr Short has been expecting for a week now have still not arrived and he is mildly annoyed about it. He asks his secretary to translate a couple of letters into Spanish for him, with an original and three copies, and to see that the boy posts them before going home to lunch.

This scene is followed by an oral and written dictation exercise similar to the one in Unit 16, and this is, in turn, followed by the expansion section describing what the secretary is doing in the office.

The expansion section practises the Progressive or Continuous form of the Present Tense (she is typing, I am reading) which is the main grammatical item taught in the Unit. It is made up, as in English, of the auxiliary verb 'is, am, are' (*estar*) and the Present Participle, the '-ing' form, whose equivalent in Spanish is -*ando* and *iendo*. An interesting feature of the Present Tense in Spanish (both the Simple form and the Progressive form: *vivo* and *estoy viviendo*) is its use in sentences which require the Perfect Tense in English, for example: 'I have lived here for ten years; I have been waiting for half an hour'. Since the action of the verbs in these sentences is still going on at the time the sentence is spoken, Spanish uses the Present Tense. (I live here since ten years ago *or* It is ten years that I live here). English thinks rather of the fact that it began in the past and has continued up to the present moment. This is a difference in attitude only, since the concept is the same, but the attitude is reflected in the grammar. It is also reflected in the names of the tenses: in English it is called the Present Perfect, in Spanish the *Pretérito Perfecto* or Past Perfect.

The conversation exercises include: two dialogues in which you are given one half and have to supply the other, questions and answers about a car journey in the country round Madrid based on a map of the area, and lastly a talk on one of several suggested excursions.

Apart from the new verb form mentioned above, the other main grammatical point of interest is the use of two personal pronouns together ('bring me it; take them to him'). A little effort will be required at first to choose the right words and get them in the right order; it is important to be correct about this; otherwise, one may not make it clear what is happening to whom.

Finally there are sentences based on the pattern 'Want someone to do something' and 'Tell someone to do something'. These are said differently in Spanish ('Want that someone does something', and 'Tell someone that he do something') and require a special form of the verb, called the Subjunctive mood, which consists of changing the endings -*o*, -*as*, -*a*, -*amos*, -*áis*, -*an*, into -*e*, -*es*, -*s*, -*emos*, -*éis*, -*en*; and the endings -*o*, -*es*, -*e*, -*emos*, -*éis*, -*en*, into -*a*, -*as*, *a*, -*amos*, -*áis*, -*an*.

13

14

15

16

17

18

19

20

21

22

23

24

1.	MR SHORT	– Señorita, ¿ha llegado el correo?
2.	SECRETARIA	– Sí, señor, ha llegado ya.
3.	MR SHORT	– Pues, tráigamelo, por favor.
4.	SECRETARIA	– Estoy abriéndolo ahora, no se preocupe Vd.
5.	MR SHORT	– ¿Por qué no lo ha abierto antes?
6.	SECRETARIA	– Es que hoy lo he recibido muy tarde.
7.	MR SHORT	– Pues, tráigamelo cuanto antes por favor.
8.	SECRETARIA	– Sí, señor, ahora mismo se lo llevo, no se preocupe Vd.

9.	MR SHORT	– ¿Han mandado los folletos de Inglaterra?
10.	SECRETARIA	– Todavía no.
11.	MR SHORT	– ¡Vaya! Pero si hace una semana que los estoy esperando.
12.	SECRETARIA	– Pues yo los he pedido varias veces, no se preocupe Vd.
13.	MR SHORT	– Bueno, bueno ¿Ha venido el botones? No le visto hoy.

14.	SECRETARIA	– Sí, claro que ha venido.
15.	MR SHORT	– ¿Dónde está?
16.	SECRETARIA	– No está aquí. Le he mandado a comprar sellos.
17.	MR SHORT	– ¿Hace mucho que ha salido?
18.	SECRETARIA	– Hace diez minutos; en seguida vuelve, no se preocupe Vd.

19.	MR SHORT	– Mire, estas dos cartas, tradúzcamelas al español cuanto antes.
20.	SECRETARIA	– ¿Cuántas copias hago?
21.	MR SHORT	– Haga Vd. original y tres copias.
22.	SECRETARIA	– Bien, se las hago ahora mismo, no se preocupe Vd.
23.	MR SHORT	– Y dígale al chico que las eche en Correos antes de ir a comer.
24.	SECRETARIA	– Sí, señor, no se preocupe; ahora se lo digo.

1. Repetición verbal

Repita de oído las frases siguientes:

1. El correo ha llegado.
   El correo ha llegado a la oficina.
   El correo ha llegado a la oficina y su secretaria se lo lleva.
   El correo ha llegado a la oficina y el Sr. Short quiere que su secretaria se lo lleve.

2. La secretaria no puede.
   La secretaria no puede llevárselo.
   La secretaria no puede llevárselo porque lo ha recibido muy tarde.
   La secretaria no puede llevárselo porque lo ha recibido muy tarde y lo está abriendo ahora.

3. El Sr. Short está esperando.
   El Sr. Short está esperando unos folletos de Inglaterra.
   Hace una semana que el Sr. Short está esperando unos folletos de Inglaterra.
   Hace una semana que el Sr. Short está esperando unos folletos de Inglaterra pero no han llegado todavía.

4. El Sr. Short no ha visto al botones hoy.
   El Sr. Short no ha visto al botones hoy, pero ha llegado.
   El Sr. Short no ha visto al botones hoy, pero ha llegado y la secretaria le ha mandado a la calle.
   El Sr. Short no ha visto al botones hoy, pero ha llegado y la secretaria le ha mandado a la calle a comprar sellos.

5. Ha salido el botones.
   Hace diez minutos que ha salido el botones.
   Hace diez minutos que ha salido el botones pero vuelve enseguida.

6. El Sr. Short quiere que vuelva enseguida.
   El Sr. Short quiere que vuelva enseguida y que vaya a Correos.
   El Sr. Short quiere que vuelva enseguida, que vaya a Correos y que eche las cartas.
   El Sr. Short quiere que vuelva enseguida, que vaya a Correos y que eche las cartas que ha traducido la secretaria.

2. Cuestionario

Conteste con frases largas:

1. ¿Ha llegado el correo?
2. ¿Por qué no puede llevárselo la secretaria?
3. ¿Qué está esperando el Sr. Short?
4. ¿Ha visto el Sr. Short al botones?
5. ¿Hace mucho que ha salido el botones?
6. ¿Qué quiere el Sr. Short?

3. Reproducción escrita

Escriba de oído el siguiente párrafo dictado por frases enteras:

El correo ha llegado a la oficina y el Sr. Short quiere que su secretaria se lo lleve. / La secretaria no puede llevárselo porque lo ha recibido muy tarde y lo está abriendo ahora. / Hace una semana que el Sr. Short está esperando unos folletos de Inglaterra pero no han llegado todavía. / El Sr. Short no ha visto al botones hoy, pero ha llegado, y la secretaria le ha mandado a la calle a comprar sellos. / Hace diez minutos que ha salido el botones pero vuelve enseguida. / El Sr. Short quiere que vuelva enseguida, que vaya a Correos y que eche las cartas que ha traducido la secretaria.

1. La secretaria ha llegado
    y está sentándose a su mesa.
2. Se ha sentado a su mesa,
    y está abriendo el correo.
3. Ha abierto el correo,
    y está poniéndolo en la mesa del jefe.
4. Lo ha puesto en la mesa del jefe,
    y está tomando una carta en taquigrafía.
5. Ha tomado una carta en taquigrafía,
    y está escribiéndola a máquina.
6. Ha escrito la carta a máquina,
    y está sacándola de la máquina.
7. Ha sacado la carta de la máquina,
    y está traduciendo otra carta.
8. Ha traducido la otra carta,
    y está hablando por teléfono.
9. Ha hablado por teléfono,
    y está apuntando el recado.
10. Ha apuntado el recado,
    y está dándoselo al jefe.
11. Le ha dado el recado al jefe,
    y está archivando la correspondencia.
12. Ha archivado la correspondencia,
    y está poniéndose el abrigo para marcharse.

LA SECRETARIA DICE

1. He llegado,
    y estoy sentándome a mi mesa.
2. Me he sentado a mi mesa,
    y estoy abriendo el correo.
3. He abierto el correo,
    y estoy poniéndolo en la mesa del jefe.
4. Lo he puesto en la mesa del jefe,
    y estoy tomando una carta en taquigrafía.
5. He tomado una carta en taquigrafía,
    y estoy escribiéndola a máquina.
6. He escrito la carta a máquina,
    y estoy sacándola de la máquina.
7. He sacado la carta de la máquina,
    y estoy traduciendo otra carta.
8. He traducido la otra carta,
    y estoy hablando por teléfono.
9. He hablado por teléfono,
    y estoy apuntando el recado.
10. He apuntado el recado,
    y estoy dándoselo al jefe. . .

2. La familia Pérez

1. Los Sres. de Pérez viven en Barcelona. Llevan diez años viviendo allí.   2. La Sra. de Pérez y su amiga están estudiando inglés. Llevan dos años estudiándolo.   3. Pablo y su compañero están aprendiendo a bailar. Llevan tres meses aprendiendo.   4. Teresa y su novio están ahorrando para casarse. Llevan un año ahorrando.

¿QUÉ HACEN ELLOS?

1. ¿Dónde viven los Sres. de Pérez?
   – Viven en Barcelona.
   ¿Cuánto tiempo llevan viviendo allí?
   – Llevan diez años viviendo allí.
2. ¿Qué están haciendo la Sra. de Pérez y su amiga?
   – Están estudiando inglés.
   ¿Cuánto tiempo llevan estudiándolo?
   – Llevan dos años estudiándolo.
3. ¿Qué están haciendo Pablo y su compañero?
   – Están aprendiendo a bailar.
   ¿Cuánto tiempo llevan aprendiendo?
   – Llevan tres meses aprendiendo.
4. ¿Qué están haciendo Teresa y su novio?
   – Están ahorrando para casarse.
   ¿Cuánto tiempo llevan ahorrando?
   – Llevan un año ahorrando.

¿QUÉ HACEN VDS.?

1. ¿Dónde viven Vds., señores de Pérez?
   – Vivimos en Barcelona.
   ¿Cuánto tiempo llevan Vds. viviendo allí?
   – Llevamos diez años viviendo allí.
2. ¿Qué están haciendo Vds., señoras?
   – Estamos estudiando inglés.
   ¿Cuánto tiempo llevan Vds. estudiándolo?
   – Llevamos dos años estudiándolo.
3. ¿Qué están haciendo Vd. y su compañero, Pablo?
   – Estamos aprendiendo a bailar.
   ¿Cuánto tiempo llevan Vds. aprendiendo?
   – Llevamos tres meses aprendiendo.
4. ¿Qué están haciendo Vd. y su novio, Teresa?
   – Estamos ahorrando para casarnos.
   ¿Cuánto tiempo llevan Vds. ahorrando?
   – Llevamos un año ahorrando.

127	¿Cuándo se va la secretaria?	– Ya se ha ido.
	¿Cuándo se marcha el jefe?	– Ya se ha marchado.
	¿Cuándo se abren las oficinas?	– Ya se han abierto.
	¿Cuándo se cierran las puertas?	– Ya se han cerrado.
	¿Cuándo se casa Vd.?	– Ya me he casado.
	¿Cuándo se divierten Vds.?	– Ya nos hemos divertido.
	¿Cuándo se casan Vds.?	– Ya nos hemos casado.

128	¿Cuándo va a trabajar Vd.?	– Estoy trabajando ya.
	¿Cuándo van a estudiar Vds.?	– Estamos estudiando ya.
	¿Cuándo va a hablar el director?	– Está hablando ya.
	¿Cuándo van a terminar los empleados?	– Están terminando ya.
	¿Cuándo va a archivar la secretaria?	– Está archivando ya.
	¿Cuándo va a levantarse Vd.?	– Me estoy levantando ya.

129	¿No va a escribir Vd.?	– Pero si ya estoy escribiendo.
	¿No va a aprender Vd.?	– Pero si ya estoy aprendiendo.
	¿No van a comer Vds.?	– Pero si ya estamos comiendo.
	¿No van a traducir Vds.?	– Pero si ya estamos traduciendo.
	¿No va a subir su hijo?	– Pero si ya está subiendo.
	¿No van a dormir los niños.	– Pero si ya están durmiendo.

130	¿Quiere leer las cartas?	– Las estoy leyendo ahora.
	¿Quiere cerrar los sobres?	– Los estoy cerrando ahora.
	¿Quiere escribir las señas?	– Las estoy escribiendo ahora.
	¿Quiere poner los sellos?	– Los estoy poniendo ahora.
	¿Quiere enviar el cable?	– Lo estoy enviando ahora.
	¿Quiere abrir el correo?	– Lo estoy abriendo ahora.
	¿Quiere archivar la correspondencia?	– La estoy archivando ahora.
	¿Quiere sacar una copia?	– La estoy sacando ahora.

131	¿Quiere terminar las cartas?	– Estoy terminándolas ahora.
	¿Quiere cerrar los sobres?	– Estoy cerrándolos ahora.
	¿Quiere escribir las señas?	– Estoy escribiéndolas ahora.
	¿Quiere poner los sellos?	– Estoy poniéndolos ahora.
	¿Quiere enviar el cable?	– Estoy enviándolo ahora.
	¿Quiere abrir el correo?	– Estoy abriéndolo ahora.
	¿Quiere archivar la correspondencia?	– Estoy archivándola ahora.
	¿Quiere sacar una copia?	– Estoy sacándola ahora.

132	¿Le traigo el correo?	– Sí, tráigamelo.
	¿Le traigo la correspondencia?	– Sí, tráigamela.
	¿Le traigo los originales?	– Sí, tráigamelos.
	¿Le traigo las copias?	– Sí, tráigamelas.
	¿Le traduzco esta carta?	– Sí, tradúzcamela.
	¿Le traduzco estos folletos?	– Sí, tradúzcamelos.
	¿Le traduzco este anuncio?	– Sí, tradúzcamelo.

133	¿Puedo llevarle la correspondencia al jefe?	– Sí, puede llevársela.
	¿Puedo llevarle los folletos al jefe?	– Sí, puede llevárselos.
	¿Puedo llevarle las carpetas al jefe?	– Sí, puede llevárselas.
	¿Puedo llevarle el papel al jefe?	– Sí, puede llevárselo.
	¿Puedo darle el billete a la secretaria?	– Sí, puede dárselo.
	¿Puedo darle los impresos a la secretaria?	– Sí, puede dárselos.
	¿Puedo pedirle la dirección a la secretaria?	– Sí, puede pedírsela.

134 Hágame estas cartas.　　　　　　　　　　– Ahora mismo se las hago.
　　Tradúzcame estos documentos.　　　　　– Ahora mismo se los traduzco.
　　Dígame el número.　　　　　　　　　　– Ahora mismo se lo digo.
　　Escríbame su nombre.　　　　　　　　　– Ahora mismo se lo escribo.
　　Póngame una taza de café.　　　　　　　– Ahora mismo se la pongo.
　　Deme una goma.　　　　　　　　　　　– Ahora mismo se la doy.
　　Tráigame los folletos.　　　　　　　　　– Ahora mismo se los traigo.
　　Búsqueme las facturas.　　　　　　　　– Ahora mismo se las busco.

135 ¿Puede marcharse el botones?　　　　　– Sí, dígale que se marche.
　　¿Puede irse la secretaria?　　　　　　　– Sí, dígale que se vaya.
　　¿Pueden salir las chicas?　　　　　　　– Sí, dígales que salgan.
　　¿Pueden sentarse los empleados aquí?　– Sí, dígales que se sienten aquí.
　　¿Pueden volver los chicos?　　　　　　– Sí, dígales que vuelvan.

136 El secretario se va enseguida.　　　　　– No quiero que se vaya.
　　El secretario viene enseguida.　　　　　– No quiero que venga.
　　El secretario se preocupa enseguida.　　– No quiero que se preocupe.
　　El secretario sale enseguida.　　　　　– No quiero que salga.
　　El secretario termina enseguida.　　　　– No quiero que termine.
　　El secretario se marcha enseguida.　　　– No quiero que se marche.

137 Hace 10 años que vivo aquí.　　　　　　– Hace 10 años que vivo aquí.
　　poco　　　　　　　　　　　　　　　　– Hace poco que vivo aquí.
　　estudio español　　　　　　　　　　　– Hace poco que estudio español.
　　mucho tiempo　　　　　　　　　　　　– Hace mucho tiempo que estudio español.
　　estoy esperando　　　　　　　　　　　– Hace mucho tiempo que estoy esperando.
　　una hora　　　　　　　　　　　　　　– Hace una hora que estoy esperando.
　　no veo al botones　　　　　　　　　　– Hace una hora que no veo al botones.
　　no oigo el teléfono　　　　　　　　　　– Hace una hora que no oigo el teléfono.

138 Llevo 10 años viviendo aquí.　　　　　　– Llevo 10 años viviendo aquí.
　　poco tiempo　　　　　　　　　　　　　– Llevo poco tiempo viviendo aquí.
　　estudiando español　　　　　　　　　　– Llevo poco tiempo estudiando español.
　　mucho tiempo　　　　　　　　　　　　– Llevo mucho tiempo estudiando español.
　　esperando　　　　　　　　　　　　　　– Llevo mucho tiempo esperando.
　　una hora　　　　　　　　　　　　　　– Llevo una hora esperando.
　　sin ver al botones　　　　　　　　　　– Llevo una hora sin ver al botones.
　　sin oir el teléfono　　　　　　　　　　– Llevo una hora sin oir el teléfono.

Conversación

1. Una invitación a cenar

Un amigo español le llama a Vd. (el Sr. Smith) y le invita a cenar el domingo próximo. Vd. no puede ese día. Su única tarde libre es la del miércoles próximo después de las 7.

AMIGO

VD.

1. ¿Puedo hablar con el Sr. Smith, por favor?

2. Yo soy el Sr. Rodríguez de Málaga.

3. Muy bien. ¿Y Vd.?

4. ¿Y su familia?

5. Y Vd. ¿sigue trabajando en la misma compañía?

6. . . . Pues mire, voy a pasar una semana aquí y quisiera invitarle a cenar.

7. ¿Está Vd. libre el domingo?

8. Bueno. ¿Qué día tiene Vd. libre la semana que viene entonces?

9. Magnífico. ¿A qué hora le conviene?

10. Estupendo. Pues, entonces a las ocho si le parece.

11. Conozco dos restaurantes muy buenos. Uno es indio y el otro es chino. ¿Qué cocina prefiere Vd.?

12. Sí, y yo también. Bueno. El restaurante está en Oxford St. ¿Dónde le parece que quedemos?

13. No le oigo. ¿Cómo dice?

14. Ah, muy bien. ¿Se puede aparcar cerca o es mejor ir en el metro o en el autobús?

15. ¿Y qué línea o qué número me conviene tomar desde aquí?

16. Bueno, pues hasta el miércoles.

17. Encantado, hombre. Recuerdos en casa.

18. Adiós.

Conversación

2. Otra invitación

El Sr. Smith llama a un amigo suyo, el Sr. Sánchez, para invitarle a comer con él un día. Siga este guión:

EL SR. SMITH	EL. SR. SANCHEZ
¡Oiga!	– Dígame.
1. Ask for Sr. Sánchez.	– Sí, al aparato. ¿De parte de quién?
2. Answer.	– Ah, ¿cómo está Vd., Sr. Smith?
3. Answer.	– Pues muy bien, gracias.
4. Ask after his wife.	– Ha estado mala últimamente.
5. Say you're sorry. Ask if she's better now.	– Sí, ahora ya está mucho mejor, gracias. Ha estado en el campo reposando.
6. Ask how long she has been away.	– Sólo tres semanas. Ahora la tenemos en casa otra vez. Pero el descanso le ha hecho mucho bien.
7. Say you would like to invite them to lunch.	– Muchas gracias, es Vd. muy amable.
8. Ask whether his wife can come too.	– Sí, ya lo creo, estará encantada de ir.
9. Ask if they are free on Sunday.	– Sí, cuando Vd. quiera.
10. Ask what time they have lunch.	– Pues, comemos a las 2 ó a las 2.30.
11. Suggest 1 p.m. for a drink first.	– De acuerdo. ¿Dónde quedamos?
12. Ask what they say to the Plaza Hotel for lunch.	– Magnífico. La cocina es muy buena.
13. Suggest the bar at 1 p.m.	– Sí, muy bien. Si no llegamos en punto, le ruego que nos espere unos minutos. Ya sabe lo que son las mujeres.
14. You cannot hear.	– Digo que si no estamos en punto, en punto, que no se preocupe, porque mi mujer, en fin . . . ya sabe Vd . . .
15. Say all right and 'see you on Sunday' or 'until Sunday'.	– Hasta el domingo y muchísimas gracias, adiós.

Realícense entre los alumnos otras conversaciones semejantes en las que una persona invita a la otra al teatro (elegir teatro, función, hora y lugar de la cita) o a bailar (sitio, vestidos, etc.), o un museo (elegir tipo, etc.).

3. Un paseo en coche

Un amigo español le da instrucciones para que Vd. y otro amigo den un paseo en coche en los alrededores de Madrid. Siga sus instrucciones en el mapa, repítalas y conteste sus preguntas.

1. Salgan por la carretera de la Coruña. — Salimos por la carretera de La Coruña.
2. Vayan unos 15 kms. por esta carretera. — Vamos unos 15 kms. por esta carretera.
3. ¿En qué pueblo están? — Estamos en Las Rozas.
4. Sigan por la Carretera Nacional hasta el pueblo siguiente. — Seguimos por la Carretera Nacional hasta el pueblo siguiente.
5. ¿Dónde están Vds. ahora? — Ahora estamos en Torrelodones.
6. ¿Cuántos kilómetros han recorrido desde Madrid? — Hemos recorrido unos 25 kms.
7. ¿Cuántos kilómetros han recorrido aproximadamente desde Las Rozas hasta Torrelodones? — Hemos recorrido aproximadamente 10 kms.
8. Sigan hasta Villalba. — Seguimos hasta Villalba.
9. En Villalba pueden comprar gasolina. — En Villalba podemos comprar gasolina.
10. Tomen la carretera de la izquierda. — Tomamos la carretera de la izquierda.
11. Doblen por la primera carretera de la izquierda. — Doblamos por la primera carretera de la izquierda.
12. Al llegar a un cruce de carreteras sigan todo adelante. — Al llegar a un cruce de carreteras seguimos todo adelante.
13. ¿Por qué tipo de carretera van? — Vamos por una carretera de segundo orden.
14. ¿A dónde llegan al final de esta carretera? — Llegamos al Valle de los Caídos.
15. ¿Qué hay allí? — Hay un monasterio.
16. ¿Cuántos kilómetros han hecho aproximadamente desde Madrid? — Hemos hecho aproximadamente 60 kms.
17. ¿Por cuántos pueblos han pasado? — Hemos pasado por tres pueblos.
18. ¿Qué han comprado durante el camino? — Hemos comprado gasolina.
19. Ahora vuelvan por la misma carretera. — Ahora volvemos por la misma carretera.
20. Al llegar al cruce de carreteras tomen la de la derecha. — Al llegar al cruce de carreteras tomamos la de la derecha.
21. ¿Cuántos kilómetros aproximadamente tienen que recorrer para llegar a El Escorial? — Tenemos que recorrer unos diez kilómetros.
22. ¿Hay algún edificio importante en El Escorial? — Sí, hay un monasterio muy importante.
23. Visiten Vds. el Monasterio. — Visitamos el Monasterio.
24. Coman Vds. en el campo. — Comemos en el campo.
25. Suban al coche otra vez. — Subimos al coche otra vez.
26. Vayan en dirección suroeste. — Vamos en dirección suroeste.
27. ¿Qué distancia aproximadamente hay hasta la bifurcación de la carretera? — Hasta la bifurcación de la carretera hay 3 ó 4 kms.
28. Aquí vayan por la carretera de la derecha hasta el pueblo siguiente. — Aquí vamos por la carretera de la derecha hasta el pueblo siguiente.
29. ¿Dónde están por fin? — Estamos en Las Navas del Marqués.
30. ¿Hay algo de interés en Las Navas? — Sí, hay un castillo.
31. Ahora regresen a Madrid. — Ahora regresamos a Madrid.
32. Vayan hasta el Monasterio de El Escorial otra vez. — Vamos hasta el monasterio de El Escorial otra vez.

33. Aquí doblen a la derecha	– Doblamos a la derecha
34. y luego a la izquierda,	– y luego a la izquierda,
35. hasta llegar a la carretera de Galapagar.	– Hasta llegar a la carretera de Galapagar.
36. Bájense del coche en Galapagar.	– Nos bajamos del coche en Galapagar.
37. Y cenen en un restaurante.	– Y cenamos en un restaurante.
38. Sigan después su camino hasta Las Rozas.	– Seguimos nuestro camino hasta Las Rozas.
39. ¿Qué tipo de carretera es la que va desde El Escorial a Las Rozas ?	– Es una carretera de segundo orden.
40. En Las Rozas tomen la carretera de la izquierda.	– En Las Rozas tomamos la carretera de la izquierda.
41. Y vayan unos 5 kms.	– Y vamos unos 5 kms.
42. ¿En qué dirección van ?	– Vamos en dirección de Torrelodones.
43. ¿Se han equivocado de dirección ?	– Sí, nos hemos equivocado de dirección.
44. Den la vuelta.	– Damos la vuelta.
45. Vayan hacia Madrid.	– Vamos hacia Madrid.

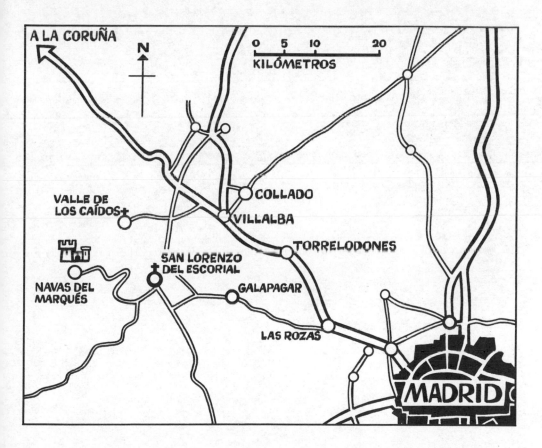

4. El paseo

Cuente Vd. un paseo que ha hecho, contestando a estas preguntas:

1. ¿Qué sitios de interés han visitado Vds. hoy?
2. ¿Qué monumentos han visto?
3. ¿Dónde han comido?
4. ¿Y cenado?
5. ¿Cuántas veces han comprado gasolina?
6. ¿Dónde la han comprado?
7. ¿Por qué tipos de carreteras han pasado?
8. ¿Han tenido algún accidente?
9. ¿Se han equivocado alguna vez?
10. En total, ¿han pasado un buen día?

La juventud Youth

Here we see young people in two aspects of life – first a Spanish girl applying for a job as secretary in Mr Short's Madrid office and then Mr Short's 18-year-old daughter Elizabeth at a dance with Pablo Pérez. They are both students and in between the dancing they are heard comparing notes about customs in England and Spain, how many girls work, and live away from home, or go abroad for their holidays, when they get married and what is the difference between a boy-friend and a *novio*.

As there is much to be said on these matters, they are returned to in the conversation section which contains concrete points to be talked about freely in class. In the dialogue exercise you are applying for an office job in Spain and answer the questions of the employer who is recorded on the tape. You will give the answers that would apply in your own case if you were in this position.

Social customs are also the subject of the reading passage in this Unit. The information is simple and basic and it is hoped useful.

The grammar section presents a new tense form practised in Unit 17: the Perfect Tense (I have taken, he has bought, etc.), and also what is known as the Progressive or Continuous forms of the verb (I am waiting, I have been waiting) as distinct from the Simple forms (I wait, I have waited). This section also contains frames of some uses already made of that form of the verb known as the Subjunctive (*Yo hable* instead of the Indicative *Yo hablo*, etc). It is the same form as that used for the Imperative with *Vd.* (*¡hable Vd.!*), and is therefore not really a new *form* at this stage. What is new is the *uses* made of it (e.g. I want you to speak – *Yo quiero que Vd. hable*). These uses are extremely numerous. The subjunctive is not merely a special refined form used for literary style. It is as common as any other verb form, and is required all the time in all styles of speech from slang to the most literary. It cannot be left to a late stage without seriously limiting one's field of communication. It simply has to be learnt – and used.

1. Una colocación

El Sr. Short habla con una señorita que solicita el puesto de secretaria en su oficina.

SEÑORITA	– Buenos días, ¿El Sr. Short, por favor?
MR SHORT	– Sí, soy yo. Pase. Viene Vd. por el anuncio ¿no?
SEÑORITA	– Sí, señor. He recibido esta carta. Me llamo María del Pilar Alcaraz.
MR SHORT	– Sí, ya recuerdo. Siéntese, por favor . . . Bueno, vamos a ver. Dice en su solicitud que tiene 22 años ¿no es eso?
SEÑORITA	– Pues sí, señor – bueno voy a cumplir 23, pero dentro de un mes.
MR SHORT	– ¿Vive Vd. con su familia?
SEÑORITA	– Sí, vivo con mis padres y mis hermanos. Soy la mayor.
MR SHORT	– ¿Vive Vd. cerca de aquí?
SEÑORITA	– Sí, relativamente. Son quince minutos andando. También puedo tomar el autobús pero no vale la pena.
MR SHORT	– Eso es muy importante para llegar puntual, y mucho más fácil para Vd. Me gusta la puntualidad.
SEÑORITA	– Sí, señor, a mí también.
MR SHORT	– Bueno, vamos a ver. ¿Qué estudios tiene Vd.?
SEÑORITA	– Pues he hecho el bachillerato y luego he estudiado inglés y secretariado.
MR SHORT	– ¿Dónde ha estudiado inglés?
SEÑORITA	– Aquí en Madrid. He tenido un profesor particular durante tres años.
MR SHORT	– Bueno, luego podemos hacer la prueba en inglés. Y ¿qué más ha dicho Vd. que ha estudiado?
SEÑORITA	– Secretariado.
MR SHORT	– ¿En qué consiste eso?
SEÑORITA	– Pues mecanografía, taquigrafía, correspondencia comercial y un poco de contabilidad.
MR SHORT	– Muy bien. ¿Y coge Vd. taquigrafía también en inglés?
SEÑORITA	– Sí, un poco más despacio que en español, pero con exactitud.
MR SHORT	– Bien. ¿Qué velocidad coge Vd.?
SEÑORITA	– En español, 120 palabras por minuto y en inglés, unas 100.
MR SHORT	– Muy bien. De cualquier forma, yo no dicto muy de prisa. ¿Qué experiencia tiene Vd.? Ha trabajado ¿no?
SEÑORITA	– Sí, sí, he trabajado cuatro años.
MR SHORT	– ¿Siempre en casas españolas? ¿O ha trabajado también en alguna compañia extranjera?
SEÑORITA	– Sí, señor. He estado dos años trabajando con los americanos, y después en una película, de secretaria, pero ahora ha terminado. Mire, aquí tengo las referencias.
MR SHORT	– Gracias . . . Sí, muy buenas . . . Tenga. ¿Puede Vd. empezar inmediatamente, mañana mismo?
SEÑORITA	– Sí, cuando Vd. quiera.
MR SHORT	– Pues, vamos a hacer una pequeña prueba de inglés. Voy a dictarle una carta en inglés. Pero si quiere Vd. hacerme alguna pregunta . . .
SEÑORITA	– Sí, muchas gracias. ¿Cuáles son las horas de trabajo?
MR SHORT	– Ah, claro. De nueve y media a una y media, y de tres y media a siete.

SEÑORITA — ¿Y los sábados?

MR SHORT — Pues, de nueve y media a una.

SEÑORITA — Ah, pues, muy bien. Y ha dicho Vd. en el anuncio que es sólo para seis meses ¿no?

MR SHORT — Sí, en principio. Depende un poco de la marcha de los negocios. Nuestra casa es bastante importante en Inglaterra, y últimamente hemos hecho muchas exportaciones a España. Si todo va bien, vamos a formar una compañía aquí. En ese caso, a Vd. le interesa seguir más tiempo ¿no?

SEÑORITA — Sí, naturalmente.

MR SHORT — No piensa casarse todavía ¿verdad?

SEÑORITA — No, señor, todavía no tengo novio formal. No se preocupe Vd. Bueno, y . . . ¿qué pagan Vds.?

MR SHORT — Para empezar siete mil pesetas al mes. Más adelante, en caso de continuar, ocho mil.

SEÑORITA — ¿Y hay pagas extraordinarias?

MR SHORT — Sí, naturalmente, las dos de costumbre, una en julio y otra en diciembre.

SEÑORITA — Pero si trabajo sólo los seis meses, ¿tengo derecho a una de estas pagas?

MR SHORT — Sí, naturalmente. O sea que, si Vd. trabaja sólo los seis meses, le damos siete mensualidades completas.

SEÑORITA — ¿Y vacaciones?

MR SHORT — Sólo en caso de seguir. Después de un año, tiene Vd. derecho a tres semanas de vacaciones pagadas.

SEÑORITA — Muy bien. Cuando Vd. quiera, hacemos la prueba.

MR SHORT — A propósito, necesito también un botones. ¿No conoce Vd. a algún chico joven, algún conocido suyo?

SEÑORITA — ¡Sí! La portera nuestra tiene un hijo, de unos 14 años. Es un chico muy serio. Ha ido a una academia y sé que quiere colocarse.

MR SHORT — Pues mándemelo mañana si es posible.

SEÑORITA — De acuerdo.

MR SHORT — Pues vamos a hacer la prueba. Pase Vd. a esa mesa, por favor.

Cuestionario

Are the following statements true or false? If false, correct them:

1. Srta. Alcaraz was 23 years old a month ago.
2. She lives alone.
3. She will take 15 minutes to get to Mr Short's office.
4. She has studied English for three years at school.
5. At present she is working as a secretary in a film.
6. With Mr Short she will work eight hours a day, four on Saturdays.
7. Her English shorthand is faster than her Spanish.
8. Mr Short is not fussy about punctuality.
9. The office will definitely close in six months' time.
10. Mr Short offers her 8,000 pesetas a month to start with.

2. La juventud

Elizabeth Short hija del Sr. Short está en España para pasar las vacaciones. Ha salido esta tarde con Pablo Pérez que la ha llevado a una boite. Música, luces rojas, chicos y chicas, bebidas, alegría por todas partes. Vamos a ver qué dicen nuestros jóvenes amigos.

ELIZABETH — Me encanta este club, la música, el ambiente . . . ¡Qué bonito!

PABLO — Estos ritmos sudamericanos son fenomenales ¿verdad?

ELIZABETH — Sí, desde luego. Pero ¿no bailáis aquí los bailes de moda?

PABLO — Pues, claro que sí, mucho, en todos los sitios.

ELIZABETH — Oye. ¿Tenéis buenos grupos musicales aquí?

PABLO — Sí, muchos, y vocalistas a cientos. Hay muchos Festivales de la Canción en distintas ciudades de España.

ELIZABETH — Pero ¿escriben ellos mismos su música?

PABLO — Bueno, hay unos cuantos compositores de música moderna y también adaptan canciones extranjeras y las traducen al castellano . . . ¿Sabes que bailas muy bien?

ELIZABETH — Pues tú no lo haces mal tampoco . . . ¿A qué hora acaban los bailes?

PABLO — Como sabes, los de la tarde empiezan hacia las seis y media y terminan de nueve y media a diez.

ELIZABETH — ¿Tan pronto?

PABLO — Bueno, es que luego hay baile otra vez por la noche y es de once a dos o tres de la mañana.

ELIZABETH — ¿Y las chicas jóvenes pueden estar hasta tan tarde fuera de casa?

PABLO — ¡Ah, no! Ellas tienen que volver a casa a las diez o a lo sumo a las diez y media. Si mi hermana llega cinco minutos después de las diez, a mis padres no les gusta nada.

ELIZABETH — Pero ¿nunca salen por la noche?

PABLO — Sí, si van con sus familiares o sus padres, pero en plan de chicos y chicas, ni hablar.

ELIZABETH — ¿Y con su prometido?

PABLO — Aun menos . . . pero, preciosa, no me mires con esa expresión de sorpresa en esos ojos tan claros y profundos.

ELIZABETH — Pablo, estamos hablando de una cosa seria.

PABLO — Pero ¿hay algo en el mundo más serio que tus ojos?

ELIZABETH — ¡Pablo!

PABLO — Bueno, hija, bueno. ¿De qué estamos hablando? Ah, sí, de las chicas de aquí . . .

ELIZABETH — Eso es.

PABLO — Entonces ¿qué te parece si nos sentamos y tomamos algo?

ELIZABETH — Como tú quieras.

PABLO — ¿Qué quieres tomar?

ELIZABETH — Un cuba-libre.

PABLO — ¡Oiga! ¡Camarero! . . . Un cuba-libre y un coñac.

ELIZABETH — Pero, bueno, supongo que si viven solas o con otras amigas, sí pueden salir por la noche ¿no?

PABLO — No, porque quitando algunos casos excepcionales, hasta que no se casan suelen vivir en familia.

ELIZABETH — Pero, eso ¿por qué es? ¿Porque no trabajan y no tienen dinero?

PABLO	– No, no, las chicas que no trabajan es porque son de familias de buena posición económica y social o claro, porque están estudiando. Pero, hoy en día, la gran mayoría de las chicas trabajan. Yo creo que lo de estar con la familia es porque la idea de vivir independientemente no se les ocurre ni a los padres ni a los hijos.
ELIZABETH	– ¿Y si trabajan o estudian en otra ciudad?
PABLO	– Entonces viven en una residencia de estudiantes o en una pensión.
ELIZABETH	– ¡Ah! Te he cogido, entonces pueden salir por la noche si quieren . . .
PABLO	– Pero, niña, no lo hacen porque está mal visto . . . y además en las residencias no las dejan.
ELIZABETH	– ¡Caramba! . . . Bueno ¿y al extranjero las dejáis salir o no?
PABLO	– Si son muy jóvenes, ni hablar. De veinte años en adelante, sí van mucho al extranjero, para aprender idiomas o para trabajar.
ELIZABETH	– ¿Y de vacaciones?
PABLO	– No es muy corriente. Es caro para la mayoría y si lo hacen, van con alguien de la familia o de mucha confianza.
ELIZABETH	– ¿Y qué profesiones siguen las chicas aquí?
PABLO	– Pues, mira, cada vez invaden más el campo de los hombres. Te encuentras muchas chicas estudiando Medicina, Ciencias o Derecho. No obstante, entre las estudiantes la mayor parte siguen Filosofía y Letras, Lenguas y Pedagogía para hacerse maestras de escuela o profesoras de Institutos de Enseñanza Media. Y luego, en las demás ocupaciones, fábricas, enfermeras, dependientas de comercio, modistas, en fin todo eso. Lo que puedes tener por seguro es que no te vas a encontrar mujeres policías, militares o cobrando billetes en los autobuses, al menos hasta ahora.
ELIZABETH	– ¿Y en qué se interesan, aparte de su trabajo?
PABLO	– Pues, en nosotros, los hombres. Mis compatriotas no piensan más que en casarse desde que tienen quince años, las inteligentes, las bobas, las guapas, las feas ¡todas!
ELIZABETH	– No seas antipático. ¿En qué crees que piensan las chicas en otros países?
PABLO	– Ah, no sé, pero te digo a ti que tienes los ojos bonitos y no me dejas seguir . . .
ELIZABETH	– Bueno, dime la última cosa. ¿Qué significa exactamente novio? ¿Es lo mismo que 'boy-friend'?
PABLO	– No, es más en serio, es como un 'steady boy-friend'. Con el novio o la novia piensas casarte. El noviazgo puede durar desde uno hasta, a veces, diez años. Luego dos o tres meses antes de la boda se prometen. Entonces algunas personas se refieren a su prometido aunque la mayoría prefieren decir el novio o la novia. Otra cosa es que si el novio no es conocido de la familia, tarda bastante tiempo en poder entrar en casa de la novia.
ELIZABETH	– Muy interesante.
PABLO	– Pero, en fin, ¿qué te parece si cambiamos de disco? Nos estamos poniendo muy serios.
ELIZABETH	– Sí, además me tienes que llevar a casa, mira, son las nueve y media.
PABLO	– Sí, vámonos.

Cuestionario

1. What does Pablo say about 'pop music' in Spain?
2. What times do people go dancing there?
3. Do Spanish girls stay out late at night? What is the custom?
4. Do any Spanish girls live independently?
5. Do they all work?
6. Do they go abroad much?
7. What jobs do Spanish girls do?
8. What do they think about?
9. What is Elizabeth's opinion about this?
10. What are the formal relations between young people?

Vd. es un inglés o una inglesa de 20 años que lleva seis meses en España. Vd. solicita un puesto en la oficina de una casa comercial y se entrevista con uno de los jefes:

– Buenos días, siéntese aquí, por favor. ....

– ¿Cómo se llama Vd. ? ....

– Así que quiere Vd. entrar a trabajar en esta empresa ¿no ? ....

– Bueno, vamos a ver. ¿Cuántos años tiene Vd. ? ....

– ¿De dónde es Vd. ? ....

– ¿Y cuánto tiempo hace que vive aquí ? ....

– Dice en su carta que tiene usted experiencia en esta clase de trabajo. ¿Cuánto tiempo ha trabajado ? ....

– ¿Dónde ? ....

– ¿Qué estudios profesionales ha hecho Vd. ? ....

– ¿Dónde ha estudiado ? ....

– ¿Sabe Vd. idiomas ? ....

– ¿Habla bien estos idiomas ? ....

– ¿En qué países ha vivido Vd. ? ....

– ¿Y ha trabajado Vd. en estos países ? ....

– ¿Cuánto dinero ha ganado en sus otros empleos ? ....

– ¿Cuánto quiere Vd. ganar ahora ?

– Es mucho dinero para nosotros. ....

– Nuestros empleados suelen ganar menos al entrar en la casa y luego les subimos el sueldo. ....

– ¿Tiene Vd. referencias ? ....

– ¿Hace el favor de enseñármelas ? ....
 Está bien. ¿Y cuándo puede Vd. empezar a trabajar ? ....

– ¿Quiere Vd. hacerme alguna pregunta ? ....*(pagas extra)*....................

– Sí, naturalmente. Hay dos pagas extraordinarias, en Navidades y en Julio. ¿Algo más ? ....*(vacaciones)*....................

– Tiene Vd. derecho a tres semanas pagadas el año. ....*(horas de trabajo)*....................

– Sí, se entra a las nueve. Hay una hora y media para comer de 1 a 2.30. Por la tarde trabajamos de dos y media hasta las seis y media. ....

– Bueno, si no tiene Vd. más preguntas hemos terminado de momento. ....

– Espero que esté contenta con nosotros. ....

– Adiós. ....

Vd. está en una fiesta con una chica española. Conteste a sus preguntas y observaciones:

JOVEN ESPAÑOLA   VD.

1. ¿Qué es eso de 'pop music'?

2. ¿Es popular la música sudamericana en Inglaterra?

3. ¿Con qué frecuencia van los chicos y las chicas a bailar en Inglaterra? ¿Cuánto cuesta?

4. ¿Es posible divertirse por poco dinero en Inglaterra? ¿Cómo?

5. Si un chico inglés me invita a su casa a conocer a sus padres ¿qué importancia tiene eso? ¿Puedo aceptar? ¿Y si no voy?

6. Si un chico inglés me lleva al cine ¿tengo que pagar mi entrada?

7. Los chicos ingleses ¿tienen muchas novias a la vez o sólo una?

8. ¿Qué significa 'girl-friend' exactamente?

9. ¿Trabajan todas las chicas inglesas cuando dejan el colegio? ¿En qué trabajan? Me dicen que ganan mucho. ¿Es verdad?

10. ¿Se casan pronto o tarde en Inglaterra? ¿Les gustan las familias numerosas? ¿Trabajan muchas mujeres casadas fuera de casa?

En España, cuando una persona se encuentra con sus amigos o se despide de ellos, suele darles la mano. Incluso si es sólo al cruzarse con ellos por la calle. Si son personas que se ven todos los días, naturalmente no lo hacen, pero en general es una costumbre mucho más frecuente que en Inglaterra.

Al ser presentado un caballero a una señora casada, le besa la mano, pero si es soltera sólo le da la mano. La costumbre, sin embargo, solamente existe entre personas de cierto nivel social. Hablando de las mujeres, si algún día le invitan a Vd. a comer a una casa particular, conviene enviar flores a la señora de la casa, antes de ir, no después de la comida.

Cuando dos personas que acaban de conocerse se despiden, suelen cambiar tarjetas de visita. Las tarjetas de visita españolas son más grandes que las inglesas y generalmente se ponen en ellas el nombre y apellidos de la persona, a veces su profesión y luego las señas y el número de teléfono. A veces, sólo se pone el nombre. En las tarjetas profesionales, se ponen, naturalmente, la profesión y el cargo que tiene en la compañía, así como, claro está, las señas y el teléfono de la misma.

Hay ciertas fórmulas sociales que uno emplea siempre que se presenta la ocasión. Por ejemplo, si un amigo va a su casa por primera vez, Vd. al ofrecérsela, suele decir 'Ha tomado Vd. posesión de su casa', o bien, cuando él se despide, 'Ya sabe Vd. dónde tiene su casa', o 'Ya sabe dónde me tiene a su disposición'.

En España se celebran los cumpleaños lo mismo que se hace en Inglaterra, pero más se celebran los 'santos', es decir, el día en que la Iglesia conmemora el santo cuyo nombre usted tiene. Y la gran mayoría de los españoles tienen el nombre de algún santo o alguna santa o el de la Virgen. Así, en el día de San José, se felicita a todos los hombres que se llaman José y a todas las mujeres llamadas Josefina. Se emplean frases como: 'Muchas felicidades' o en el cumpleaños 'Que cumpla Vd. muchos'.

Algunas de las fechas de 'santo' más conocidas son:

1°	de Enero	Manuel, Manuela, Manolita
19	de Marzo	José, Pepe, Josefa, Josefina, Pepita
24	de Junio	Juan, Juana, Juanita
29	de Junio	Pedro y Pablo, Petra y Paula
16	de Julio	Carmelo, Carmen
12	de Octubre	Pilar
8	de Diciembre	Concepción, Conchita

En vez de la palabra 'felicitar' se usa a veces la expresión 'dar la enhorabuena'. Pero la enhorabuena no se da en los santos y los cumpleaños sino en otras ocasiones, como por ejemplo cuando se tiene un hijo. Entonces es corriente decir: 'Que le vea Vd. crecido' o 'Que le vea hecho un hombre'. Cuando se van a casar dos personas que Vd. conoce, puede decirles: 'Enhorabuena' o 'Que sean muy felices'. En Navidad se desean 'Felices Pascuas'. En cambio cuando muere una persona hay que 'dar el pésame', es decir, expresarle el sentimiento o pesar que Vd. tiene por tal desgracia. Es muy frecuente decir 'Le acompaño en el sentimiento'.

Pasando ahora a un tema completamente distinto, una cosa que no se debe olvidar en España son las propinas. Se dan en los bares (por cierto, en España uno paga al final, al marcharse, no después de cada ronda como en Inglaterra), en los restaurantes, en los cines y teatros al acomodador (la persona que le acompaña a su asiento), a los taxistas, al chico que le entrega un telegrama, etc. Las propinas no tienen que ser grandes, pero sí frecuentes y dadas abierta, no furtivamente.

Luego hay detalles como el desperezarse, poner los pies encima de una mesa o de una silla, bostezar sin taparse la boca, que un español considera de pésima educación, sobre todo si se hace alguna de estas cosas en la mesa mientras se come. La comida es casi como un rito para muchos españoles.

No se quite Vd. la chaqueta delante de una señora o señorita, aun en verano, al menos no sin antes pedirle permiso.

Hay muchas cosas por el estilo que conviene saber si uno va a España. Todos las naciones tienen sus costumbres. Respetarlas es un deber. Conocerlas y observarlas hace más fácil la vida y crea unas relaciones personales mucho más cordiales.

194. Gerund

−ar	−er	−ir
tomando	sabiendo	viviendo
comprando	comiendo	abriendo
hablando	bebiendo	escribiendo
fumando	volviendo	saliendo

195. Uses of the Gerund

Conteste, mirando el mapa.
Hable, siguiendo este plan.
Escriba, basándose en estas frases.
Te encuentras muchas chicas estudiando carreras.
No te vas a encontrar mujeres cobrando billetes de autobús.
Hablando de las mujeres . . .

196. Present Progressive Tense

estoy	hablando, comiendo, viviendo
estás	hablando, comiendo, viviendo
está	hablando, comiendo, viviendo
estamos	hablando, comiendo, viviendo
estáis	hablando, comiendo, viviendo
están	hablando, comiendo, viviendo

197. Past Perfect Tense

he	hablado, comido, vivido
has	hablado, comido, vivido
ha	hablado, comido, vivido
hemos	hablado, comido, vivido
habéis	hablado, comido, vivido
han	hablado, comido, vivido

Use
I have lived in Madrid for 10 years
 (= *I am living there now*).
He vivido en Madrid 10 años
 (= *I no longer live there*).
Names of the tenses
English = Present Perfect
Spanish = Preterito Perfecto

198. Perfect Tense + object

Me ha visto.	Nos ha visto.
Te ha visto.	Os ha visto.
Le ha visto.	Les ha visto.
Lo ha visto.	Los ha visto.
La ha visto.	Las ha visto.

199. Progressive Perfect

he estado	hablando, comiendo, viviendo
has estado	hablando, comiendo, viviendo
ha estado	hablando, comiendo, viviendo
hemos estado	hablando, comiendo, viviendo
habéis estado	hablando, comiendo, viviendo
han estado	hablando, comiendo, viviendo

200. Present Progressive + object

Está esperándome.
Me está esperando.

Está esperándote.
Te está esperando.

Está esperándolo.
Lo está esperando.

Está esperándole.
Le está esperando.

Está esperándola.
La está esperando.

Está esperándonos.
Nos está esperando.

Está esperándoos.
Os está esperando.

Está esperándolos.
Los está esperando.

Está esperándoles.
Les está esperando.

Está esperándolas.
Las está esperando.

201. Perfect Progressive + object

Ha estado esperándome.
Me ha estado esperando.

Ha estado esperándote.
Te ha estado esperando.
 etc.

202. Llevar tiempo haciendo algo (*to have spent time doing something*)

Llevamos diez años viviendo en Barcelona.
¿Cuánto tiempo lleva aprendiendo español?
— Llevo más de un mes.
Llevan un año ahorrando para casarse.

203. Affirmative order of words

La secretaria está abriendo el correo.
Está abriendo el correo la secretaria.

El Sr. Short está tomando un café.
Está tomando un café el Sr. Short.

204. Interrogative order of words

¿La secretaria está abriendo el correo?
¿Está abriendo la secretaria el correo?
¿Está abriendo el correo la secretaria?

¿El Sr. Short está tomando un café?
¿Está tomando el Sr. Short un café?
¿Está tomando un café el Sr. Short?

205. Form of the Present Tense

Indicative	Subjunctive
hablo	hable
hablas	hables
habla	hable
hablamos	hablemos
habláis	habléis
hablan	hablen
como	coma
comes	comas
come	coma
comemos	comamos
coméis	comáis
comen	coman
escribo	escriba
escribes	escribas
escribe	escriba
escribimos	escribamos
escribís	escribáis
escriben	escriban

206. Irregular Present Subjunctive

–ir	venir	ser
vaya	venga	sea
vayas	vengas	seas
vaya	venga	sea
vayamos	vengamos	seamos
vayáis	vengáis	seáis
vayan	vengan	sean

207. Uses of the Subjunctive

Indic.	Vd. va.
	Juan va.
Subj.	1. Quiero que Vd. vaya.
	2. Le ruego a Vd. que vaya.
	3. Dígale a Juan que vaya.

208. Uses of the Subjunctive

Quiero que vaya Vd. a un recado.
¿A qué hora quiere que comamos?

Le ruego que me espere.
Le rogamos que nos llame.

Diga a Juan que eche la carta.
Diga a la secretaria que venga.

Que sean Vds. muy felices.
Que pase la secretaria.
Que le vea Vd. crecido.

209. Convenir

Me conviene este coche.
Me convienen estas horas.

Nos conviene comprar este coche.
Nos conviene trabajar estas horas.

A su jefe le conviene que Vd. compre el coche.
A sus jefes les conviene que Vd. trabaje estas horas.

210. Acabar de (have just)

El tren acaba de llegar.
El director acaba de marcharse.
Acabo de recibir el telegrama.
Acabamos de levantarnos.
Dos personas que acaban de conocerse suelen cambiar tarjetas de visita.

211. Statements + 2 pronoun objects

Me lo trae.	Nos lo trae.
Me la trae.	Nos la trae.
Me los trae.	Nos los trae.
Me las trae.	Nos las trae.
Te lo trae.	Os lo trae.
Te la trae.	Os la trae.
Te los trae.	Os los trae.
Te las trae.	Os las trae.
se = le	se = les
(a Vd., a él, a ella)	(a Vds., a ellos, a ellas)
Se lo trae.	Se lo trae.
Se la trae.	Se la trae.
Se los trae.	Se los trae.
Se las trae.	Se las trae.

212. Infinitive + 2 pronoun objects

traérmelo	traérnoslo
traérmela	traérnosla
traérmelos	traérnoslos
traérmelas	traérnoslas
traértelo	traéroslo
traértela	traérosla
traértelos	traéroslos
traértelas	traéroslas
se = le	se = les
traérselo	traérselo
traérsela	traérsela
traérselos	traérselos
traérselas	traérselas

213. Imperative + 2 pronoun objects

Tú		
	Tráemelo.	No me lo traigas.
	Tráemela.	No me la traigas.
	Tráemelos.	No me los traigas.
	Tráemelas.	No me las traigas.
	Tráenoslo.	No nos lo traigas.
	Tráenosla.	No nos la traigas.
	Tráenoslos.	No nos los traigas.
	Tráenoslas.	No nos las traigas.
	Tráeselo.	No se lo traigas.
	Tráesela.	No se la traigas.
	Tráeselos.	No se los traigas.
	Tráeselas.	No se las traigas.
Vosotros	Traédmelo.	No me lo traigáis.
	Traédmela.	No me la traigáis.
	Traédmelos.	No me los traigáis.
	Traédmelas.	No me las traigáis.
	Traédnoslo.	No nos lo traigáis.
	Traédnosla.	No nos la traigáis.
	Traédnoslos.	No nos los traigáis.
	Traédnoslas.	No nos las traigáis.
	Traédselo.	No se lo traigáis.
	Traédsela.	No se la traigáis.
	Traédselos.	No se los traigáis.
	Traédselas.	No se las traigáis.

214. Imperative + 2 pronoun objects

Usted		
	Tráigamelo.	No me lo traiga.
	Tráigamela.	No me la traiga.
	Tráigamelos.	No me los traiga.
	Tráigamelas.	No me las traiga.
	Tráiganoslo.	No nos lo traiga.
	Tráiganosla.	No nos la traiga.
	Tráiganoslos.	No nos los traiga.
	Tráiganoslas.	No nos las traiga.
	Tráigaselo.	No se lo traiga.
	Tráigasela.	No se la traiga.
	Tráigaselos.	No se los traiga.
	Tráigaselas.	No se las traiga.
Ustedes	Tráiganmelo.	No me lo traigan.
	Tráiganmela.	No me la traigan.
	Tráiganmelos.	No me los traigan.
	Tráiganmelas.	No me las traigan.
	Tráigannoslo.	No nos lo traigan.
	Tráigannosla.	No nos la traigan.
	Tráigannoslos.	No nos los traigan.
	Tráigannoslas.	No nos las traigan.
	Tráiganselo.	No se lo traigan.
	Tráigansela.	No se la traigan.
	Tráiganselos.	No se los traigan.
	Tráiganselas.	No se las traigan.

Summary of pronouns

215. Infinitive + 2 pronoun objects

	Indirect	Direct
	—me	—lo
	—te	—la
traer	—nos	—los
	—os	—las
	—se	

216. Imperative + 2 pronoun objects

trae		—lo	(tú)
traed	—me	—la	(vosotros)
traiga	—nos	—los	(Vd.)
traigan	—se	—las	(Vds.)

217. Negative Imperative + 2 pronoun objects

No	me	lo	traigas	(tú)
	nos	la	traigáis	(vosotros)
	se	los	traiga	(Vd.)
		las	traigan	(Vds.)

218. Statements with 2 pronoun objects

Me		
Te	lo	
Nos	la	
Os	los	trae, traen, etc.
Se	las	

219. Algún, alguna (adjectives)

¿Le interesa algún barrio especial?
¿Me puede dar alguna idea de los precios?
Hay algunos edificios importantes.
Hay algunas oficinas comerciales.

220. Alguno, alguna (pronouns)

Tengo varios locales. ¿Quiere Vd. alguno?
    ¿Quiere Vd. algunos?
Tengo varias casas. ¿Quiere Vd. alguna?
    ¿Quiere Vd. algunas?

221. Ningún, (adj.) ninguno (pron.)

No he encontrado a ningún botones.
No he encontrado a ninguno.
No conozco a ninguna secretaria.
No conozco a ninguna.
The plural form is hardly ever used.

222. Varios, varias (several)

Aquí tengo varios locales.
Short ha comprado varios muebles.
Varias firmas han abierto oficinas.
Varias señoritas han contestado.

223. Noun or pronoun + mismo (emphatic)

El director mismo ha escrito.
La secretaria misma ha llamado.
Los directores mismos han venido.
Las secretarias mismas han ido.

yo mismo	nosotros mismos
yo misma	nosotras mismas
tú mismo	vosotros mismos
tú misma	vosotras mismas
Vd. mismo	Vds. mismos
Vd. misma	Vds. mismas
él mismo	ellos mismos
ella misma	ellas mismas

224. Adverb + mismo (emphatic)

Voy ahora mismo.
Venga Vd. mañana mismo.
Espere Vd. aquí mismo.
Vaya Vd. allí mismo.

225. Que viene = próximo (next)

El lunes que viene.
La semana que viene.
El mes que viene.
El año que viene.

El lunes próximo.
La semana próxima.
El mes próximo.
El año próximo.

226. De largo, de ancho, de alto

El despacho tiene:
5 metros de largo, por
4 metros de ancho, por
3 metros de alto.

227. Hacia ('towards' in place and time)

¿Hacia dónde van Vds.?
Vamos hacia Madrid.

Me levanto hacia las 7.
Me marcho hacia el fin de este mes.

228. Aun (even)

No debe quitarse la chaqueta, aun en verano.
No hace siempre calor, aun en Andalucía.

229. Cuyo (whose)

El día del santo cuyo nombre Vd. tiene.
Este es el amigo en cuya casa yo vivía.
Es una compañía cuyos productos me gustan mucho.
Es un hombre cuyas ideas no comprendo.

230. Al menos, por lo menos (at least)

No se quite la chaqueta, al menos no sin antes pedir permiso.
No se quite la chaqueta, por lo menos no sin antes pedir permiso.

231. Así como = y

En la tarjeta de visita, se pone el nombre así como las señas.
Hace calor en verano así como en primavera.

232. Mientras (while)

No hay que desperezarse mientras se come.
Mientras Vd. duerme, yo trabajo.

233. Siempre que = cuando

La frase se emplea siempre que se presenta la ocasión.
Vamos de excursión siempre que hace buen tiempo.

234. About, approximately

Siga Vd. *unos* doscientos metros.
Siga Vd. *aproximadamente* 200 metros.
Siga Vd. *alrededor de* 200 metros.

235. Expressions of time

¿Por qué no ha venido *antes*?
¿Se ha equivocado *alguna vez*?
Hoy he venido *muy tarde*.
Traiga Vd. el correo *cuanto antes*.
Ahora mismo le llevo el correo.
Todavía no han mandado el cable.
Han llegado *hace mucho*.
Han llegado *hace poco*.
Hace una semana que estoy aquí.
En seguida vuelve el botones.
Siempre llegamos en punto.
Suban Vds. al coche *otra vez*.
¡*Por fin* hemos llegado!
¡*Al fin* hemos llegado!

236. Adverbs in -mente

Las propinas tienen que ser dadas abierta, no furtivamente.
Hay que hablar lenta y claramente.
Siempre te hablo sincera y honradamente.

Vocabulario

A

a to, at, or used to introduce the direct object when it is a person
    a veces sometimes
    ¡A ver! exclamation, 'Let us see!'
    a menudo often
abajo down, below
abandonar to abandon, to leave
A.B.C. a Madrid newspaper
abiertamente openly
abierto open
abogado (*m* or *f*) lawyer
abonar to pay, to subscribe
abrigo (*m*) overcoat
abril April
abrir to open
absolutamente absolutely
absoluto en . . ., not at all
abuelo (*m*) grandfather
abundante abundant, big (of a meal)
abundar to abound
aburrirse to be bored, to get bored
abusar to abuse
acabar to finish
    acabar de + infinitive, to have just + past. part.
academia (*f*) academy
acampar to camp
acatarrarse to catch a cold
accidente (*m*) accident
acción (*f*) share, action
aceite (*m*) oil, olive oil
aceituna (*f*) olive
acelerar to accelerate
aceptable quite good
aceptar to accept
acera (*f*) pavement
acercar(se) to approach, to call on
acero (*m*) steel
acertar to be right, to be successful
    acertar las quinielas to win the pools
ácido bitter
acomodador/a (*m* or *f*) cinema attendant, usherette
acompañamiento (*m*) attendance
acompañar to accompany
aconsejar to advise
acontecimiento (*m*) event

acordarse to remember
acostarse to go to bed
acostumbrarse a to get accustomed to
actividad (*f*) activity
activo active
acto (*m*) act
    en el acto immediately
actor (*m*) actor
actual present
actualmente at the present moment
actuar to act
acuerdo (*m*) agreement
    de acuerdo O.K., agreed
    estar de acuerdo to agree
    ponerse de acuerdo, llegar a un acuerdo to arrive at an agreement
    de acuerdo con according to, in accordance with
acumulativo accumulative
adaptar to adapt
adecuado suitable
adelantado, por in advance
adelantar(se) to pass, to enter
¡Adelante! Come in!
    en adelante onwards, from now on
    más adelante later on
adelgazar to (become) slim
además (de) moreover, besides
adherido attached to, supporting
adiestramiento (*m*) training
adiós good-bye
adivinanza (*f*) riddle
adjetivo (*m*) adjective
administración (*f*) administration
administrativo administrative
admiración (*f*) admiration
admirar to admire
admirativo exclamatory
admitir to admit
adonde where
adquirir to acquire
adquisición (*f*) acquisition
aduana (*f*) customs
    derechos de aduana customs duty
adverbial adverbial
adverbio (*m*) adverb
advertir to advise, warn, tell
aéreo (adj.) by air

aeropuerto (*m*) airport
afectar to affect
afeitarse to shave
    máquina de afeitar razor
aficionado a fond of
afirmación (*f*) affirmation
afirmar to declare
afirmativo affirmative
afueras (*f*) outskirts
agencia (*f*) agency
agenda (*f*) diary
agosto August
agradable pleasant
agradar to please
    Me agrada verle I like to see him
agradecer to thank, to be grateful
    agradecer que to be grateful if . . .
agradecimiento (*m*) thanks, gratitude
agrario agrarian, agricultural
agrícola agricultural
agricultor (*m*) farmer
agricultura (*f*) agriculture
agruparse to be grouped
agua (*f*) water
aguafiestas a wet blanket
aguardiente (*m*) brandy, eau-de-vie
águila (*f*) eagle
ah oh
ahí there
    ¡Ahí va! Good heavens!
ahora now
ahorrar to save
ahorro (*m*) saving
aire (*m*) air
    aire libre open air
    hacer aire to be windy
ajo (*m*) garlic
Alava province in the Basque country
Albacete province and town in Spain
albóndiga (*f*) minced meat ball
Alcalá old town in the province of Madrid
alcalde (*m*) mayor
alcanzar to reach, obtain
alcohol (*m*) alcohol
aldea (*f*) small village
alegrarse to be pleased, to be glad
alegre gay, happy

alegremente happily
alegría (*f*) happiness, joy
alejado far away, remote
alemán German
Alemania Germany
alfabetización (*f*) teaching or learning to read and write
alfabeto (*m*) alphabet
alfiler (*m*) pin
alfombra (*f*) carpet
Algeciras town in the province of Cadiz
algo something
algodón (*m*) cotton
alguien somebody, anybody
algún, alguno some, any
    algún día que otro some day or other
Alicante town and province in the Levant of Spain
alimentación (*f*) food, feeding
almacén (*m*) store
Almadén town in the province of Ciudad Real
almeja (*f*) mussel
almendra (*f*) almond
Almería town and province in the Levant
alojamiento (*m*) lodgings
alojarse to stay
alquilar to rent, to hire, to let
alquiler (*m*) rent, hire
alrededor (**de**) about, around
alterno alternate
    corriente alterna alternating current
altitud (*f*) height, altitude
alto tall, high
altura (*f*) height
alumno (*m*) pupil, student
allí there
ama de casa housewife
amabilidad (*f*) kindness
amable kind
amablemente kindly, courteously, in a friendly manner
amanecer to dawn
amante (*m* or *f*) lover
amarillo yellow
ambición (*f*) ambition
ambiente (*m*) atmosphere
ambos, ambas both

ambulante (adj.) roving
    vendedor ambulante street vendor
    (i.e. newspaper seller)
América the American continent
americano American
amigo (m) friend
amistad (f) friendship
amor (m) love
ampliación (f) expansion
ampliar to enlarge
amplio large, big, spacious
amueblar to furnish
anciano (m) old man
ancho wide
¡Anda! Good Heavens!
Andalucía region in the south of Spain
andar to walk, to go, to get on
andén (m) platform
Andes (m) Andes
Aneto mountain in the Pyrenees
animal (m) animal
animar to encourage
anís (m) aniseed
anoche last night
anónimo anonymous
    sociedad anónima chartered com-
    pany, joint stock company
anteayer the day before yesterday
anterior previous, former
antes (de) before
antibiótico (m) antibiotic
antiguo old, senior, veteran
antipático unpleasant (referring to per-
    sons)
Antonio Anthony
anual annual, yearly
anunciar to announce
anuncio (m) advertisement
añadir to add
año (m) year
apagar to put out (light), switch off
aparador (m) sideboard
aparato (m) apparatus, set
    Al aparato Speaking! (on answering a
    telephone call)
    aparatos electrodomésticos electrical
    household appliances
aparcamiento (m) parking

aparcar to park
aparecer to appear
aparentemente apparently
aparte de apart from
apellido (m) surname
apenas, apenas si almost, hardly
apendicitis (f) appendicitis
aperitivo (m) aperitif
apetito (m) appetite
    con apetito with a good appetite
    tener apetito to be hungry
aplaudir to applaud
apócope (m) apocopation
apoderado (m) officer of a firm holding
    powers of attorney
Apolinar Christian name
aportar to add, contribute
apostar to bet
apóstol (m) apostle
apreciar to appreciate
aprender to learn
aprobar to approve
apropiadamente appropriately
apropiado appropriate
aprovechar to profit from, take advantage of
    Que aproveche 'Bon appétit', said to
    someone who is already eating, or on
    rising from the table
aproximadamente approximately, about
aproximado approximate
apuntar to note down
aquel (aquella) that (adj.)
    aquél (aquélla) that one (pronoun)
    aquello that (neuter pronoun)
    aquellos (aquellas) those (adj.)
    aquéllos (aquéllas) those (pronoun)
aquí here
árabe Arabic
árbitro (m) arbiter, referee
árbol (m) tree
archivador (m) filing cabinet
archivar to file
Argentina Argentina
Arguelles Underground station in Madrid,
    district of this name
árido arid
arma (f) arm
armar to arm

armario (*m*) cupboard
    armario empotrado built-in cupboard
arquitecto (*m* and *f*) architect
arreglar to put in order
arriba up, name of a Spanish newspaper
    de arriba a abajo completely, from top
      to bottom
arriesgar to risk
arroz (*m*) rice
arte (*m*) art
artículo (*m*) article
artificial artificial
artístico artistic
asado roast
asalto (*m*) round (boxing)
asamblea (*f*) assembly
asar to roast
ascender to amount to, to promote
ascenso (*m*) upgrading, promotion
ascensor (*m*) lift
asco (*m*) nausea, dislike
    ¡Qué asco! How disgusting!
    Es un asco It's dreadful
asesor jurídico legal adviser
asegurar to insure, to make sure
asfalto (*m*) asphalt
así so
asiento (*m*) seat
asistencia (*f*) attendance
asistencial referring to social services
asistente (*m*) participant, person present,
    attendant
asistir to attend, to be present
asociación (*f*) association
asombrar to amaze
    asombrarse to be amazed
    quedarse asombrado to be amazed
aspecto (*m*) look, aspect
aspiración (*f*) aspiration
aspiradora (*f*) hoover, vacuum cleaner
aspirina (*f*) aspirin
astillero (*m*) shipyard, dock
astucia (*f*) cunning
asturiano Asturian, from Asturias
Asturias province in the north of Spain
astuto cunning
asumir to take over, to assume
asunto (*m*) matter
    Asuntos Exteriores Foreign Affairs

ataque (*m*) attack
atención (*f*) attention, interest
atender to help (customers), to pay atten-
    tion, to meet an order
Atlántico Atlantic
atleta (*m*) athlete
atletismo (*m*) athletics
atómico atomic
atracción (*f*) attraction
atrás backwards
auditivo aural
aumentar to increase
aumento (*m*) increase
aún still
aún no not yet
aun even
aunque although, even though, even if
australiano australian
autobús (*m*) bus
autocar (*m*) coach
autodisciplina (*f*) self-discipline
autogobierno (*m*) self-government
automóvil (*m*) car
automovilismo (*m*) motor-racing, motor-
    ing
automovilista driver
    Gran Premio Automovilista Grand
    Prix
autopista (*f*) motorway
auto-stop (*m*) hitch-hiking
auxiliar auxiliary
avance (*m*) advance
avanzar to advance
ave (*f*) bird, poultry
avenida (*f*) avenue
aventura (*f*) adventure
aventurarse to venture
avería (*f*) breakdown (in a car or a machine)
averiguar to investigate, to verify
aviación (*f*) aviation
Ávila town and province in Old Castile
Avilés town in Asturias
avión (*m*) aeroplane
avisar to inform
ayer yesterday
ayuda (*f*) help
ayudante (*m* and *f*) assistant
ayudar to help

ayuntamiento (*m*) borough, town hall; town council
azafata (*f*) air hostess, stewardess
azúcar (*m* and *f*) sugar
azul blue
    azul marino navy blue

B
Bable dialect spoken in Asturias
bacalao (*m*) cod
Bachillerato (*m*) Spanish equivalent of G.C.E.
Badajoz province and town in Spain
bailar to dance
baile (*m*) dance
Bailén name of a town in Andalusia and of a street in Madrid
bajar to go down, to take down, to get out (of a car)
bajo short, low; under, below
    piso bajo ground floor
balcón (*m*) balcony
balanza (*f*) balance
Baleares (Islas Baleares) Balearic Islands
ballet (*m*) ballet
baloncesto (*m*) basket-ball
Banca (*f*) Bank, banking
banco (*m*) bank
banda (*f*) band
bañarse to swim, to have a bath
baño (*m*) bath
    cuarto de baño bathroom
bar (*m*) bar, pub
barato cheap
barbaridad barbarity, cruelty
    ¡Qué barbaridad! colloquial exclamation of disapproval
    disfrutar una barbaridad to enjoy something a great deal
barca (*f*) boat
Barcelona Barcelona
barco (*m*) ship
barril (*m*) barrel
barrio (*m*) district, suburb
    casa de barrio suburban house
basarse to be based, to base oneself
base (*f*) base
básico basic

bastante quite, enough
bastarse to be self-supporting
batería (*f*) battery
    batería de cocina pots and pans
batir to beat
baúl (*m*) trunk
beber to drink
bebida (*f*) drink
beca (*f*) grant
beige beige
Béjar town in the province of Salamanca
Belga Belgian
Bélgica (*f*) Belgium
belleza (*f*) beauty
    salón de belleza hairdresser and beautician
beneficio (*m*) benefit
berenjena (*f*) egg-plant, aubergine
Berlín Berlin
besar to kiss
beso (*m*) kiss
Bidasoa river on the Franco-Spanish border
biblioteca (*f*) library
bicicleta (*f*) bicycle
bien well
    o bien or otherwise, or else
bienes (*m*) possessions, goods
bifurcación (*f*) fork-road
Bilbao Bilbao, town in the north of Spain, capital of province of Vizcaya
bilingüe bilingual
billete (*m*) ticket, note
    billete de ida single ticket
    billete de ida y vuelta return ticket
'Bisonte' brand of Spanish cigarettes
bistec (*m*) steak
blanco white
blancura (*f*) whiteness
blusa (*f*) blouse
bobo stupid
boca (*f*) mouth
bocadillo (*m*) sandwich
boda (*f*) wedding
boite (*f*) night-club
boletín (*m*) bulletin
bolígrafo (*m*) ball-point pen
Bolivia Bolivia
bolsa (*f*) bag

bolsillo (*m*) pocket
bolso (*m*) handbag, pocket
bomba (*f*) bomb
    bomba de mano grenade
bombilla (*f*) bulb
bombón (*m*) chocolate
bondad: tenga la bondad de . . ., si tiene la bondad be so kind as . . ., please . . ., kindly
bonito nice, pretty
bosque (*m*) forest
bostezar to yawn
bote (*m*) tin
botella (*f*) bottle
botiquín first-aid box
botones (*m*) office-boy, bell-boy
boxeo (*m*) boxing
Brasil, El Brazil
brazo (*m*) arm
Bretaña Brittany
breve short
brillar to shine
brindar to give, to offer; to drink a person's health, to toast
británico British
broma (*f*) joke
buen (shortened form of **bueno** used before a single masculine noun) good
buenísimo very good
bueno good, well
    buenos días good morning
bujía (*f*) plug
bulto (*m*) package, parcel, object, bulk
Burdeos Bordeaux
Burgos province and town in Spain
burro (*m*) ass
busca (*f*) search
buscar to look for, to search
butaca (*f*) armchair
buzón (*m*) letter-box

c
caballero (*m*) gentleman
caballo (*m*) horse
caber to fit in, to be able to be contained
    no cabe there is no room for it
cabeza (*f*) head
    cabeza de familia (*m*) head of the family

cabina (*f*) telephone box
cable (*m*) cable
cabo, llevar a to fulfil, to complete
Cáceres province and town in Spain
cacerola (*f*) saucepan
cacharro (*f*) kitchen, pot
cada each, every
cadena (*f*) chain, range of mountains
Cádiz town and province in Andalusia
caer(se) to fall
café (*m*) coffee
    café solo black coffee
    café puro black coffee
cafetería (*f*) coffee bar, café, snack bar
caja (*f*) box
    caja de cambios gearbox
cajero (*m*) cashier
cajón (*m*) drawer
calamares en su tinta (*m*) inkfish cooked in their ink
calculadora (máquina) adding machine
calcular to calculate
cálculo (*m*) calculation
calefacción (*f*) heating
calendario (*m*) calendar
calentar to heat
calidad (*f*) quality
cálido hot (of climate)
caliente hot (of objects)
califato (*m*) Caliphate
calificativo qualifying
calma (*f*) quietness, calm
    tomar con calma to take something quietly
calor (*m*) heat, warmth
    hacer calor to be hot, warm
caluroso hot (climate)
calzado (*m*) shoes
Callao name of a Madrid square
calle (*f*) street
callos (*m*) cooked tripe (popular dish in Madrid)
cama (*f*) bed
    coche cama sleeping-car, coach
cámara (*f*) chamber
camarero (*m*) waiter
cambiar to change
    cambiar de disco to change the topic

cambio (*m*) exchange, gear
    tipo de cambio rate of exchange
    caja de cambios gearbox
caminar to walk
camino (*m*) way
camión (*m*) lorry
camionero (*m*) lorry-driver
camioneta (*f*) small lorry, van
camisa (*f*) shirt
camisería (*f*) men's outfitter
campaña (*f*) campaign, season
campeón (*m*) champion
campeonato (*m*) championship
campesino (*m*) farm worker, farm labourer
camping (*m*) camping, camping site
campista (*m* or *f*) a camper
campo (*m*) country, field, stadium
    ir de campo to go and spend the day in the country
Canarias (Islas) (*f*) Canary Islands
canción (*f*) song
cansado tired
cansarse to get tired
Cantábrica, Cordillera ... range of mountains in northern Spain
Cantábrico, Mar Cantabrian Sea (Bay of Biscay)
cantaor (*m*) (Andalusian pronunciation of *cantador*) flamenco singer
cantar to sing
cántaro (*m*) bucket, pitcher
    llover a cántaros to rain cats and dogs
cantidad (*f*) amount
cantina (*f*) canteen
caña (*f*) straw
    caña de cerveza glass of beer (used only of beer)
capacidad (*f*) amount, capacity
capataz (*m*) foreman
capaz capable
capital (*f*) capital city
capital (*m*) capital (finance)
capitán (*m*) captain
Capitán General (army rank) Field Marshal
captar to attract, to catch (meaning etc.)
capturar to capture
cara (*f*) face

Caracas Caracas (capital of Venezuela)
carácter (*m*) character
característica (*f*) specification, characteristic
¡Caramba! Good heavens!
caramelo (*m*) sweet
carbón (*m*) coal
carburador (*m*) carburettor
carcajada (*f*) a burst of laughter
carestía (*f*) high cost of living
cargo (*m*) position, job
    tener a cargo, correr a cargo to be in charge of
Caribe (*m*) West Indies
cariño (*m*) affection
cariñoso affectionate
Carmelo Spanish male name
carne (*f*) meat, beef
carnet (*m*) identity card
caro expensive
carpeta (*f*) folder, file
carrera (*f*) race, run
carretera (*f*) road
carro (*m*) cart
carrocería (*f*) car body, chassis
carta (*f*) letter, menu, card
    jugar a las cartas to play cards
cartel (*m*) poster
cartera (*f*) brief case, wallet
cartero (*m*) postman
cartilla (*f*) savings book
casa (*f*) house, home, firm
    casa comercial commercial firm
    en casa at home
casado (*m*) married
casarse to get married
casi almost, nearly
    casi nada (nadie, etc.) hardly anything (anyone, etc.)
casino (*m*) club
casita (*f*) small house
caso (*m*) case, name of a Spanish paper
    el caso es the thing is
Castellón province and town in Spain
castellano Castilian Spanish
castigo (*m*) punishment
Castilla central part of Spain. There are two Castillas, 'Castilla la Vieja' y 'Castilla la Nueva'.

castillo (*m*) castle
casualidad (*f*) chance
    por casualidad by chance
Catalán Catalan
Cataluña Catalonia
catarro (*m*) a cold
catecismo (*m*) catechism
catedral (*f*) cathedral
categoría (*f*) class
catolicismo (*m*) Catholicism
católico Catholic
catorce fourteen
causa (*f*) reason
caza (*f*) hunting, shooting
cazar to hunt, to shoot
cazo (*m*) ladle
cebolla (*f*) onion
celebrar to celebrate, to hold
célebre famous
Celta (*m*) Celtic
célula (*f*) unit, cell
cena (*f*) dinner, supper
cenar to dine, to have supper
censo (*m*) census
censura (*f*) censorship
céntimo (*m*) cent (hundredth part of a peseta)
centollo (*m*) kind of large shellfish
central (*f*) telephone exchange
centro (*m*) middle, centre
Centroamérica (*f*) Central America
cepillo (*m*) brush
cerca (de) near
cerdo (*m*) pig, pork
cereal (*m*) cereal
cerilla (*f*) match
cero zero
cerrar to close, to shut
cerrojo (*m*) bolt
certamen (*m*) competition
certificado (*m*) certificate
certificar to register, to certify
Cervantes, Miguel Spanish writer of the Golden Century of Spanish literature. His best-known book is 'Don Quijote de la Mancha'.
cerveza (*f*) beer
cesar to cease

Cibeles Roman goddess, square of this name in Madrid
ciclista (*m* and *f*) cyclist
cielo (*m*) sky
cien, ciento hundred
ciencia (*f*) science
científico (*m*) scientist; (adj.) scientific
cierto certain
    es cierto it is truc
cifra (*f*) figure
cigarrillo (*m*) cigarette
cinco five
cincuenta fifty
cine (*m*) cinema
circulación (*f*) traffic
circular to circulate, to move along, to run
circular (*f*) circular
círculo (*m*) circle
circunstancia (*f*) circumstance
cita (*f*) appointment
cítricos (*m*) citrus fruits
ciudad (*f*) city, town
Ciudad Real province and town in Spain
ciudadano (*m*) citizen
civil civil
claro clear, light colour; of course
clase (*f*) class, classroom, kind
    dar clase to teach, to give a lesson, to take a lesson
    toda clase de all kinds of
clásico classic
clasificar to classify
claxon (*m*) car horn
cliente (*m*) client, customer
clima (*m*) climate
clip (*m*) paper clip
club (*m*) club
cobrar to charge, to cash
cobre (*m*) copper
cocer to cook
cocido (a la Madrileña) typical dish, especially in Madrid. It has three courses: soup, several kinds of vegetables, and meat, all of them cooked together
cocina (*f*) cuisine, kitchen, cooker
cocinero (*m*) cook
cóctel (*m*) cocktail, cocktail party
coche (*m*) car
    coche cama sleeping-car

cochinillo (*m*) suckling pig
código (*m*) code of laws
coger (not to be used in Latin America), to take
    coger un constipado to catch a cold
cola (*f*) queue
colaborar to collaborate
coleccionar to collect
colectivo collective
colega (*m* or *f*) colleague
colegio (*m*) college, private school
colgar to hang
coliflor (*f*) cauliflower
colitis (*f*) diarrhoea
colmo (*m*) plenty, fill
    es el colmo that's the limit
colocación (*f*) job
colocar to put, to fit
colocarse to work, to find a job
Colombia Colombia
Colón Colombus
color (*m*) colour
collar (*m*) necklace
comarca (*f*) region
comarcal regional
combate (*m*) fight
combustible (*m*) fuel
comedor (*m*) dining-room; diner
comenzar to begin
comer to eat, to have lunch
comercial commercial
    casa comercial commercial firm
comercio (*m*) commerce, shop
comestibles (*m*) foodstuffs
cómico comic
comida (*f*) food, meal, dinner, lunch
comienzo (*m*) beginning
Comisaría (*f*) police station
comisión (*f*) commission
como as
cómo how
    ¿Cómo está usted? How do you do? How are you?
    ¿Cómo no? Of course
cómoda (*f*) chest of drawers
comodidad (*f*) comfort
cómodo comfortable
compañero (*m*) companion, colleague, friend

compañía (*f*) company, firm
comparable comparable
comparar to compare
comparativo (*m*) comparative
compartir to share
compatriota (*m* or *f*) compatriot, fellow-countryman
competencia (*f*) competition
competición (*f*) a competition
competidor (*m*) competitor
complemento (*m*) complement, object
completamente completely
complete complete, full
    pensión completa full board
complicado complicated
componerse to be made up of
compositor (*m*) composer
compra (*f*) purchase, shopping
    ir de compras to go shopping
comprador (*m*) buyer
comprar to buy
    comprar a plazos purchase by instalments
    comprar al contado purchase for cash
comprender to understand, to comprise
comprensión (*f*) comprehension
comprobar to check
común common
comunicación (*f*) communication
con with
    con que so, provided that. In exclamation **¡con el dinero que tengo no puedo...!** roughly equivalent to 'Just think, with the money I have I still can't...'
comunicar to communicate
comunidad (*f*) community
Comunista (*m*) Communist
conceder to give, to lend
concejal (*m*) town councillor
concentrar to concentrate
concentrarse to concentrate
Concepción Spanish female name (abbreviated to *Concha* or *Conchita*)
concepto (*m*) concept, idea
concierto (*m*) concert
concordancia (*f*) agreement
concretamente concretely, specifically

concurrir to participate, compete
concurso (*m*) competition
concha (*f*) shell
Conchita Spanish female name (abbreviation of *Concepción*)
condensado condensed
condición (*f*) condition
condicionado conditioned
condimentar to season (a meal)
conducir to drive
    permiso de conducir driving licence
conducto (*m*) pipe, channel
conductor (*m*) driver
conejo (*m*) rabbit
conexión (*f*) connection
confección, trajes de ready-to-wear suits suits
conferencia (*f*) conference
confesar to confess
confianza (*f*) confidence
confirmar to confirm
confundir to confuse
Congreso (*m*) Congress
conjunción (*f*) conjunction
conjuntamente jointly, together
conjunto (*m*) totality, whole
conmemorar to celebrate, to commemorate
conocer to know, to meet
conocimiento (*m*) knowledge; acquaintance
conquista (*f*) conquest
consecuencia (*f*) consequence
    en consecuencia consequently
conseguir to get, to manage, to achieve
consejero (*m*) counsellor, adviser
consejo (*m*) council, advice
consentimiento (*m*) approval, consent
conserje (*m*) usher, warden
conservación (*f*) maintenance; conservation
conservar to maintain
considerable great
considerar to consider
consigo with himself, herself, itself, oneself, themselves, yourself, yourselves
consistir (en) to consist of *or* in
constiparse to catch a cold
constipado (*m*) a cold
constituir to constitute, to form, to make up

construcción (*f*) building
construir to build
consulado (*m*) consulate
consulta (*f*) surgery
consumir to use, to spend, to consume
consumo (*m*) consumption
conductor (*m*) driver
contabilidad (*f*) accountancy
contable (*m*) accountant
contacto (*m*) contact
contado, al cash purchase
contar to count, to explain, to relate, to tell
contemplar to contemplate
contenido (*m*) contents
contento happy
contestación (*f*) answer
contestar to answer
continental continental
continente (*m*) continent
continua, corriente ... direct current
continuo continuous
continuación, a ... following, below
continuamente continuously, constantly
continuar to continue
contra against
al contrario on the contrary, quite the opposite, not at all
contrarrestar to balance, to check
contratar to engage
contrato (*m*) contract
contribución (*f*) contribution
control (*m*) control
controlar to control
convalecencia (*f*) convalescence
conveniente convenient, suitable; advisable
convenir to be convenient, to be a good idea
conversación (*f*) conversation, talk
convertir to transform, to convert
convertirse (en) to become, to be converted
convocar to summon
coñac (*m*) brandy
cooperación (*f*) co-operation
cooperar to co-operate
copa (*f*) glass (wine or liqueur), cup (sport, etc.)
    tomar una copa to have a drink
copia (*f*) copy

copita (*f*) diminutive of *copa*
corazón (*m*) heart
corbata (*f*) tie
cordero (*m*) lamb
cordial affectionate, hearty
cordillera (*f*) range of mountains
Córdoba Cordoba
corrección (*f*) accuracy
corregir to correct
correo (*m*) mail
    correo ordinario surface mail
Correos (*m*) Post Office
correr to run, to go fast, to travel (of vehicles)
    correr a cargo to be in charge
correspondencia (*f*) mail, letters
corresponder to correspond
correspondiente corresponding, appropriate
    ate
corriente usual, ordinary
    tener al corriente to keep (someone informed)
corrida (*f*) bullfight
corriente normal
corriente (*f*) current
    corriente alterna alternating current
    corriente continua direct current
cortar to cut
corte, hacer la to court
Cortes Spanish Parliament
cortesía (*f*) good manners, politeness, courtesy; compliment
cortina (*f*) curtain
corto short
La Coruña town and province in the Spanish region of Galicia
cosa (*f*) thing
    gran cosa serious, important
cosecha (*f*) harvest
coser to sew
cosmopolita cosmopolitan
costa (*f*) coast
    Costa Brava Spanish Mediterranean coast between Barcelona and the French frontier
Costa Azul (*f*) French Riviera
Costa Rica the country of Costa Rica
costar to cost

coste (*m*) price
costo (*m*) cost
costoso expensive
costumbre (*f*) custom
    como es costumbre as is usual
creación (*f*) creation
crear to create
crecimiento (*m*) growth
crédito (*m*) credit
creer to think, to believe
    Ya lo creo Yes, of course
cría (*f*) breeding, rearing; little girl
criar to breed, to bring up
criminal (*m* and *f*) criminal
crema (*f*) cream
cretona (*f*) cretonne
crimen (*m*) crime
crío little boy
cristal (*m*) glass
Cristianodemócrata (*m*) Christian Democrat
cruce (*m*) crossroads, crossing
    cruce de carreteras (*m*) cross roads
cruz (*f*) cross
cruzar to cross
cruzarse to meet, to come across (a person), to run into, to pass
cuadrado square
cuadro (*m*) square, picture
    camisa (tela) con cuadros checked shirt (checked cloth)
¿Cuál? which?
cualidad (*f*) quality
cualquier any
    de cualquier forma anyway
cuando when
¿Cuándo? When?
cuanto antes as soon as possible
    en cuanto as soon as
    en cuanto a as for, as regards
cuánto how much, how!
    cuántos how many
    ¿Cuánto tiempo? How long?
    ¡Cuánto me alegro! I'm glad to hear that
    unos cuantos some, a few
cuarenta forty

cuartel (*m*) barracks
    cuartel general headquarters
cuarto (*m*) quarter, fourth; room
    cuarto de baño bathroom
    cuarto de estar living-room
    cuarto trastero junk room
cuatro four
cuba (*f*) barrel, cask
Cuba Cuba
cuba libre (*m*) cocktail with rum or gin and
    Coca-Cola
cubierto (*m*) dinner course, cutlery
    cubierto del día fixed price menu for
    the day
cubo (*m*) bucket
cubrir to cover
cuchara (*f*) spoon
cuchillo (*m*) knife
cuello (*m*) collar, neck
Cuenca town and province in Spain
cuenta (*f*) bill, account
    cuenta corriente current account
    tener en cuenta to consider, to bear in
    mind
    darse cuenta to realize
cuentakilómetros speedometer
cuento (*m*) story
cuerda (*f*) rope
cuerpo (*m*) body
cuesta (*f*) slope
cuestión (*f*) question
    es cuestión de it is a matter of
cuestionario (*m*) questions; questionnaire
cuidado (*m*) care
    estar al cuidado de to be in charge of,
    to look after
cuidadosamente carefully
culpa (*f*) fault
    tener la culpa to be at fault, to be to
    blame, to be responsible
culpable (adj.) guilty; (noun, *m* or *f*) guilty
    person
cultivar to cultivate
cultivo (*m*) cultivation
cultura (*f*) culture
cultural cultural
cumpleaños (*m*) birthday

cumplir to fulfil
    que cumpla muchos (años) many
    happy returns
    cumplo 20 anos mañana I am 20 to-
    morrow
cura (*f*) cure, treatment
curar to cure
curiosidad (*f*) curiosity
curioso curious
cursiva (*f*) italics
curso (*m*) course
    año en curso present year
curva (*f*) bend, corner
cuyo whose (relative pronoun)

CH

chacolí wine from the Basque country
champán (*m*) champagne
chaqueta (*f*) coat, jacket
charla (*f*) a talk
charlar to chat
chelín (*m*) shilling
cheque (*m*) cheque
    cheque de viajero traveller's cheque
chico (*m*) boy
chicos (*m*) children
Chile the country of Chile
chimenea (*f*) chimney
Chinchón town in the province of Madrid
chino (*m*) Chinese
chocar to clash, to crash
chocolate (*m*) chocolate
chófer (*m*) chauffeur
chorizo (*m*) type of Spanish sausage
chuleta (*f*) cutlet, chop

D

dar to give
    dar un paseo to go for a walk
    darse cuenta to realize
    dar la mano to shake hands
    darle a uno tiempo to have time
    enough
darse to grow (in agriculture)
datar to go back in time
dativo (*m*) dative
dato (*m*) fact
de from, of, in, about

debajo (de) under
deber (*m*) duty
deber to owe, to have to
deberse a to be due to
debido a owing to, due to
decadencia (*f*) decay, decadence
decidir(se) to decide, to make up one's mind
décimo tenth, lottery ticket (tenth of a whole ticket)
    tengo unas décimas de fiebre I have a slight temperature
decir to say, to tell
    ¡Dígame! Hallo! (on answering a telephone call)
    ¿Cómo dice? I beg your pardon?
    es decir that is to say
decisión (*f*) decision
declarar to declare
decretar to pass a law, to decree
decreto (*m*) decree
dedicarse a to devote oneself to, to work at *or* in
dedo (*m*) finger, toe
defectuoso in a poor condition
defender to defend
deficiencia (*f*) lack
definitivo conclusive, final
dejar to leave, to allow, to lend
    dejar de hacer algo to stop doing something
del = de el of the
delante (de) in front (of)
deletrear to spell
delicadeza (*f*) delicacy, refinement
Delicias district of Madrid
delicioso delightful, wonderful
delincuencia (*f*) delinquency
delincuente (*m* and *f*) delinquent
delineante (*m* and *f*) draughtsman
demanda (*f*) demand
demasiado too, too much
    demasiados too many
democracia (*f*) democracy
denominativo denominative, (giving a) name
dentro (de) inside, in
departamento (*m*) compartment, department

depender to depend
    depende de it depends on
dependiente (*m*) shop assistant, attendant
deporte (*m*) sport
deportivo sports, sporty, sporting, athletic
depósito (*m*) deposit
depósito de aguas (*m*) reservoir
deprisa quickly
derecha right
    a la derecha on the right
derecho (*m*) the right, the law
    derechos de aduana customs duty
    tener el derecho to have the right
derivar to derive
derribar to bring down, to shoot down
derrotar to beat, to defeat
desaparecer to disappear
desarrollar to develop
desarrollo (*m*) development
desayunar to breakfast
desayuno (*m*) breakfast
descansar to rest
descanso (*m*) rest, interval
descargarse (la batería) to go flat
descenso (*m*) drop (in production)
descongestión (*f*) dispersion of congestion or pain, also of a crowded area or vehicles in traffic
describir to describe
descripción (*f*) description
descubierto open
    estar al descubierto to be overdrawn in a bank
descubrir to discover
desde from, since
    desde luego of course
desear to wish, to want
desembocar to flow into
deseo (*m*) wish
desesperar(se) to despair
desfavorable unfavourable
desgracia (*f*) misfortune
desgraciadamente unfortunately
desierto desert
desnudar(se) to undress
despacio slowly
despacho (*m*) office
despedida (*f*) leave-taking, farewell

despedir to dismiss (an employee)
despedir(se) to say good-bye
desperezarse to stretch (one's limbs)
despertarse to wake up
despistado absent-minded
desplazar(se) to move
despoblado uninhabited
    despoblado de árboles treeless
después afterwards
    después de after
destinar to appoint
destinatario (*m*) addressee
destino (*m*) destination
detalle (*m*) detail
detenerse to stop
detrás behind
devolver to give back, to return
día (*m*) day
    buenos días good morning
    hoy en día nowadays
diablo (*m*) devil
    ¿Qué diablos? What the devil?
diagnóstico (*m*) diagnosis
dialecto (*m*) dialect
diálogo (*m*) dialogue
diario (*m*) newspaper
    diario (adj.) daily
dibujo (*m*) drawing
diccionario (*m*) dictionary
diciembre December
dictado (*m*) dictation
dictador (*m*) dictator
dictáfono (*m*) dictaphone
dictar to dictate
diecinueve nineteen
dieciocho eighteen
dieciséis sixteen
diecisiete seventeen
diente (*m*) tooth
diez ten
diferencia (*f*) difference
diferente different
difícil difficult
dificilísmo very difficult
dificultad (*f*) difficulty
digestión (*f*) digestion
digno worthy, fit
diligente diligent

dimensión (*f*) size
diminutivo (*m*) diminutive
Dinamarca Denmark
dinero (*m*) money
Dios (*m*) God
    Por Dios: My goodness! For Heaven's sake!
Diputación (*f*) Delegation of the Government in each Province
dirección (*f*) direction, address, steering
directamente directly
directo direct
director (*m*) director
    director de empresa manager
directriz (*f*) policy, instruction
dirigir(se) to address, to direct
disciplina (*f*) discipline
discípulo (*m*) pupil
disco (*m*) record
disculpar to excuse
disculparse to apologize
discurso (*m*) speech
discutir to discuss, to argue
diseminar to scatter
disfrutar to enjoy
disgusto, a uncomfortable
disparar to fire
disponer (de) to possess, to have at one's disposal
disposición (*f*) disposal, disposition
dispuesto, estar to be ready
distancia (*f*) distance
distinguido distinguished
distinto(s) different, various
distracción (*f*) amusement
distraído absent-minded
distribución (*f*) distribution
distribuidor (*m*) distributor
distribuir to distribute
diversión (*f*) amusement
diversos different, various
divertirse to enjoy oneself
dividir(se) to divide
divisa (*f*) foreign currency
división (*f*) division
doblar to turn, to bend, to dub (films)
doble double
doce twelve

docena (*f*) dozen
documento (*m*) document
dólar (*m*) dollar
doler to pain
dolor (*m*) pain, ache
   dolor de cabeza headache
   tener dolor de cabeza to have a headache
doméstico related to the house
dominar to dominate, to master
domingo (*m*) Sunday
Dominicana (República) Dominican Republic
don (*m*), **doña** (*f*) no English equivalent; Spanish title used with Christian name
donde where
¿Dónde? Where?
dorado golden
dormir to sleep
dormitorio (*m*) bedroom
dos two
doscientos two hundred
Duarte Spanish surname
'Ducados' brand of Spanish cigarettes
duda (*f*) doubt
   sin duda alguna no doubt at all
dudar to doubt
dueño (*m*) owner
Duero Douro, river flowing into the Atlantic after crossing the Spanish 'Meseta' and Portugal
dulce sweet, soft
duodécimo twelfth
duplicar to duplicate, to double
duradero lasting
durante during
durar to last
duro strong, hard

E

e *conj.* (**y** when occurring in front of a word commencing with *i* or *hi*)
Ebro river in Aragon
Ecija town in the province of Sevilla
economía (*f*) economics, economy
económico cheap, economic
economista (*m* or *f*) economist

Ecuador Ecuador
ecuatorial equatorial
echar to throw, to post
   echarse la siesta to have a siesta
   echar el cerrojo to bolt
   echar de menos to miss
   echarse a reir to start laughing
   ¿Le echo aceite? Shall I fill up with oil? (car)
edad (*f*) age
edificar to build
edificio (*m*) building
educación (*f*) education, manners, politeness
educado polite
educar to educate
efectivamente that's right, really
efectuar to bring about
ejecutar to execute
ejemplar (*m*) copy
ejemplo (*m*) example
   por ejemplo for instance
ejercer exercise
ejercicio (*m*) exercise
ejército (*m*) army
el the (*m sing.*), the one
el/la/lo mismo the same
   el/la/lo mismo que the same as
El Escorial palace built by Philip II not far from Madrid
él he, him
elaborar to work out
elección (*m*) election
electricidad (*f*) electricity
eléctrico electric
electrodomésticos, aparatos (*m*) electrical household appliances
elegante elegant, smart
elegible eligible
elegir to choose
elemento (*m*) element
ELT European Letter Telegram
elevar to raise
elevarse to rise, to be raised
ella she, her
ellos they, them
embajada (*f*) embassy
embajador (*m*) ambassador

embalaje (*m*) packing
embalse (*m*) dam, reservoir
embrague (*m*) clutch
embutido (*m*) any kind of sausage meat
emigración (*f*) emigration
emigrar to emigrate
eminentemente eminently
emisión (*f*) issue
emisora (*f*) broadcasting station
emoción (*f*) emotion
empapelar to paper (a wall)
empeorar to become worse
empezar to begin, to start
empleado (*m*) employee, clerk
emplear to use
empleo (*m*) job, employment, use
empotrar to build in
empresa (*f*) firm
en in, at, by, on
     en total in all, altogether
enamoradizo said of a person who falls in
     love easily
encantado delighted
encantador charming
encantar to delight, to please very much
encargado (*m*) person in charge
encargarse (de) to take charge of
encender to put on a light, to light
encima (de) on, above
encontrar to find
encontrarse to meet each other, to feel
     encontrarse a gusto to feel happy, to
     feel at home
encuadrar to include
encuentro (*m*) match, encounter, meeting
enchufe (*m*) electric point, plug
energía (*f*) strength, energy, power
enero January
enfadarse to get angry
énfasis (*m*) emphasis
enfermera (*f*) nurse
enfermo (*m*) sick person, patient
enfermo ill, sick
enfrentarse (con) to face
enfrente opposite
engordar to put on weight, to get fat
enhorabuena (*f*) congratulations
     dar la enhorabuena to congratulate

enlazar to join, to link
enmienda (*f*) amendment
enojar make somebody angry
enorme huge, enormous
enormemente tremendously, enormously
ensalada (*f*) salad (green)
ensaladilla (*f*) salad (potato, etc.)
enseguida, en seguida immediately, right
     away
enseñanza (*f*) education
     enseñanza media secondary education
enseñar to show, to teach
entender to understand
enterarse to hear about something, to find
     out
entero complete, whole
enterrar to bury
entidad (*f*) body, corporate body
entonces then, so
entrada (*f*) entrance; ticket (for a show)
entrar to go in (to)
     entrar en servicio to start working
entre between, among
entrecot (*m*) steak
entregar to hand over, to hand in
entremes(es) hors d'œuvre(s)
entrenador (*m*) trainer
entretenerse to amuse oneself
entrevista (*f*) interview
entrevistarse to have an interview
entusiasmarse to become enthusiastic
entusiasmo (*m*) enthusiasm
enviar to send
envío (*m*) remittance, despatch
envolver to wrap up
epígrafe (*m*) title, heading
época (*f*) time, period
equilibrio (*m*) balance
equipaje (*m*) luggage
equipo (*m*) team
equitativo equal, just
equivocación (*f*) mistake
equivocarse to make a mistake
error (*m*) mistake
escabeche (*m*) vinegar or wine sauce
     en escabeche soused
escala (*f*) scale
escalera (*f*) stairway, staircase, ladder

escalope (*m*) escalope, cutlet
escándalo (*m*) scandal, rumpus
escaño (*m*) seat in Parliament
escapar(se) to run away, to escape
escaparate (*m*) shop window
escaso scarce
escena (*f*) scene
escenario (*m*) stage, place where something
    happened
escoba (*f*) broom
escocés Scottish, a Scotsman
Escocia Scotland
esconder(se) to hide
Escorial, El town in the province of Madrid
    with monastery built by Philip II.
    Contains tombs of Spanish kings and
    large library
escopeta (*f*) shotgun
escribir to write
escritor (*m*) writer
escritorio (*m*) writing-desk
escritura (*f*) document, deeds
escuchar to listen
escuela (*f*) primary school, school
ese, esa that (adj.)
    ése, ésa that one (pron.)
    eso that (neuter pron.)
    esos, esas those (adj.)
    ésos, ésas those (pron.)
esencial essential
esforzarse to strive, make an effort
esfuerzo (*m*) effort
esnobismo snobbery
eso (neuter) that
    eso es that's it, that's right
especialmente especially
espalda (*f*) the back
España Spain
Español (*m*) Spanish, Spaniard
espárrago (*m*) asparagus
especial special
especializado skilled, specialized
especialmente especially
espectáculo (*m*) show
espectador (*m*) spectator
espejo (*m*) mirror
Esperanto (*m*) Esperanto
esperanza (*f*) hope

esperar to wait for, to hope
esposa (*f*) wife
esquiar to ski
esquina (*f*) corner
esta (*f*) this
estabilización (*f*) stabilization
estable stable
establecer to establish
estación (*f*) station, season
estado (*m*) state, condition; State
Estados unidos United States
estadio (*m*) stadium
estampado (*m*) cloth printing, printed
    cotton
estancamiento (*m*) state of stagnation or
    lack of progress
estancia (*f*) stay
estanco (*m*) tobacconist's shop
estante (*m*) shelf
estar to be, to stay
estatua (*f*) statue
este east
este, esta this (adj.)
    éste, ésta this one (pron.)
    esto this (neuter pron.)
    estos, estas these (adj.)
    éstos, éstas these (pron.)
extenderse to stretch
estilo (*m*) style
    por el estilo like this, like that
esterlina sterling
estimar to estimate; to esteem, to think
estimular to stimulate
estómago (*m*) stomach
estornudar to sneeze
estrechar to narrow, tighten
    estrechar la amistad to strengthen the
    friendship
estrecho narrow
estrellarse to crash
estropear(se) to spoil, to break, to be out of
    order
estructura (*f*) structure
estructurar to structure, organize
estudiante (*m* or *f*) student
estudiar to study
estudio (*m*) studio, study
estufa (*f*) fire (electric), stove

estupendamente wonderfully, very well, fine

estupendo wonderful

etcétera etcetera

etiqueta (f) receipt, label; etiquette

Eugenio Eugene

Europa Europe

europeo European

eventual casual

eventualmente casually, by chance

evitar to avoid

exactamente exactly, precisely, that's right

exactitud (f) accuracy

exacto exact, accurate

exagerado out of the ordinary, exaggerated

exaltación (f) exaltation, excitement

examen (m) examination

examinar to examine

examinarse to take an exam

excelente excellent

excepcional exceptional

excesivamente excessively

excesivo excessive

exceso (m) excess

exclamación (f) exclamation

exclamativo (m) exclamatory

exclusivamente exclusively

excursión (f) excursion, outing

exigente demanding

existir to exist

existente existing

éxito (m) success

expansión (f) expansion

expedición (f) issue, despatch

expedir to despatch, to issue

experiencia (f) experience, experiment

explicación (f) explanation

explicar to explain

explotación (f) exploitation

exponer to exhibit

exportación (f) export, export trade

exportador exporter

exportar to export

exposición (f) exhibition

expositor (m) exhibitor

expresar to express, to declare

expresión (f) expression

expreso (m) express

exquisito exquisite

extender(se) to extend, to spread

extensión (f) surface, extension, length, duration

exterior outside

extra extra

extraer to obtain, extract

extranjero (m) foreigner

    en el extranjero, al extranjero abroad

extraordinario extraordinary

Extremadura region in the south-west of Spain

F

fabada (f) typical dish of Asturias containing 'habas' ('fabes'), broad beans

fábrica (f) factory

fabricación (f) manufacturing

fabricante (m and f) manufacturer

fabricar to make, to manufacture

faceta (f) aspect

fácil easy

facilidad (f) facility, ease, ability

fácilmente easily

factura (f) receipt, bill; invoice

facturación (f) registration

facultad (f) power to do something

faena (f) work, task

Falange political party in Spain

Falangista member of the political party 'La Falange'

falda (f) skirt

falta, hace it is necessary, (it) is needed

falta (f) mistake

faltar to lack

    falta poco it will not be long

    falta la talla 40 . . . we're out of size 40

fallar to fail

fallecimiento (m) death

fallo (m) failure, fault

fama (f) reputation

familia (f) family

familiares (m) relatives

famoso famous

fantástico fantastic

farmacéutico pharmaceutical (adj.) chemist (noun)

farmacia (f) chemist's shop
fase (f) phase
fastidiar to bother, to annoy
fastidio (m) nuisance
fatiga (f) fatigue
favor (m) favour
    por favor, haga el favor please
favorecer to favour
favorito favourite
febrero February
fecha (f) date
Felicidades, Muchas Happy Birthday
felicitación (f) congratulation
felicitar to congratulate
feliz happy
femenino feminine
fenomenal wonderful
feo ugly
feria (f) fair
Ferrer Spanish surname
ferrocarril (m) railway
Ferrol del Caudillo town in Galicia
festival (m) festival
fianza (f) deposit
fiebre (f) fever, high temperature
fiesta (f) bank holiday, party, fiesta
fijar to fix
fijarse to pay attention, to notice
    ¡Fíjese! ¡Fíjate! Imagine! Fancy!
filete (m) fillet, steak
Filipinas, Islas Philippine Islands
filosofía (f) philosophy
fin (m) end, object
    por fin, al fin at least
    en fin 'well . . .'
    a fin de, con el fin de in order to
final (adj.) final
final (f) the finals
final (m) end
finalidad (f) end, aim, purpose
finalmente finally
financiero monetary, financial
fines last days of month, week, etc.
Finlandia Finland
fino fine, of good quality
firma (f) firm, signature
firmar to sign
físico physical

flamenca, huevos a la eggs fried slowly in tomato sauce with suitable garnishing
flamenco (m) flamenco (style of singing and dancing, typical of the south of Spain)
flan (m) cream caramel
flexibilidad (f) adaptability, flexibility
flor (f) flower
floreciente flourishing
fluorescente, luz fluorescent light
folklórico folkloric, traditional, country
folleto (m) pamphlet
fonda (f) inn
fomentar to promote, encourage
fondo (m) bottom
    al fondo in the background, at the end, at the bottom
    a fondo deeply, thoroughly
fondo, fondos (m) fund, funds
forma (f) shape, way, form
    ¿de qué forma? in which way?
    de todas formas in any case
formación (f) formation, training, education
formal serious
formar to form, to make
fórmula (f) formula
formulario (m) form
forraje (m) forage, fodder
fortuna (f) fortune
foto (f) photo
    sacar fotos to take photographs
fotografía (f) photography, photograph
fotográfico photographic
    máquina fotográfica camera
fotomatón instant photo booth
fracaso (m) failure
francamente honestly, really
francés French
Francia France
franco French. Mainly used in compound words: franco-español
franco (m) franc
franela (f) flannel
frase (f) sentence, phrase
frecuencia (f) frequency
    ¿Con qué frecuencia? How frequently? How often?

frecuente frequent

freír to fry
　　patatas fritas chips

frenar to brake (in a car)

freno (m) brake

frente (m) front
　　en frente de facing
　　al frente de, in charge of

fresco fresh, cool
　　hacer fresco to be cool (weather)

fresquito (m) chilly, cool

frigorífico (m) frig., refrigerator

frío cold
　　hacer frío to be cold (weather)
　　tener frío to be cold (persons)
　　estar frío to be cold (things)

frontera (f) frontier

frontón (m) sport of this name, court where it is played

frugal frugal

fruta (f) fruit

frutal (m) fruit-tree

frutería (f) fruit shop

fuego (m) fire
　　pedir fuego to ask for a light

fuente (f) serving dish; source; fountain

fuera (de) outside

fuerte strong

fuerza (f) strength
　　fuerzas armadas the armed forces

Fulano (m) Mr So-and-So

fumar to smoke

función (f) function, play, show (in a theatre)

funcionar to work (machine or apparatus)

funcionario (m) official, officer, senior employee

fundador (m) founder

Fundador brand of Spanish brandy

fundamental basic

fundamento (m) basis, origin, source

fundar to found

furgoneta (f) van

furioso furious
　　ponerse furioso to become furious

furtivamente furtively

fútbol (m) football

futuro (m) future

G

gabardina (f) raincoat
　　tela de gabardina gabardine material

gabinete (m) cabinet

gachas (f) porridge

gafas (f) spectacles

gaita (f) bagpipe

Galapagar town in the province of Madrid

Galicia region in the north-west of Spain

gallego (m) Galician

gallina (f) hen

gallo (m) cock

gama (f) range

gamba (f) prawn

ganadería (f) livestock, cattle

ganar to earn

garaje (m) garage

garantía (f) guarantee

garbanzo (m) chick-pea

gas (m) gas

gasolina (f) petrol

gasolinera (f) petrol station

gastar to spend (money)

gastronomía (f) gastronomy, art of good eating

gazpacho (m) cold soup typical of Andalusia

general general

Generalísimo used in reference to General Franco; no exact English equivalent

generalmente usually

género (m) gender; kind, class

geografía (f) geography

geográfico geographic(al)

genio (m) genius

gente (f) people

gerente (m and f) manager

Gerona town and province in Catalonia

gigante (m and f) giant

gigantesco gigantic, huge

Gijón town in Asturias

Ginebra (f) gin; Geneva

giro (postal) (m) money order

gitano (m) gipsy

Glasgow Glasgow

globo (m) sphere

Gobernación, Ministerio de la ... Ministry of the Interior (Home Office)

gobernador (m) governor

gobernar to govern
gobierno (*m*) government
gol (*m*) goal
golf (*m*) golf
goma (*f*) rubber
González Spanish surname
gordo fat
gótico gothic
Goya Spanish painter of the 18th–19th centuries and name of an Underground station in Madrid
grabar to record, to engrave
gracias thank you; thanks
gracioso funny, witty
grado (*m*) degree
gramática (*f*) grammar
gramo (*m*) gramme
gran (shortened form of *grande* used before a singular noun, *m* or *f*) great, large, big
Gran Bretaña Great Britain
Granada province and town in Andalusia
grande big, large, great
grandemente greatly
granjero (*m*) farmer
gratis free
grave serious
El Greco Spanish painter of the 16th century
Gredos Sierra in central Spain
gripe (*f*) flu
gris grey
gritar to shout
grito (*m*) cry, shout
grupo (*m*) group
Guadalajara province and town in Spain, between Madrid and Zaragoza
Guadalquivir river in Andalusia
Guadarrama Sierra near Madrid
Guadiana river in Spain, north of Andalusia
guapísimo very good-looking
guapo good-looking
guardar to keep
    guardar la línea to keep one's figure
guardia (*m*) guard, policeman
guardia (*f*) guard (body of guards)
guasa (*f*) mockery
    en guasa joking, as a joke

Guatemala country of Central America
guateque (*m*) party
Guayana Guiana
guerra (*f*) war
guía (*f*) guide
guinda (*f*) cherry
Guinea Guinea
guión (*m*) plan, hyphen
Guipúzcoa province in the Basque country (with capital in San Sebastián)
guisar to cook
gustar to please
    como Vd. guste as you like
    me gusta I like
gusto (*m*) pleasure
    Mucho gusto How do you do?
    con mucho gusto with great pleasure
    dar gusto to please, to gratify
    a gusto happy, comfortable, at home

H

haber there to be
    hay there is, there are
    hay que one must
    no hay de que not at all (as reply to 'thank you')
    puede haber there may be
    debe haber there must be
haber to have (auxiliary verb)
habitación (*f*) room
habitante (*m* or *f*) inhabitant
habla (*f*) language, speech
    de habla española Spanish speaking
hablar to speak
hacer to do, to make
    haga el favor please
    hace falta it is necessary
    hacer puente not to work on a day between two holidays
    hace mucho a long time ago
    hace frío it's cold
    hace calor it's hot
    hace viento it's windy
    hace sol it's sunny
hacerse to become
hacia towards
hacienda (*f*) finance
Ministerio de Hacienda Treasury

Ministro de Hacienda Chancellor of the Exchequer

¡Hale! exclamation: in most cases to be translated by 'Come on!'

hall (*m*) hall

hallarse to be situated, to be

hambre (*f*) hunger

    tener hambre to be hungry

hasta till, until

    hasta luego see you later

    hasta que ... until

hay there is, there are

    hay que ... one has to, you have to

hectárea (*f*) hectare (10,000 square metres)

helado (*m*) ice cream

helar to freeze

helicóptero (*m*) helicopter

hermano (*m*) brother

hermoso beautiful

herramienta (*f*) tool

Herreros Spanish surname

hielo (*m*) ice

hierba (*f*) grass

hierro (*m*) iron

hígado liver

hija (*f*) daughter

hijo (*m*) son

    hijos sons; children

hilo (*m*) linen (cloth), thread

Himno Nacional (*m*) National Anthem

Hispano Spanish. Mainly used in compound words: *hispano-marroquí*

Hispano-América Latin America

historia (*f*) history, story

histórico historical

hogar (*m*) home

hoja (*f*) sheet, form

    hoja de solicitud application form

¡Hola! Hello

holandés Dutch

hombre (*m*) man

    hombre de negocios businessman

    ¡Hombre! Spanish exclamation of surprise, roughly means: Good Heavens!

Honduras (Británica) British Honduras

honor (*m*) honour

honra (*f*) honour

    y a mucha honra and you can be proud of it

honrar to honour

hora (*f*) hour, time

horario (*m*) timetable

horizontal horizontal

horizonte (*m*) horizon

hortaliza (*f*) greens

hórreo (*m*) barn to keep hay in north Spain, granary

horror (*m*) horror

    ¡Qué horror! How awful!

horrible horrible

hospedarse to stay, to put up, to lodge

hospital (*m*) hospital

hotel (*m*) hotel; house

hoy today

    hoy en día nowadays

huelga (*f*) strike

Huelva town and province in Andalusia

huesped (*m* and *f*) guest

    casa de huéspedes boarding house

huevo (*m*) egg

hule (*m*) oil-cloth

humano human

humedad (*f*) humidity, dampness

húmedo humid, damp, wet

humor (*m*) humour, temper

Hungría Hungary

I

Ibérico Iberian

    Cordillera Ibérica range of mountains in Aragón

ida (*f*) departure

    billete de ida single ticket

    billete de ida y vuelta return ticket

idea (*f*) idea

ideal ideal

ideología (*f*) ideology

ideológico ideological

idioma (*m*) language

idiomático idiomatic

iglesia (*f*) church

igual same, equal

igualdad (*f*) equality

igualmente the same to you

ilustración (*f*) illustration

ilustrado illustrated

imaginación (*f*) imagination

imaginar to imagine
imbécil silly, stupid
imitar to imitate
incluso even
impaciencia (f) impatience
impar (m) odd (number)
imperativo (m) imperative
imperfecto imperfect
impersonal impersonal
implacable implacable
importación (f) imports
importador importer
importancia (f) importance
    no tiene importancia it is not impor-
    tant
importante important
importar to matter; to import
    no importa it does not matter
imposible impossible
imprescindible essential
impresión (f) impression, opinion; print-
    ing, edition, issue
impreso (m) form, printed paper
impuesto (m) tax
    impuesto municipal rates
inaugurar to inaugurate
incentivo (m) incentive
incidente (m) incident
incluir to include
iniciativa (f) initiative
incómodo uncomfortable
incomparable incomparable
incorporación (f) incorporation
incrementar to increase
incremento (m) increase
indefinido indefinite
indemnización (f) indemnification, com-
    pensation, indemnity
independencia (f) independence
independiente independent
independientemente independently
India, la India
indicación (f) remark
indicar to indicate, to suggest, to show
indicativo indicative
indígena (m and f) native
indigestión (f) indigestion
Indio Indian

indirectamente indirectly
indirecto indirect
indispensable essential
individual single
individuo (m) person
industria (f) industry
industrial (m and f) industrialist
industrializado industrialized
industrializar to industrialize
inestabilidad (f) instability
infección (f) infection
inferior a under, less than
inflación (f) inflation
información (f) information, information
    desk
    'Informaciones' a Madrid newspaper
informar to inform
informarse to receive information, to ob-
    tain information, to find out
informe (m) report
ingeniero (m) engineer
Inglaterra England
inglés English, Englishman
ingresar to pay in, to enter
ingresos (m) income
inicial (f) initial
iniciar to start
iniciativa (f) initiative
inmediatamente immediately
inmediato immediate
innecesario unnecessary
inorgánico inorganic, extraneous, not aris-
    ing by natural growth
insistir to insist
inspección (f) inspection
instalación (f) installation
instalar to set up, to install, to furnish
institución (f) institution
instituto (m) institute
instrucción (m) instruction
integración (f) integration
integrar to integrate, to form
inteligencia (f) intelligence
inteligente clever, intelligent
inteligentísimo very intelligent
intentar to try
intercambio (m) interchange, exchange
interés (m) interest

interesante interesting
interesantísimo very interesting
interesar to interest
interesarse to be interested
interior interior, inside (adj.), inland
intermedio intermediate
internacional international
interpretación (f) interpretation, interpreting
interpretar to interpret
interrumpir to stop
intervenir to take part
introducir to introduce
inútil useless
invadir to invade
inventar to invent
inversión (f) investment
invertir to invest
investigador (m) research worker
invierno (m) winter
invitación (f) invitation
invitado (m) guest
invitar to invite
inyección (f) injection
    ponerse una inyección to have an injection
ir to go
    ir a pie to walk
    ir marcha atrás to reverse
    ¡Qué va! Not at all!
Irak Iraq
irse to go away, to leave
Irún town on the western part of the frontier between France and Spain
irregular irregular
Isabel Elizabeth
Isidro, San Saint, Patron of Madrid
isla (f) island
Italia Italy
italiano (m) Italian
itinerario (m) itinerary
izar to hoist
izquierdo left
    a la izquierda on the left, to the left

J
jabón (m) soap
Jaén town and province in Andalusia

Jaime James
jaleo (m) row, commotion
jamón (m) ham
    jamón serrano smoked ham
jaqueca (f) headache, migraine
jardín (m) garden
jarra jug, jar
jefatura (f) position of a 'jefe', chief
jefe (m) chief, boss
jerarquía (f) hierarchy
Jerez Jerez
    vino de Jerez sherry
jersey (m) pullover
Jesuita (m) Jesuit
Jesús Jesus Christ
    ¡Jesús! Goodness! Bless you (after a sneeze)
Jorge George
jornada (f) day, day's work
José Joseph; fem. Josefina, Josefa
José Antonio Founder of the Falange, the Spanish Political Party. In every town in Spain there is an avenue with his name
Josefa a girl's name, feminine form of José
joven young
joven (m or f) young person
joya (f) jewel
Juan John; fem. Juana, Juanita
Júcar river in the province of Cuenca
judía (f) bean
    judías blancas white (haricot) beans
    judías pintas brown beans
    judías verdes green beans
juego (m) game, play
    hacer juego to match
jueves (m) Thursday
juez (m and f) judge
jugar to play (games)
jugador (m) player
julio July
junio June
junta (f) meeting; board; junta
junto together
juntos together
jurar to swear
jurídico legal
justicia (f) justice

juvenil young, juvenile
juventud (*f*) youth

K
kilo (*m*) kilogramme
kilómetro (*m*) km., kilometre
kilowatio (*m*) kilowatt

L
la the (*f sing.*); the one
la it, her
labor (*f*) labour, task, work
laboral relating to work
    día laboral weekday
lacón (*m*) salted smoked pork
ladera (*f*) slope
lado (*m*) side
    al lado near by
    por otro lado on the other hand
ladrillo (*m*) brick
lago (*m*) lake
lámpara (*f*) lamp
lana (*f*) wool
lanzar to throw
    lanzar un grito to give a shout
lápiz (*m*) pencil
largo long
    a lo largo (**de**) along
las the, the ones, them (*f pl*)
lástima (*f*) pity
    ¡Qué lástima! What a pity!
latifundio (*m*) latifundium, large estate
lavabo (*m*) wash-stand, hand-basin, toilet
lavadora (*f*) washing-machine
lavar(se) to wash (oneself)
lazo (*m*) tie, bond
le you, him (dir. obj.), to you, to him, to her
    (indir. obj.)
lectura (*f*) reading
leche (*f*) milk
lechero (*m*) milkman
lechuga (*f*) lettuce
leer to read
Legazpi district of Madrid
legislación (*f*) legislation
legumbre (*f*) vegetable
lejos far
    a lo lejos in the distance

lema (*m*) slogan, motto
lengua (*f*) tongue, language
lento slow
León region, province, and town in Spain
Lérida town and province in Catalonia
les them, to them, you, to you
letra (*f*) letter; handwriting
    Filosofía y Letras Arts course
levantar to raise, lift
levantarse to get up; to rise
Levante eastern part of Spain with Valencia
    as the centre
ley (*f*) law
liar to bind, to roll (of cigarettes)
liberal liberal
libra (*f*) pound (£ or lb.)
libre free
libro (*m*) book
licor (*m*) liqueur
líder (*m*) leader
Liga (*f*) Union, League
ligero light
limitación (*f*) limit, limitation
limitar to limit
    sociedad limitada limited company
límite (*m*) limit
limón (*m*) lemon
limpiar to clean
limpieza (*f*) cleanness, cleaning
    mujer de limpieza cleaner
limpio clean
línea (*f*) line
    guardar la línea to keep one's figure
lingüista (*m* and *f*) linguist
linóleo (*m*) linoleum
líquido (*m*) liquid
Lisboa Lisbon
liso plain, smooth
listo ready; clever
litro (*m*) litre
lo it
    lo siento I am sorry
    lo/la/el mismo(a) the same
    lo/la/el mismo(a) que the same as
    lo que what
lo it, him
local local
local (*m*) premises

localización (f) siting; location
loco mad
lógica (f) logic
lógicamente of course, naturally, logically
lograr to get, obtain; to succeed in
Logroño province and town in the north of Spain
lomo (m) loin (meat)
Londinense Londoner
Londres London
López Spanish surname
los the (m pl.); the ones, them
lotería (f) lottery
    tocarle la lotería to win the lottery
lubrificación (f) lubrication
Lucía Lucy
lucha (f) fight
luchar to fight
luego then, later
    hasta luego see you later
    desde luego of course
lugar (m) place
    en lugar de instead of
    en primer lugar in the first place
lugarteniente (m) deputy, lieutenant
Lugo province and town in Galicia
Luisa Louise
lujo (m) luxury
lujoso luxurious
lumbre (f) wood-fire
    ¿Tiene lumbre? Have you got a light
luna (f) moon
lunes (m) Monday
luz (f) light; electricity

LL
llama (f) flame
llamada (telefónica) telephone call
llamar to call
    llamar por teléfono to ring
llamarse to be called
llano flat, even; plain
llanura (f) plain
llave (f) key
llegada (f) arrival
llegar to arrive

llevar to carry, to take, bring
    llevar a cabo to fulfil, complete
    llevar tiempo haciendo algo to have been doing something for a certain time
llevarse to take away
Llobregat river in Barcelona
llorar to cry
llover to rain
lluvia (f) rain

M
madera (f) wood
madre (f) mother
Madrid Madrid; name of a newspaper
madrileño of Madrid, inhabitant of Madrid
madrugada early hours of the morning
madrugar to get up early
maestro (m) primary school teacher
magnetofón (o), (m) tape-recorder
magnífico wonderful
Majestad, Su His, Her, Your Majesty
mal bad, badly
Málaga town and province in Andalusia
maleta (f) suitcase
    hacer las maletas to pack
malísimo very bad
malo bad, ill
    ponerse malo to fall or become ill
Mamá (f) Mummy
Mami (f) Mummy
Mancha, La region between Madrid and Andalusia, comprising part of the provinces of Toledo, Ciudad Real, Cuenca and Albacete. Scene of the adventures of Don Quixote.
manchar to get dirty, to spot, to soil
manchego person or thing from La Mancha
mandar to send, to order, to command
mandato (m) command
manera (f) way
    de ninguna manera by no means
manga (f) sleeve
manía (f) mania, whim, extraordinary habit, obsession
manifestante (m or f) demonstrator
manifestar to declare

mano (*f*) hand
  a mano derecha on the right
  a mano izquierda on the left
mantener to maintain
mantenimiento (*m*) maintenance
mantequilla (*f*) butter
manual manual
Manuel Emmanuel
manufacturado manufactured
manzana (*f*) apple
  manzana de pisos block of flats
mañana (*f*) morning, tomorrow
  por la mañana in the morning
  pasado mañana the day after tomorrow
mapa (*m*) map
máquina (*f*) machine
  máquina de escribir typewriter
  máquina fotográfica camera
  máquina de afeitar razor
maquinaria (*f*) machinery
mar (*m*) sea
maravilla (*f*) wonder
maravilla, de excellently, marvellously
maravilloso wonderful
marca (*f*) make, brand; name of a Spanish sports newspaper
marcar to dial, to score
marcha (*f*) progress (in a firm)
  ir marcha atrás to reverse
  depende de la marcha del negocio it depends on how the business goes
marcharse to leave, to go away
mareo (*m*) sea-sickness, giddiness
marearse to be sick, to get giddy, *or* confused
marido (*m*) husband
marina (*f*) navy
marisco (*m*) shellfish
marítimo maritime, sea (adj.)
marrón brown
marroquí Moroccan
martes (*m*) Tuesday
marzo March
más, more, most
masa (*f*) mass
masculino (*m*) masculine
matar to kill

material (*m*) material; equipment
matrícula (*f*) registration mark (on a car)
matrimonial matrimonial, married (adj.)
matrimonio (*m*) married couple, marriage
máximo maximum, top
mayo (*m*) May
mayonesa (*f*) mayonnaise
mayor bigger, grown up
  Calle Mayor High Street
mayoría most part, majority
me reflexive pronoun 1st person singular, myself
me me, to me
mecánico (*m*) mechanic
mecanización (*f*) mechanization
mecanógrafa (*f*) typist
mecanografía (*f*) typing
mediano medium
mediante by means of, thanks to
medicina (*f*) medicine
médico (*m*) doctor
médico medical
medida (*f*) measure
  a medida que as
medio half, medium, average, middle
medio (*m*) means, way, middle
  por medio de by means of
mediodía (*m*) midday
mediterráneo Mediterranean
Méjico (also México) Mexico
mejor better
  el/lo/la mejor the best
  a lo mejor perhaps
mejora (*f*) improvement
mejorar(se) to improve
melocotón (*m*) peach
melón (*m*) melon
membrillo (*m*) quince
memoria (*f*) memory; annual report
mencionar to mention
menos less, to (speaking about times), except
  por lo menos at least
  al menos at least
  echar de menos to miss
mensual monthly
mensualidad a month's pay
menú (*m*) menu

menudillo (*m*) giblets of fowls
a menudo frequently
mercado (*m*) market
mercancía (*f*) goods, object
mercurio (*m*) mercury
merecer to deserve
merendar to eat something between lunch and dinner
merienda (*f*) picnic; small meal, generally a sandwich, eaten between lunch and dinner, at about 6–7 p.m.
mérito (*m*) merit
merluza (*f*) hake
mermelada (*f*) jam
mero (*m*) pollack (a fish)
mes (*m*) month
mesa (*f*) table
meseta (*f*) plateau
mesilla (*f*) bedside table
metal (*m*) metal
metálico, en in cash
meter(se) to put, to put into, to get into
método (*m*) method
Metro (*m*) Metro, Underground
México (*also* **Méjico**) Mexico
mezclar to mix
mezquita (*f*) mosque
mí, a mí me
mi my
miedo (*m*) fear
    tener miedo to be frightened
    pasarlo de miedo to have an extremely good time (*colloq.*)
miel (*f*) honey
miembro (*m* and *f*) member
mientras while
mientras tanto in the meantime
miércoles (*m*) Wednesday
mil thousand
Milán Milan
militar (*m* and *f*) soldier, (adj.) military
milla (*f*) mile
millón (*m*) million
millonario millionaire
mina (*f*) mine
mineral (*m*) mineral; ore
minería (*f*) mining

minifundio (*m*) smallholding
mínimo (*m*) minimum
ministerial ministerial
Ministerio (*m*) Ministry
Ministro (*m*) Minister
minoría (*f*) minority
minuta (*f*) menu
minuto (*m*) minute
Miño river in Galicia
mío mine (possessive)
mirar to look at; to face, look on to, to watch
misa (*f*) mass
misión (*f*) mission
mismo/a/os/as self, selves
mismo (intensifier) just, right
    e.g. **allí mismo** right there
mismo same
    lo/la/el mismo(a) the same
    lo/la/el mismo(a) que the same as
mixto mixed
mochila (*f*) knapsack, rucksack
moda (*f*) fashion; pop (music)
modales (*m*) manners, social behaviour
modelo (*m*) model
moderno modern
modesto modest
modista (*f*) dressmaker
modo (*m*) mood, way, manner
    modo de ver point of view
    de modo que so that
molestar to bother, to annoy
molestarse to bother (oneself), to trouble
molestia (*f*) trouble, bother
molido ground (*p.p.* of *moler*, to grind)
molino (*m*) mill
momento (*m*) moment
    de momento for the moment
monarquía (*f*) monarchy
monárquico monarchic
monasterio (*m*) monastery
moneda (*f*) currency; coin
montaña (*f*) mountain
montañoso mountainous
montar to set up, to install; to ride
monte (*m*) mountain, mount
Montjuich park in Barcelona

montón (*m*) heap
   a montones in great numbers
   hay a montones there are heaps of
      them
monumento (*m*) monument
Morena, Sierra range of mountains in
   Andalusia
moreno dark, brown
   ponerse moreno to get brown
morir(se) to die
mosaico (*m*) mosaic
mosca (*f*) fly
mostrador (*m*) desk; counter
mostrar to show
motel (*m*) motel
moto(cicleta) (*f*) motor-cycle
motor (*m*) engine
movilidad (*f*) mobility
movimiento (*m*) movement
Movimiento Nacional political ideas and
   bodies forming the basis of the Franco
   régime
mozo (*m*) young man, porter
   buen mozo tall and good-looking
      fellow
muchacho (*m*) boy, young man
muchacha (*f*) girl, servant, maid
muchísimo a lot, very much
mucho much, a lot
   hace mucho a long time ago
mueble (*m*) a piece of furniture
   muebles (*m*) furniture
muerto dead, (*m*) victim, dead man
muestra (*f*) sample
mujer (*f*) woman, wife
Mulhacén the highest mountain in Spain, in
   the Sierra Nevada
multa (*f*) fine
mundial world (adj.)
mundo (*m*) world
   todo el mundo everybody
municipal local
municipio (*m*) borough
Munich town of this name in Germany
Murcia town and province in the Spanish
   Levant
músculo (*m*) muscle
museo (*m*) museum

música (*f*) music
musical musical
mutualidad (*f*) mutuality: insurance company (in which some or all of the
   profits are divided among the policy-
   holders)
muy very

N

nacer to be born
nación (*f*) nation
nacional national, domestic, home (adj.)
nacionalidad (*f*) nationality
nacionalista nationalist
nada nothing
nadar to swim
nadie nobody, no one
naranja (*f*) orange
nata (*f*) cream
natural natural
naturalmente of course
naval naval
Navarra Spanish province situated near the
   Pyrenees
Navarro referring to Navarra
Navas del Marqués, Las small town in
   the province of Madrid
navegación (*f*) navigation
Navidad(es) Christmas
necesario necessary
necesidad (*f*) need
necesitar to need
negativo negative
negocio (*m*) business
   hombre de negocios businessman
negro black
nena (*f*) little girl
nervioso nervous, strung-up, nervy
neutro neuter
Nevada, Sierra range of mountains in
   the 'Cordillera Penibética' of Andalusia
nevar to snow
ni neither, nor, not even
   ni hablar not at all, certainly not
Nicaragua country in Central America
nieve (*f*) snow

ningún, ninguno no (adj.), none (pron.)

niño (*m*) boy

    niños children

nivel (*m*) level, standard

no no; not

    ¿no? tag question equivalent to 'isn't it?, wasn't it?' etc. in English

noche (*f*) night, evening

    de noche, por la noche in the evening, at night

nombramiento (*m*) nomination, appointment

nombrar to nominate, to appoint

nombre (*m*) name; noun

normal usual, normal

normalmente usually

noroeste (*m*) north-west

norte (*m*) north

Norteamérica U.S.A.

nos reflexive pronoun 1st person plural, ourselves

nos us, to us

nosotros we, us

nota (*f*) note, bill

notable remarkable, considerable

notar(se) to realize, to appear

notario (*m*) notary

noticia(s) (*f*) news

noticiario (*m*) news bulletin

novedad (*f*) novelty

novela (*f*) novel

noveno ninth

noventa ninety

noviazgo (*m*) engagement

noviembre November

novio (*m*) boy-friend, fiancé, bridegroom

    novios engaged couple

nube (*f*) cloud

nuclear nuclear

nuestro our, ours

nueve nine

nuevo new

numeral numeral, number

número (*m*) number

numeroso numerous

    familia numerosa large family

nunca never, not ... ever

nylon (*m*) nylon

o

o or

obediencia (*f*) obedience, allegiance

objetivo (*m*) objective

objeto (*m*) object

obligatorio compulsory

obra (*f*) building work, a work

obsequio (*m*) present, gift

obrero (*m*) worker

observación (*f*) remark, observation

observar to observe, to obey

obstruir to obstruct, to block up

obtener to obtain

ocasión (*f*) occasion

occidental western

octavo eighth

octubre October

ocupación (*f*) occupation

ocupar to occupy

    la línea está ocupada the line (of the telephone) is engaged

    Mr Short está ocupado Mr Short is busy

ocuparse to occupy oneself

ocurrir to happen

ocurrirse to occur (thought)

ochenta eighty

ocho eight

Ochoa Spanish surname

oeste (*m*) west

ofensiva (*f*) offensive

oficial (*m*) officer; official

oficina (*f*) office

ofrecer offer

oído (*m*) ear

    de oído by ear

oír to hear, to listen

ojo (*m*) eye

    ¡Ojo! Be careful!

ola (*f*) wave

oliva (*f*) olive

olor (*m*) smell

oloroso (*m*) medium-sweet type of sherry

olvidar to forget

olla (*f*) pot

    olla a presión pressure cooker

once eleven

O.N.U., Organización de las Naciones Unidas U.N.O.

ópera (*f*) opera
operación (*f*) operation
operar to operate (on)
operario (*m*) operator, workman
opinar to think
opinión (*f*) opinion
oporto port (wine)
oportunidad (*f*) opportunity, chance
oportuno necessary, timely
óptico (*m*) optician
optimismo (*m*) optimism
oración (*f*) sentence; prayer
orden (*f*) order (command)
    dar una orden to give a command,
orden (*m*) order (arrangement)
    el orden público public order
    en buen orden in good order
ordenadora, máquina computer
ordenanza (*m* and *f*) commissionaire
ordeñar to milk
ordinal (*m*) ordinal, number
ordinario ordinary; vulgar
oreja (*f*) ear
Orense province and town in Galicia
orgánico organic, inherent, constitutional, systematic, organized
organismo (*m*) organism, entity, organization, body, association
organización (*f*) organization
organizador (*m*) organizer
organizar to organize
órgano (*m*) organ
orgulloso proud
orientación (*f*) orientation, bearings
orientar to show the way, orientate, direct
Oriente (*m*) Orient, East
    Extremo Oriente Far East
origen (*m*) origin
original original
oro (*m*) gold
orquesta (*f*) orchestra
os reflexive pronoun, 2nd person plural, yourselves. Personal pronoun object 2nd person plural, you
oscuro dark
oso (*m*) bear
Otelo Othello
otoño (*m*) autumn

otro other
oveja (*f*) sheep
Oviedo capital of Asturias
ovino relating to sheep (adj.)

P

Pablo Paul; *fem.* **Paula**
paciente (*m* and *f*) patient
Pacífico Pacific
padre (*m*) father
padres (*m*) parents
paella (*f*) rice dish typical of Valencia
paga (*f*) payment
pagar to pay
página (*f*) page
pago (*m*) payment
país (*m*) country
paisaje (*m*) countryside
paisana, tortilla a la omelette with potatoes, peas, red pepper and onion
paja (*f*) straw
pájaro (*m*) bird
palabra (*f*) word
palacio (*m*) palace
paladar (*m*) palate
Palencia town and province in north of Spain
palma (*f*) palm
Pamplona capital of the province of Navarra
pan (*m*) bread
pantalón (*m*) pair of trousers
Panamá Panama
pantalones (*m*) trousers
pantalla (*f*) screen
pantano (*m*) dam
paño (*m*) material, cloth
papá (*m*) dad
papel (*m*) paper
papelería (*f*) stationery; stationery shop
paquete (*m*) parcel, packet
par (*m*) pair
par (adj.) even (number)
para for, towards, in order to, by
    para que in order that, so that
parabrisas (*m*) windscreen
parachoques (*m*) bumper
parada (*f*) stop
paradisíaco heavenly

Paraguay country of this name in South America

paraíso (*m*) paradise

parar(se) to stop

parcela (*f*) plot of land

parcial partial

pardo grey, dull-coloured

parecer(se) to seem, to look like

    si le parece (bien) if it is all right for you, if you like

    me parece que sí I think so

parecido similar

pared (*f*) wall

pareja (*f*) couple

Parlamento (*m*) Parliament

paro (*m*) unemployment

parque (*m*) park

parquet (*m*) parquet

párrafo (*m*) paragraph

parte (*f*) part

    ¿De parte de quién? Who is speaking? (telephone). What name shall I say? (to a visitor or caller)

participación (*f*) participation

participar to participate

particular private, special

partida (*f*) departure

partido (*m*) match; party

partir to cut; to depart

    a partir de from . . . ; as from . . .

pasado past, last

pasajero (*m*) passenger

pasaporte (*m*) passport

pasar to go in, to come in, to pass, to spend (time), to happen

    Que lo pase bien Have a good time

    ¿Qué le pasa? What's the matter with you?

    ¡Que pase! Tell him to come in

Pascuas Easter

    Felices Pascuas Happy Easter

paseo (*m*) walk

    dar un paseo to go for a walk

paso (*m*) passage, entrance

    paso de peatones pedestrian crossing

    de paso by the way, on the way to, at the same time, without stopping or taking special trouble

pastas (*f*) biscuits

pastel (*m*) cake

pastilla (*f*) pill, tablet, pastille

pabellón (*m*) pavilion, stand

patata (*f*) potato

    patatas fritas, chips, crisps

patria (*f*) home country

patriótico patriotic

patrón (*m*) patron

    Santo Patrón Patron Saint

patrono (*m*) employer

paz (*f*) peace

peatón (*m*) pedestrian

pecado (*m*) sin

Pedagogía (*f*) Teacher Training, Education (as a subject)

pedido (*m*) order

pedir to ask for, to order

Pedrito diminutive of *Pedro* (Peter)

Pedro Peter; *fem.* **Petra**

película (*f*) film

peligro (*m*) danger

peligroso dangerous

pelo (*m*) hair

pelota (*f*) ball. Basque sport of this name (compare *frontón*)

pelotari (*m* or *f*) pelota player

peluquería (*f*) hairdresser

pena (*f*) sadness

    ¡Qué pena! What a pity!

    no vale la pena it is not worth . . ., it is not worth while

pendiente not done yet (work), pending

penetrar to enter

Penibética, Cordillera range of mountains in Andalusia

penicilina (*f*) penicillin

península (*f*) peninsula

penique (*m*) penny

pensar to think, to intend

pensión (*f*) boarding house

    pensión completa full board

Pepe (=**José**) Joe

pepino (*m*) cucumber

pequeño small, young

pera (*f*) pear

perder to lose, to waste

    perder tiempo to waste time

perdido lost
perdiz (*f*) partridge
perdón I am sorry, I apologize
perdonar to excuse
peregrinación (*f*) pilgrimage
Pérez Spanish surname
perezoso lazy
perfectamente perfectly
perfecto perfect
perfume (*m*) perfume
perfumería (*f*) perfumery; chemist shop
    where make-up, perfume, etc., are
    sold, but not medicines
periódicamente from time to time
periódico (*m*) newspaper
periodista (*m* or *f*) reporter
período (*m*) period
permanecer to stay
permanente permanent
permanentemente permanently
permiso (*m*) permission; permit; licence
    permiso de conducir driving licence
permitir to allow
pero but
    pero que really
perpetuo everlasting
perseguir to pursue
persiana (*f*) blind
persona (*f*) person
personal (*m*) staff
personal personal
personalmente personally
perspectiva (*f*) perspective
pertenecer to belong
Perú, El Peru
perro (*m*) dog
pesado heavy; boring
pésame, dar el to express condolence for a
    bereavement
pesar to weigh
pesar (*m*) grief, sorrow
pesca (*f*) fishing
pescado (*m*) fish (food)
pescador (*m*) fisherman
pescar to fish
peseta (*f*) peseta
pésimo the worst, very bad
petición (*f*) request

petróleo (*m*) crude oil
peso (*m*) weight; unit of currency
    peso pesado heavyweight
petrolífero oil (adj.), oil-bearing
pez (*m*) fish (not as food)
pianista (*m*) pianist
picante hot (i.e. spiced, of food)
pico (*m*) peak, beak
    ... y pico, ... and a bit
pie (*m*) foot
    ir a pie to walk
    estar de pie to stand
piel (*f*) leather, skin
pierna (*f*) leg
pieza (*f*) piece
pila (*f*) sink
Pilar Spanish female name
Pili diminutive of *Pilar*
piloto (*m*) pilot
pimiento (*m*) pepper (vegetable)
pimienta (*f*) pepper (condiment)
pinchazo (*m*) puncture
pino (*m*) pine-tree
pintar to paint
pinto coloured
    judias pintas brown haricot beans
pintor (*m*) painter
pintura (*f*) painting
pipa (*f*) pipe
    fumar en pipa to smoke a pipe
Pirineos Pyrenees
piscina (*f*) swimming pool
pisito (*m*) small flat
piso (*m*) flat, floor, storey
placer (*m*) pleasure
plan (*m*) plan (of action)
planear to plan
plano (*m*) plan (of place)
plantar to plant
plástico (*m*) plastic
plata (*f*) silver
plátano (*m*) banana
plato (*m*) dish, course in a meal
plato, huevos al eggs fried slowly, in oil
    or butter, in a small, shallow dish
playa (*f*) beach
plaza (*f*) square, seat
    plaza de toros bullring

plazo period of time
   plazo de, en al within (space of time)
   plazo (*m*) instalment
   plazos, a by instalments
   plazos, compra a hire purchase
pleno full, middle
pluma (*f*) feather
población (*f*) population; town
pobre poor
poco little, short time
   poco a poco little by little
   dentro de poco (tiempo) shortly
poder to be able, to be possible
poder (*m*) power
   estar en el poder de to be held by
policía (*f*) police, policeman
polígono (*m*) polygon
política (*f*) politics, policy
político political
político (*m* and *f*) politician
polo (*m*) pole; zone, area
Polonia (*f*) Poland
polvo (*m*) dust
pollo (*m*) chicken
poner to put, to put on, to stick (stamps)
   poner la mesa to lay the table
   poner la radio, TV to put on the radio, TV
   ponerse furioso to become furious
   ponerse de acuerdo to arrive at an agreement, to agree
   ponerse (ropa) to put on (clothes)
   ponerse el sol to set (of the sun)
   ponerse to become
   ponerse a hacer to start doing
Pontevedra province and town in Galicia
popular popular
poquito little bit
por for, by, through, in, per
   por favor please
   por la mañana in the morning
   por la tarde in the afternoon or evening
   por la noche in the evening, at night
porcentaje (*m*) percentage
porque because
¿por qué? why?
portavoz (*m*) spokesman

portero/a (*m* and *f*) concierge
Portugal Portugal
Portugués (*m*) Portuguese
poseer to own; to have, to possess
posesión (*f*) possession; property; ownership
posibilidad (*f*) possibility
posible possible
   si es posible, a ser posible if possible
posición (*f*) position
postal (*f*) post-card; postal
postre (*m*) dessert
potencia (*f*) power (mechanical), a powerful country
pozo (*m*) well
prácticamente practically; in practice
practicar to practise
práctico practical, useful
prado (*m*) meadow, field
precio (*m*) price
precioso beautiful; valuable
precisar to need
predicar to preach
preferencia (*f*) preference
preferir to prefer
pregunta (*f*) question
   hacer preguntas to ask questions
preguntar to ask
prelado (*m*) prelate
premio (*m*) prize
prensa (*f*) press
preocuparse to worry
   ¡No se preocupe! Don't worry
preparar to prepare
presa (*f*) captive, seizure; booty; weir, dam, reservoir
presenciar to witness
presentación (*m*) presentation, introduction
presentador (*m*) announcer
presentar to present, to introduce
presente (*m*) present
presidencia (*f*) presidency, position of president or chairman
presidente (*m* or *f*) president, chairman
presión (*f*) pressure
préstamo (*m*) loan
prestar to lend

pretender to intend, endeavour, aspire, try, claim
pretexto (*m*) pretext
prever to foresee
primavera (*f*) spring
primer first. Shortened form of *primero* used before single masculine noun
    en primer lugar in the first place
primero first
    a primera hora (de la mañana, tarde, etc.) early (in the morning, afternoon, etc.)
principal main
principalmente mainly
príncipe (*m*) prince
principio (*m*) beginning, principle
    en principio in principle
prisa (*f*) hurry
    de prisa quickly, fast
    tener prisa to be in a hurry
    darse prisa to hurry up
prisionero (*m*) prisoner
privado private
probable probable
probablemente probably
probar(se) to try, to test
problema (*m*) problem
Procurador en Cortes (*m*) M.P.
procurar to try
producción (*f*) production
producir to produce
productivo productive
producto (*m*) product
profesión (*f*) profession, job
profesional professional, work (adj.)
profesor (*m*) teacher
profundo deep
programa (*m*) programme
progresivo progressive
prohibir to forbid
prolongación (*f*) continuation
promedio (*m*) average
    por promedio on average
prometer to promise
prometerse to become engaged
prometido fiancé
promoción (*f*) promotion, welfare
promover to promote

promulgar to promulgate
pronto early, soon
    de pronto suddenly
pronunciación (*f*) pronunciation
pronunciar to pronounce
propietario (*m*) owner, proprietor
propina (*f*) tip
propio own
proponer to propose
proporcionar to give, provide, supply
proposición (*f*) proposition
propósito (*m*) purpose
    a propósito on purpose, by the way
prosperidad (*f*) prosperity
protagonista (*m* and *f*) protagonist, character, hero, heroine
protegerse to protect oneself
protestar to complain
proverbio (*m*) proverb
provincia (*f*) province
provincial provincial
próximo next
    hasta la próxima until we meet again
proyecto (*m*) plan
prueba (*f*) test
pts. or **ptas.** abbreviation of *pesetas*
publicar to publish
publicidad (*f*) publicity
público (*m*) public
pueblo (*m*) village; a people; name of a Madrid newspaper
puente (*m*) bridge
    hacer puente not to work on a day between two holidays (i.e. to join two free days with another)
puerta (*f*) door
puerto (*m*) port; mountain pass
Puerto Rico Puerto Rico
pues well, then (often untranslatable)
puesta del sol (*f*) sunset
puesto (*m*) job, position
pulso (*m*) pulse
punta (*f*) end, point; cape, headland
punto (*m*) point, dot
    en punto on the dot, sharp
    punto de vista point of view
    punto de destino destination
    punto de partida starting point

puntual punctual
puntualidad (*f*) punctuality
puño (*m*) cuff; fist
pureza (*f*) purity
puro (*m*) cigar
    café puro black coffee
puro pure

Q
qué what, who, whom, which; how!, than, as
    ¿Qué tal? How are you? What about..?
        How's . . . ?
    ¡Qué va! exclamation meaning 'Certainly not!'
    ¿Qué se le va a hacer? What can one do? (implying resignation)
que that, to
    tener que to have to
    lo que what
    es que the reason is that
    pero que really
quedar to agree on, to remain
quedarse to stay, to remain, to take, to become, to be
quejarse to complain
quemar to burn, to burn out
querer to want, to wish
queso (*m*) cheese
Quevedo Spanish writer of the Golden Century. Square and Underground Station of this name in Madrid
quien who, whom
    ¿A quién? to whom?
quieto quiet
Quijote Quixote
químico chemical
quince fifteen
quincena (*f*) fortnight
quinielas (*f*) football pools
quinientos five hundred
quinto fifth
quiosco (*m*) kiosk
quitando except
quitanieves, máquina snow plough
quitar to take away, remove
quitarse to take off (clothes)
quizá(s) perhaps

R
ración (*f*) ration; portion
radiador (*m*) radiator
radial radial
radical radical
radio (*f*) radio
rama (*f*) branch
ramo (*m*) bunch
ranglan raglan
rápido fast; Spanish train
raro strange
rascacielos (*m*) skyscraper
rasgo (*m*) feature, characteristic
    rasgos generales, en generally speaking, roughly speaking
rato (*m*) moment, while
raya (*f*) stripe
razón (*f*) reason
    tener razón to be right
real royal, real
realidad (*f*) reality
realizar to carry out, perform
realmente really
reaparecer to appear again
rebaño (*m*) flock
rebasar to surpass, exceed
rebozar to fry in a batter
recado (*m*) message; errand
recargo (*m*) overcharge
recepción (*f*) reception hall
recepcionista (*m* and *f*) reception clerk
receptor (*m*) TV or radio set
receta prescription
recetar to prescribe
recibir to receive
recibo (*m*) receipt
recién just, lately
reciente recent
recinto (*m*) precinct, area
reclamar to claim
recobrar to recover
recoger to collect, to gather
recolección (*f*) harvest
recomendar to recommend
reconocer to recognize
reconstruir to rebuild
récord record
recordar to remember, to remind

recorrer to cover (distance)
recorrido (*m*) course
recreo (*m*) recreation
recto straight
rector (*m*) rector
recuerdo (*m*) memory, souvenir
    Recuerdos a Regards to
recurso (*m*) resource
red (*f*) net; rack
redondo round
reducir to slow down, to change down, to
    reduce
referencia (*f*) reference
referéndum (*m*) referendum
referirse to refer to, to speak of
reforma (*f*) reform
reformar to reform
reforzar to reinforce
refrescante refreshing
refrescar to refresh
refrigerado refrigerated
regadío (*m*) irrigated land
regalo (*m*) present
regañar to reprove
regar to irrigate
regente (*m* and *f*) regent
régimen (*m*) régime
    estar a régimen to be on a diet
regimiento (*m*) regiment
región (*f*) region
regional regional
regir to rule
registrar to register
reglamento (*m*) regulations
regresar to return
regular medium, regular, so-so, poor
regularmente regularly
rehogar to fry slightly something that has
    been previously boiled
reina (*f*) queen
reinado (*m*) reign
reino (*m*) kingdom, realm
reir(se) to laugh
    reir(se) a carcajadas to laugh heartily
reja (*f*) grating, grille
relación (*f*) relation
relacionado related
relativamente relatively

relativo relative, relating, related
relieve (*m*) relief
reloj (*m*) watch, clock
reluciente shining
rellenar to fill up
remedio (*m*) solution
remolcar to tow
remolque (*m*) caravan
remontarse to go back in time
renta (*f*) rent; income
rentabilidad (*f*) profitability
renunciar to renounce
reparación (*f*) repair
reparar to repair
repartir to distribute; spread over
repente, de suddenly
repetición (*f*) repetition
repetir to repeat
repisa (*f*) mantelpiece; shelf; bracket
reponer to replace
reportero (*m* and *f*) reporter
reposar to rest
representante (*m* and *f*) representative,
    agent
representar to represent, to come up to
república (*f*) republic
representación (*f*) representation
republicano republican
repuestos (*m*) spare parts
reputación (*f*) reputation
requerir to require
reseco very dry
reserva (*f*) reserve
reservar to reserve
resfriado (*m*) a cold
residencia (*f*) residence, hostel
resistir to resist
resolver to solve
respecto a in comparison with, with regards
    to
respetar to respect
respirar to breathe
responsable responsible
respuesta (*f*) answer
restaurante (*m*) restaurant
resto, el the rest
restorán (*m*) restaurant
restricción (*f*) restriction

resultado (*m*) result, score

resultar to turn out, to be, to prove
　me resulta I find it . . .

resumen (*m*) summary

resumir to summarize

retirar to withdraw

retirarse to retire, to withdraw

Retiro, Parque del the most beautiful park in Madrid, situated in the centre of the town

retransmitir to broadcast, to televise

retraso (*m*) delay

retrete (*m*) toilet

reuma (*m*) rheumatism

reunión (*f*) meeting

reunir to join
　reunir condiciones to possess qualifications

reunirse to meet

revés, al the other way round, backwards, upside down

revisar to revise, to check

revisor (*m*) ticket collector

revista (*f*) magazine

revolución (*f*) revolution

rey (*m*) king

rezar to pray

ribeiro wine of Galicia

rico exquisite, rich

riesgo (*m*) risk
　a todo riesgo comprehensive (insurance)

rincón (*m*) corner

riñón (*m*) kidney

ría (*f*) river estuary reaching inland, typical of Galicia

riego (*m*) irrigation

riguroso strong

río (*m*) river

Rioja region in the upper part of the Ebro valley, rich in fruits and vegetables. Wine of this name

riqueza (*f*) wealth

riquísimo delicious

risa (*f*) laugh

ritmo (*m*) rhythm

rito (*m*) ceremony

rivalidad (*f*) rivalry

roble (*m*) oak-tree

rodear to surround

rodilla (*f*) knee

Rodríguez Spanish surname

rogar to ask, to pray
　le ruego que Please

rojo red

Roma Rome

Románico Romanesque (contemporary with Norman architecture in England)

romper to break

ronda (*f*) round (drinks)

Ronda town in Andalusia; its sierras are called 'Serranía de Ronda'

ropa (*f*) clothes

ropero (*m*) wardrobe

rosa (*f*) rose; (adj.) pink

Rozas, Las village in the province of Madrid

rubio blond, fair
　tabaco rubio Virginia tobacco

rueda (*f*) wheel

ruedo (*m*) bullring; name of a Spanish newspaper devoted to bullfighting

ruido (*m*) noise

Rusia Russia

ruso (*m*) Russian

rústico (*m*) rustic

ruta (*f*) itinerary, route

s

S.A., Sociedad Anónima chartered company, joint-stock company

sábado (*m*) Saturday

saber to know, to be able to

sabor (*m*) taste

sacar to take out
　sacar fotos to take photographs
　sacar entradas to buy tickets (for theatre, cinema, bullfight, etc.)

sacrificarse to make a sacrifice

sala (*f*) room, lounge, hall

salado salted; of an engaging and amusing character

Salamanca town and province in western Spain

salario (*m*) wages

salchichón (*m*) type of Spanish salami

salir to go out, to leave, to turn out, to prove

    ¿A cuánto (me) sale? How much does it come to?

    salir (el sol) to rise (of the sun)

salmón (*m*) salmon

salón (*m*) room

    salón de belleza hairdresser

salsa (*f*) sauce

saltar to jump

salteado sauté

salto (*m*) jump

salud (*f*) health

    ¡A su salud! Your health!

saludar to greet; to meet

Salvador, El the country of El Salvador

salvar to save

San (shortened form of *santo* used before some saints' names) Saint

San Sebastián town in the north of Spain, capital of the Basque province of Guipúzcoa

sanatorio (*m*) private hospital

Sánchez Spanish surname

sandwich (*m*) sandwich

sangre (*f*) blood

sano healthy

Santander province and town in the north of Spain

Santiago Spanish male name; Saint James

Santiago de Compostela town in Galicia

santo saint, name-day

sardina (*f*) sardine

sartén (*f*) frying pan

sastre (*m*) tailor

sastrería (*f*) tailor's shop

satélite (*m*) satellite

se reflexive pronoun 3rd person sing. and plural (himself, herself, itself, oneself, yourself, yourselves, themselves)

    impersonal pronoun (**se come** one eats)

    passive pronoun 3rd person sing. and plural (**se come . . .** is eaten; **se comen . . .** are eaten)

    substitute for *le* or *les* before another 3rd person pronoun object (**se lo dí** I gave it (**lo**) to him (**se**=**le**) or to them (**se**=**les**))

SEAT, Sociedad Española de Automóviles de Turismo nationalized motor industry; name given to the car (the Italian Fiat) made by this industry

sección (*f*) section

seco dry

secretaria (*f*) secretary

secretaría office

secretariado (*m*) secretarial course

secretario (*m*) secretary

sector (*m*) sector

sed (*f*) thirst

    tener sed to be thirsty

seda (*f*) silk

Segovia province and town in central Spain

seguida, en in a moment, immediately

seguido, todo straight on

seguir to follow, to continue

según according (to)

segundo second

segundo (*m*) second

Segura river in Murcia

seguridad (*f*) security, safety, Police Force

seguro sure, certain

    seguro que certainly, it is certain that

    seguro (*m*) insurance

seis six

seiscientos six hundred

sello (*m*) stamp

semáforo (*m*) traffic lights

semana (*f*) week

semejante similar

semi-seco medium dry

sencillamente simply

sencillo easy, simple

sensacionalista sensational

sentar (le a uno) to suit

sentarse to sit down

sentido (*m*) sense, idea; direction

sentimiento (*m*) feeling, sorrow

    Le acompaño en el sentimiento I sympathize with you in your bereavement

sentir to be sorry about

    lo siento I am sorry

    sentir(se) to feel

    sentirse mal to feel sick

señal (*f*) signal
señalar to point out; to name; to set, to fix
señas (*f*) address
señor (*m*) gentleman, man
señora woman, lady, wife
señorita Miss, girl
separación (*f*) separation
separado separately
separadamente separately
separar to separate
separarse to move
septiembre September
séptimo seventh
ser to be
seriamente seriously
serio serious, grave
   en serio seriously speaking
sermón (*m*) sermon
servicio (*m*) service
servidor (*m*) servant
   un servidor I
servir to be useful for, to serve
   ¿Para qué sirve? What is it (used) for?
Serrano Spanish General who lived in the 19th century. Street of this name in Madrid.
sesenta sixty
sesos (*m*) brains
setecientos seven hundred
setenta seventy
severo serious, strong, severe
Sevilla Seville
sexo (*m*) sex
sexto sixth
shorts (*m*) shorts
sí mismo, misma, mismos, mismas himself, herself, itself, oneself, yourself, yourselves, themselves (used after prepositions)
sí yes
si if, whether
siderúrgico iron and steel (adj.)
sidra (*f*) cider
siempre always
sierra (*f*) sierra
siesta (*f*) siesta
   echarse la siesta to have a siesta
siete seven

siglo (*m*) century
significar to mean
siguiente next, following
silencio (*m*) silence
   en silencio silently
silla (*f*) chair
sillón (*m*) armchair
simpático nice, pleasant (of a person)
simpatiquísimo very nice (person)
simple simple
sin without
sincero sincere, frank
sindical trade union (adj.)
sindicalismo (*m*) trade unionism
sindicalista (*m*) trade union member
sindicato (*m*) trade union
sinfónico symphonic, symphony (adj.); classical (music)
sino but (after a negative)
síntoma (*m*) symptom
sistema (*m*) system
sitio (*m*) place, space
situación (*f*) situation
situarse to stand
situar to locate
   estar situado to be situated
S.L., Sociedad Limitada Limited Company
sobre about, on, above
sobre (*m*) envelope
sobremesa (*f*) period spent in conversation after a meal sitting at the table
social social
sociedad (*f*) society, company
   sociedad anónima Chartered Company, joint-stock company
   sociedad limitada limited company
socio (*m* and *f*) member, partner
soda (*f*) soda
sofá (*m*) sofa
sol (*m*) sun
   hacer sol to be sunny
   ponerse el sol to set (of the sun)
   salir el sol to rise (of the sun)
   de sol a sol from morning to night
solamente only
solapa (*f*) lapel
soler to be wont to

solicitar to apply, to ask for
solicitud (*f*) application
    hoja de solicitud application form
sólido solid
solo alone
    café solo black coffee
sólo only
solomillo (*m*) fillet steak
soltero single, unmarried
    soltero (*m*) bachelor
    soltera (*f*) spinster
solución (*f*) solution
solucionar to solve
solvencia (*f*) solvency
sombra (*f*) shade
sombrero hat
sonar to sound
sondeo (*m*) sounding
sonreír(se) to smile
sonrisa (*f*) smile
soñar (con) to dream (of)
sopa (*f*) soup
Soria province and town in northern Spain
sorprender to surprise
sorpresa (*f*) surprise
sostener to hold
soviético Soviet (adj.)
Sr. Mr., **Sra.** Mrs.
Srta Miss
stand (*m*) stand
su your, his, her, its, their
suave soft, light, smooth
subir to go up; to get in (a vehicle)
suceder to succeed (from 'succession', not
    'success'), to happen
sucesión (*f*) succession
sucio dirty
sucísimo very dirty
Sudamérica South America
Sudamericano South American
sudeste (*m*) south-east
Suecia Sweden
sueldo (*m*) salary
suelo (*m*) floor, land, soil
suelto odd, on their own, loose
sueño (*m*) sleep, dream
suerte (*f*) luck
    tener suerte to be lucky

suficiente enough (adj.), sufficient
suficientemente enough (adv.), sufficiently
sufragio (*m*) vote
sufrir to suffer
Suiza Switzerland
Suizo Swiss
sujeto (*m*) subject
    estar sujeto a to depend on, to be liable
    for
sumamente very, extremely
sumergir to submerge
sumo, a lo at the most
superar to surpass
superficie (*f*) surface, area
superior superior; higher
    superior a more than, greater than
supermercado (*m*) supermarket
suplemento (*m*) supplement
suponer to suppose
supremo supreme
suprimir to suppress, cancel, abolish
supuesto, por of course
sur (*m*) south
sureste south-east
suroeste south-west
sustitución (*f*) substitution
susto (*m*) fright
suyo/a/os/as (of) yours, his, hers, theirs

T

taza (*f*) cup
tabaco (*m*) tobacco
taberna (*f*) pub
tableado pleated
taburete (*m*) stool
Tagalo native language of the Philippines
Tajo Tagus (river)
tal such
    ¿Qué tal? how?, what about?, How are
    you?
    tal vez perhaps
    con tal de que provided that
Talgo luxury Spanish train
talonario (*m*) cheque-book
talla (*f*) size (of stature)
taller (*m*) workshop

tamaño (*m*) size (general)
también also, too
tampoco neither (conjunction or adverb)
tan so, as
tanto so much, as much
tapa (*f*) small thing eaten with an aperitif (olives, shellfish, anchovies, crisps, almonds, etc.)
tapar to cover; stop up, plug
taquigrafía (*f*) shorthand
tardar to take (time), to last
tarde (*f*) afternoon, evening, late
    buenas tardes good afternoon, good evening
    por la tarde in the afternoon, in the evening
tarea (*f*) task
tarifa (*f*) tariff, rate
tarjeta (*f*) card
    tarjeta de visita visiting card
tartamudear to stutter
Tarragona town and province in eastern Spain
Tarrasa town in the province of Barcelona
tasca (*f*) pub
taxi (*m*) taxi
taxista (*m* and *f*) taxi-driver
te reflexive pronoun 2nd person sing., yourself. Pronoun obj. 2nd person sing., you
té (*m*) tea
teatro (*m*) theatre
técnico (*m*) technician; (adj.) technical
tecnología (*f*) technology
techo (*m*) ceiling
tejido (*m*) textile
tela (*f*) cloth, material
tele (*f*) shortening of *televisión*
telefonear to telephone
telefónico telephonic
    telefónica telephone exchange
telefonista (*m* and *f*) operator
teléfono (*m*) telephone
    llamar por teléfono to ring up
telegráfico telegraphic
telegrama (*m*) telegram
televisar to televise
televisión (*f*) television

televisor (*m*) TV set
tema (*m*) topic
temperatura (*f*) temperature
templado temperate
temprano early
tendencia (*f*) trend
tenedor (*m*) fork
tener to have
    ¡Tenga! Here you are
teniente (*m*) lieutenant
    teniente general lieutenant-general
tenis (*m*) tennis
tenista (*m* and *f*) tennis player
tensión blood pressure
tercer (shortened form of *tercero*, used before singular masc. noun), third
tercero third
tercio one-third
terciopelo (*m*) velvet
Teresa Theresa
Tergal (*m*) Tergal (trade mark of a man-made fibre), cloth of this name
terminación (*f*) end
terminal (*m*) terminus; terminal
terminar to finish, to end
ternera (*f*) veal
terraza (*f*) veranda; terrace of a café, the open air part on the pavement
terreno (*m*) plot of land, field
    terreno de camping camping site
territorio (*m*) land, territory
testigo (*m* and *f*) witness
textil (*m*) textile
texto (*m*) text
ti, a ti you (2nd person sing.)
tía (*f*) aunt
tiempo (*m*) time, weather
    ¿Cuánto tiempo? How long?
    darle a uno tiempo to have time enough
tienda (*f*) shop
    tienda de campaña tent
tierra (*f*) land, earth
tinta (*f*) ink
tinte (*m*) dyer's, dry cleaners
tinto, vino red wine
tío (*m*) uncle
típicamente typically

típico typical
tipo (*m*) kind
tirada (*f*) circulation
tirar to throw
título (*m*) title
toalla (*f*) towel
tobillo (*m*) ankle
tocadiscos (*m*) record-player
tocar to play an instrument, to touch
tocino (*m*) bacon
todavía yet, still
todo all
    todos all, every
    todo el mundo everybody
Toledo town and province south of Madrid
tomar to take, to drink
    tomar una copa to have a drink
    tomar (algo por otra cosa) to take *or*
    mistake (something for something else)
tomate (*m*) tomato
tónica tonic
torcer to turn, to twist
torero (*m*) bullfighter
tormenta (*f*) storm
torneo (*m*) tournament
toro (*m*) bull
    los toros bullfighting
        ir a los toros, to go to a bullfight
torre (*f*) tower
Torrelodones town in the province of
    Madrid
torrencial torrential
tortilla (*f*) omelette
tos (*f*) cough
toser to cough
Tossa town on the Costa Brava
tostada (*f*) piece of toast
tostar to toast; to tan (sun)
total (*m*) total
    en total in all, altogether
totalidad (*f*) whole, all of
trabajador (*m*) worker; (adj.) hardworking
trabajar to work
trabajo (*m*) work, labour
tradición (*f*) tradition
tradicionalista traditionalist
traducir to translate
traductor (*m*) translator

traer to bring
tráfico (*m*) traffic
traje (*m*) suit
trámite (*m*) procedure, action; transaction,
    step
tranquilamente quietly; without worrying
tranquilidad (*f*) peace and quiet
tranquilo quiet
transbordador (*m*) ferry
transbordar to change (trains, etc.)
transbordo (*m*) change (of trains, etc.)
transeúnte (*m* and *f*) passer-by
transferir to transfer
transistor (*m*) transistor
transmitir to broadcast, to televise
transportar to transport
transporte (*m*) transport
Transradio (*m*) telegraphic agency of this
    name
tranvía (*m*) tramway, tram
transatlántico (*m*) liner
trasladarse to move
trasnochar to stay up late
trasto (*m*) piece of junk
tratado (*m*) treaty
través (de), a through
trayecto (*m*) journey, trip
trece thirteen
treinta thirty
tren (*m*) train
tres three
trescientos three hundred
tresillo (*m*) three-piece suite of furniture
Triana famous gypsy quarter in Sevilla
triangular triangular
tribunal (*m*) court
    Tribunal Supremo High Court of
    Justice
trigo (*m*) wheat
triple triple-faced
triste sad
trocito (*m*) little bit (diminutive of *trozo*)
trolebús (*m*) trolley bus
tronco (*m*) trunk (of a tree)
    dormir como un tronco to sleep like
    a log
tropical tropical
trotar to trot

trote (*m*) trot

    no estar para esos trotes to be past it (i.e. in age or energy)

trozo (*m*) piece

tú you

tu your

tubo (*m*) tube

tumba (*f*) tomb, grave

túnel (*m*) tunnel

Turia river in Valencia

turismo (*m*) touring-car, tourism

turista (*m* and *f*) tourist

turístico tourist (adj.)

turquesa (*f*) turquoise

turrón (*m*) type of sweet prepared with sugar, honey, and almonds

tuyo yours

TVE Television Española, Spanish Television

tweed tweed

U

u or. Used instead of *o* when preceding a word beginning with *o-* or *ho-*.

Úbeda town in the province of Jaén, Andalusia

últimamente lately

último last, top

    últimos last days of a week, month, etc.

un a, an, one

undécimo eleventh

único unique, single, only

uniforme uniform

unión (*f*) join, joining, joint, union

unir to join

universal universal

universidad (*f*) university

uno one

    el uno al otro each other

unos some

uranio (*m*) uranium

urgente urgent

urgir to be urgent

Uruguay country in South America

usado second-hand

usar to use

Usted, Ud., Vd. you (singular polite form)

    Ustedes, Uds., Vds. you (plural polite form)

útil useful

utilizar to use

utensilio (*m*) tool; utensil

utilizar to use

uva (*f*) grape

¡Uy! Spanish exclamation expressing amazement, mild incredulity, etc.

V

vaca (*f*) beef, cow

vacaciones (*f*) holidays

vacío empty

vainilla (*f*) vanilla

vajilla (*f*) crockery

Valdepeñas town in the southern 'Meseta', famous for its wine

vale O.K.; (*m*), voucher; I.O.U.

valedero valid

    el combate valedero para el título mundial the fight for the world title

Valencia town and province in the Levant

valer to be worth, to cost, to be good

    no vale la pena it is not worth the trouble

    vale 10 pts. it costs 10 pesetas, it is worth 10 pesetas

    ¿Vale? Is that all right?

valorar to estimate

Valladolid town and province in the northern Meseta

valle (*m*) valley

Valle de los Caídos monument erected by the Government of General Franco in the northern part of the Province of Madrid to commemorate those who died during the Spanish Civil War

'La Vanguardia' Spanish newspaper published in Barcelona

vaquero (*m*) cowboy

variar to change

    postres variados choice of sweets

variedad (*f*) choice, variety

varios several

varón male

Vasco, País Basque Country

Vasco Basque

Vascongadas, Las (*f*) Basque Country

Vascuence (*m*) Basque language

vaso (*m*) glass
Vaticano Vatican
¡Vaya! expression of surprise or disappointment
Vd., Vds. shortening of *Usted, ustedes*
véase see . . .
vecino (*m*) neighbour
vehículo (*m*) vehicle
veinte twenty
veinticinco twenty-five
veinticuatro twenty-four
veintidós twenty-two
veintinueve twenty-nine
veintiocho twenty-eight
veintiséis twenty-six
veintisiete twenty-seven
veintitrés twenty-three
veintiuno twenty-one
velada (*f*) evening; evening party
velocidad (*f*) speed, gear
   velocidad media average speed
vencer to win
   vencer por puntos win on points
vencimiento (*m*) completion; due date, maturity, expiration
vendar to bandage
vendedor (*m*) salesman, vendor
Venezolano Venezuelan
Venezuela country in South America
venir to come
   la semana/el año/el mes que viene next week, year, month
venta (*f*) sale
ventana (*f*) window
ventanilla (*f*) window, position (in a Bank, Post Office, etc.)
Ventas district of Madrid
ver to see, to watch
   véase see . . .
   modo de ver point of view
   por lo visto apparently
veraneante (*m* and *f*) summer holiday-maker
veranear to spend the summer holidays
veraneo (*m*) summer holiday(s)
verano (*m*) summer
veras, de really
verbal verbal

verbo (*m*) verb
verdad (*f*) truth
   ¿verdad?, ¿no es verdad? tag questions equivalent to 'isn't it?', 'wasn't it?', etc., in English
   de verdad truly
verde green
verdura (*f*) green vegetables; green, greenery
vergel (*m*) garden
verificar to make, to carry out; to verify, confirm
versión (*f*) version, explanation
vertical vertical
vestido (*m*) dress
vestirse to dress
vestuario (*m*) clothing
vez (*f*) time
   a veces sometimes
   otra vez again
   tal vez perhaps
vía (*f*) by; railway line
viajante (*m* and *f*) commercial traveller
viajar to travel
viaje (*m*) journey, travel
viajero (*m*) traveller
vice-presidente (*m*) vice-president
vicio (*m*) vice
victoria (*f*) victory
vida (*f*) life
viejo old
viento (*m*) wind
   hacer viento to be windy
viernes (*m*) Friday
vigilar to watch over
Vigo town in Galicia
vigoroso vigorous
vinagre (*m*) vinegar
vinagreta (*f*) oil and vinegar dressing
vino (*m*) wine
viña (*f*) vineyard
viñedo (*m*) vineyard
violencia (*f*) violence
Virgen (*f*) Our Lady
visado (*m*) visa
visita (*f*) visit
   de visita on a visit, visiting
visitante (*m*) visitor

visitar to visit
vista (f) view, look
    en vista de because of, in view of
vistazo (m) look
    echar un vistazo to have a look at
visto seen
    por lo visto apparently
vitalicio for life, during life
Vitoria capital of the province of Alava
viudo (m) widower
    viuda (f) widow
vivienda accommodation, housing
vivir to live
vivo alive, lively
Vizcaíno referring to Vizcaya
Vizcaya Biscay, province in the north of Spain
vocalista singer
volante (m) steering wheel
volar to fly
volumen (m) volume
volver to come back, to go back, to return
volverse to become
vomitar to vomit, to be sick
vosotros you (fam. pl.)
voto (m) vote
voz (f) voice
    en voz alta aloud
vuelo (m) flight
    falda de vuelo flared skirt

vuelta (f) the return, turn, tour, rotation, change
    billete de ida y vuelta return ticket
    dar la vuelta to turn around
vuestro your (fam. pl)

w
Washington Washington
water (m) toilet, W.C.
whisky (m) whisky

x
Xiquena town in the south of Spain

Y
y and
'Ya' Madrid newspaper
ya already, now
    ya no no longer
yacimiento (m) ore deposit
yegua (f) mare
yo I

z
Zamora town and province in the north near Portugal
zapato (m) shoe
zapatería (f) shoe-shop
Zaragoza Saragossa
zona (f) region

Contenido gramatical

Indice gramatical

Numbers in bold type refer to Units (in both Parts 1 and 2), the others to grammar frames.